投资者资产组合构建及其交易行为：基于金融市场不确定性视阈

何朝林　著

科学出版社
北京

内 容 简 介

本书是作者 20 多年来研究成果的凝练与延伸，基于金融市场不确定性本质的深刻认识，按照由浅入深、由总到细、由静到动的框架展开研究，达到静态资产组合构建与动态资产组合构建、资产组合理论与资产定价理论、经典金融学与行为金融学等跨界有机融合。主要内容分为九章：第一章阐述本书的研究意义、内容安排及采用的研究方法，指出其特色和创新。第二章综述本书研究遵循的基本理论和基础性模型，奠定方法论基础。第三章是总体研究，指出金融市场不确定性特征的客观存在性并显著影响投资者交易行为，为后续细分研究提供性质划分的依据。第四章至第六章是细分研究，由浅入深地研究资产价格模型具有结构、奈特和一般不确定性下的投资者资产组合构建及其交易行为，获得相关经济管理启示。第七章和第八章进一步聚焦金融市场不确定性特征对资产定价和投资者交易性行为的影响，揭示其本质特征。第九章拓展了经典均值-方差模型在动态情景下的应用，实现传统金融学向行为金融学的有机延伸。

本书的研究内容属于“金融市场与金融工程”领域，在解释金融现象的基础上凝练经济管理启示，为金融市场建设提供政策建议，适合该领域研究生、政府和行业管理人员的学习与交流。

图书在版编目（CIP）数据

投资者资产组合构建及其交易行为：基于金融市场不确定性视阈 / 何朝林著. —北京：科学出版社，2020.12

ISBN 978-7-03-066459-4

Ⅰ. ①投… Ⅱ. ①何… Ⅲ. ①资本市场-研究 Ⅳ. ①F830.9

中国版本图书馆 CIP 数据核字（2020）第 201713 号

责任编辑：邓 娴 / 责任校对：贾娜娜

责任印制：张 伟 / 封面设计：无极书装

科 学 出 版 社 出版

北京东黄城根北街 16 号

邮政编码：100717

http://www.sciencep.com

北京虎彩文化传播有限公司印刷

科学出版社发行 各地新华书店经销

*

2020 年 12 月第 一 版 开本：720×1000 B5

2020 年 12 月第一次印刷 印张：11 3/4

字数：240 000

定价：108.00 元

（如有印装质量问题，我社负责调换）

前　言

防范化解金融风险位于“三大攻坚战”之首，打好防范化解金融风险攻坚战，让经济发展更均衡、更充分、更稳健、更可持续，是全面建成小康社会的必由之路。2017 年 7 月 15 日，习近平总书记在第五次全国金融工作会议上指出：金融是实体经济的血脉，为实体经济服务是金融的天职，是金融的宗旨，也是防范金融风险的根本举措①。2018 年 4 月 2 日，习近平总书记在中央财经委员会第一次会议上强调：防范化解金融风险，事关国家安全、发展全局、人民财产安全，是实现高质量发展必须跨越的重大关口②。为此，在党的十九届四中全会审议通过《中共中央关于坚持和完善中国特色社会主义制度 推进国家治理体系和治理能力现代化若干重大问题的决定》中提出：加强资本市场基础制度建设，健全具有高度适应性、竞争力、普惠性的现代金融体系，有效防范化解金融风险。

股票市场是经济的晴雨表，是金融市场的重要组成部分。股票市场风险具有传递性、感染性，是金融风险防范源之一，也是金融市场风险防范的重点。金融市场风险归根结底源于金融市场不确定性这一本质特征，认识金融市场不确定性本质是有效防范金融市场风险的重要途径之一。投资者和金融市场的主要参与者如何选择金融资产构建资产组合，如何交易金融资产调整其资产组合，虽与其偏好有关，但其偏好主要取决于对金融市场不确定性本质的认识、对金融市场风险的描述。同时，金融资产价格形成机制在金融资源配置过程中起决定性作用，不但能刻画金融市场风险，也是投资者资产组合决策、交易金融资产的依赖。因此，基于金融资产价格形成过程的模型描述，从金融市场不确定性视阈研究投资者资产组合构建及其交易行为，不但有助于洞悉金融市场交易现象、凝练金融市场交易规律，而且更有助于通过现象认识金融市场风险的本质特征和表现形式，从而为金融市场风险防范与监管、金融市场基础制度建设、金融市场政策与措施

① 资料来源：http://www.xinhuanet.com/fortune/2017-07/15/c_1121324747.htm.

② 资料来源：http://news.cctv.com/2018/04/02/ARTIsYqtTQywAALA7LgDu8Yy180402.shtml.

完善等提供科学依据和经验参考。

经典金融学用风险描述金融市场不确定性特征，认为不确定性主要指资产收益分布唯一确定条件下可能发生的不确定性，并展开了一系列富有成效的研究，极大地推动了金融学的发展，但当面对金融市场上经常出现的“某些资产市场价格虽然处于连续上升或下降的状态，但投资者实际对其并不发生任何交易”的交易异象（交易中断）时，显得无能为力。虽然行为金融学从投资者认知偏误视角能予以解释，但面对资产价格巨幅波动下的投资者交易行为异象（非理性繁荣或萧条），如 2007~2012 年中国股票市场连续上涨和下跌下的投资者交易行为，行为金融学的解释又难以令人信服，以及目前中国大量金融资产表现为流动性很强的存款或现金，而股票市场却出现流动性降低或流动性不旺的现象，更不要说历史上的“黑天鹅”和“灰犀牛”事件等。经典金融学与行为金融学都无法合理、令人信服地予以阐释，若从金融市场不确定性本质出发，不但可以阐释上述金融市场现象，还可以获得一些挑战性、有助于金融市场建设的建议和结论。事实上，经典金融学总是假定投资者不但清楚地知道未来可能出现哪些不确定状态，而且能够对其发生的概率做出估计，这些估计至少在投资者看来是可靠的，从而基于此进行投资决策，这种处理不确定性的方法具有鲜明的新古典学派色彩，缺乏对不确定性本质的认识，而行为金融学将其归因于投资者有限理性下的认知偏误，这不但直接违背人们的常识理性，而且显然忽略了投资者所处金融市场环境的不确定性本质。

面对充满诸多不确定因素的金融市场，经典金融学将不确定性假定为资产收益分布在唯一确定条件下可能发生的不确定性，即传统意义上的风险，未来状态及其概率均已知，是可知不确定性，在研究中将风险限定为概率分布唯一存在、数量上可确定、封闭和完备的不确定性。真正的不确定性是不可知不确定性，一是未来状态知道但其概率未知，学术界称之为“奈特不确定性”（Knightian uncertainty）或“模糊性”（ambiguity）（本书统称为奈特不确定性）。奈特不确定性是指不具备传统意义上风险的性质，易受“潜在意外”的突发事件和新技术、新模式、新业态等新生事物的影响而不断变化的不确定性，难以用单一概率测度予以描述，因为这里的概率测度违背了传统金融资产定价模型所依赖的 von Neumann-Mongenstern 公理体系及 Savage 提出的主观概率存在的公理体系。二是未来状态及其概率均未知，我们称之为“一般不确定性”。一般不确定性特征描述与投资者心理、对以前相似状态的判断，以及其当前状态和周边环境等因素有关，涉及描述投资者主观、客观判断的“信任程度”概念。基于此，本书主体部分按照结构不确定性（风险）、奈特不确定性和一般不确定性的主题脉络定性、定量分析投资者资产组合构建及其交易行为，剖析金融市场不确定性本质、阐释金融市场现象、凝练金融市场规律、形成经济管理启示，助力金融风险化解与防范。

本书的研究得到国家自然科学基金项目（71873002，71271003）和教育部人文社会科学研究规划基金项目（12YJA790041）的支持，在这里向其表示感谢。同时也向我的研究生及为本书研究、出版提供支持的老师表示感谢。诚然，限于水平，书中不足之处在所难免，恳请广大读者批评指正，以便进一步修改和完善。

何朝林

2019年7月于安徽工程大学

目　　录

第一章　绪论……1
　第一节　本书的研究意义……1
　第二节　本书的研究内容与方法……6
　第三节　本书的特色与创新……7
第二章　国内外相关研究……9
　第一节　静态资产组合构建……9
　第二节　动态资产组合构建……14
　第三节　资产收益的连续时间模型……28
　第四节　投资者资产交易行为优化……32
　第五节　资产价格变化与投资者交易行为……35
　本章小结……36
第三章　投资者资产组合构建与策略……37
　第一节　基于矩分析的资产组合构建特征……37
　第二节　资产组合构建过程中的资产价格时变性、跳跃性和不确定性……45
　第三节　资产组合保险策略……54
　本章小结……57
第四章　模型具有结构不确定性下的资产组合构建……59
　第一节　随机扩散模型参数不确定性下的资产组合构建……59
　第二节　模型参数不确定性与可变交易成本下的资产组合构建……71
　第三节　模型参数不确定性下的稳健资产组合构建……77
　本章小结……85
第五章　模型具有奈特不确定性下的资产组合构建……86
　第一节　投资者行为模型……86
　第二节　模型求解……89

第三节　不确定性规避下的动态资产组合特征……91
第四节　实证研究……94
本章小结……100

第六章　模型具有一般不确定性下的资产组合构建……102
第一节　一般不确定性下的资产组合模型……102
第二节　模型信任程度求解……104
第三节　实证研究……106
本章小结……112

第七章　不确定环境下的资产均衡价格区间……113
第一节　奈特不确定性下的资产均衡定价区间……114
第二节　实证研究……120
第三节　结论与启示……125
本章小结……126

第八章　不确定环境下投资者资产交易的惰性区间……127
第一节　投资者信念和行为……127
第二节　投资者资产交易的惰性区间……129
第三节　实证研究……132
本章小结……137

第九章　动态均值-方差资产组合构建及其有效性验证……138
第一节　动态均值-方差资产组合构建……138
第二节　动态均值-方差资产组合有效性验证……145
第三节　实证研究……148
本章小结……156

参考文献……158

第一章　绪　　论

根据 Haugen（2001）的研究，金融理论与实践的发展可分为三个阶段：旧时代金融（old finance）、现代金融（modern finance）和新时代金融（new finance）。旧时代金融代表了 20 世纪 60 年代以前以会计和财务报表分析为主的金融研究；现代金融也称标准金融，主要是 20 世纪 50 年代开始兴起的以金融经济学为主要理论依据，着重理性假设下的资产组合配置、资产价格形成机制和金融市场效率问题的研究；新时代金融则以行为金融学为代表，自 20 世纪 80 年代开始并逐渐受到人们的关注，其研究主题是投资者的有限理性和非有效市场。本书研究范畴主要属于现代金融，适当延伸至新时代金融，基于经典资产价格模型描述资产收益过程、刻画金融市场不确定性特征，研究金融市场的时变性、跳跃性、结构不确定性、奈特不确定性和一般不确定性对投资者资产组合构建及其交易行为的影响，并在此基础上讨论传统均值-方差模型在动态情境下的有效性问题。特别指出，金融市场不确定性特征改变了传统资产均衡价格理论，揭示了金融交易异象的本质。

第一节　本书的研究意义

金融学的核心问题是资源的有效配置，而资源配置的效率主要体现在两个层面：微观层面，配置效率关注的是经济参与者如何使用他们所拥有的有限资源来最优地满足他们的经济需要；宏观层面，配置效率关注的是稀缺资源如何流向最能产生价值的地方。资源配置是通过在市场特别是在金融市场上的交易来完成的，金融市场是交易金融要求权（financial claim），即对未来资源要求权的场所。因此，金融学关注的焦点是市场参与者如何依赖金融市场达到资源的最优利用，以及市场如何促进资源在参与者之间进行有效配置。

如同经济学一样，金融学的研究也包括宏观和微观两大部分，但它们的发展历程不同，金融学是先有宏观部分，再有微观部分。其中，微观金融学是研究如何在不确定的环境下，通过资本市场，对资源进行跨期最优配置的理论体系。一般来说，微观金融学是指 20 世纪 50 年代发展起来的理论金融学，其主要内容包括：50 年代 Markowitz（1952）开创的资产组合选择理论、Modigliani 和 Miller（1958）的 Modigliani-Miller（MM）理论与 Tobin（1958）的两基金分离定理；60 年代 Sharp（1964）、Lintner（1965）、Mossin（1966）发展起来的资本资产定价理论与 Fama（1965，1991）的有效市场理论；70 年代 Black 和 Scholes（1973）的期权定价理论、Merton（1973）的跨期资本资产定价理论、Ross（1976）的套利定价理论（arbitrage pricing theory，APT）和 Breeden（1979）的消费资本资产定价理论。

资产组合构建，简而言之，就是将财富分配到不同的资产中，以达到分散风险、确保收益或者使财富的终期（终身）期望效用最大化的目的。Markowitz（1952）用方差来量化股票收益的风险，提出了资产组合选择的均值-方差分析法，揭开了现代金融学研究的序幕。后来的资本资产定价模型（capital asset pricing model，CAPM）也是以均值-方差分析为基础，多期情景下的跨期资本资产定价模型（intertemporal capital asset pricing model，ICAPM）和消费资本资产定价模型（consumption capital asset pricing model，CCAPM）是推广并兼容了早先单一时期下的均值-方差分析法。因此，以均值-方差分析法为基础的资产组合理论不仅是现代资产组合选择理论的先驱，也是微观金融学的基石之一。可以说，是资产组合构建的研究带动了微观金融学的发展。从某种意义上讲，金融研究的出发点和落脚点都是金融决策与管理，而对金融活动的主要参与者之一的投资者来说，其金融决策与管理的主要内容就是资产组合构建。Ibbotson 和 Kaplan（2000）的研究表明，基金总收益中的 100%、同一基金收益随时间波动的 90%和不同基金收益差异的 40%均可以由资产组合构建来解释。因此可以说，资产组合构建是微观金融理论研究的起源和动力之一。

基于均值-方差模型的资产组合构建明确了投资决策过程中的风险，对风险进行量化分析，开辟了风险管理的新思路，并为资产组合构建问题提供了一个分析框架：如果投资者只关心单期资产组合的收益和风险，那么不同投资者只需在按固定比例形成的风险资产组合和无风险资产之间选择不同的分配，没有必要调整风险资产组合中风险资产的比例。但均值-方差模型是一个静态模型，这与投资者决策过程、资产价格动态趋势和金融市场特征相去甚远，其中，资产价格动态趋势和金融市场特征是因，投资者决策及其交易行为是果。首先，投资行为，特别是机构投资者的投资行为往往是动态（多期）的，他们随着投资环境的变化适时调整资产组合中的风险资产头寸，而不是将初期构建的资产组合一成不变地保持到投资计划期末。其次，虽然资产价格的历史信息能够在一定程度上描述资产价格的未来特征，但忽略了资产价格的时变性和受未来诸多不确定性因素的影响，用在某个特定时点获得的信息刻画资产价格未来特征具有不科学性，特别是当经济系统（涉及政治、经济和公司运行等方面）出现重大变动时，资产价格往往会偏离正常运动轨迹，表现出不确定或异常现象。最后，金融市场的非完备性和重新开放性，事实上，资产价格的可变空间很大，可能的自然状态往往大于市场上发行的公司证券数量，通常并不能靠市场上的公司股票等复制出时间-事件偶发性权益的资产组合，证券市场往往表现为不完备性，不完备市场意味着总有一些可能状态使得投资者的消费或财富无法保险或保值。然而，金融市场的重新开放性为投资者提供了不断交易的机会，投资者可通过动态调整其资产组合，实现市场完备化，从而达到消费或财富的保险或保值目的。所有这些使得将静态模型向动态模型拓展成为当务之急，既具有必要性又具有现实性。动态资产组合构建问题的研究不但能指导动态资产定价行为的研究，而且能使得每个具有动态完备市场的金融市场理性预期均衡对应于一个完备市场理性预期均衡，使金融市场对资源的配置达到帕累托有效。

在动态不确定环境下深入研究资产组合构建问题需要更为复杂和精密的数学工具。这项技术性较强的研究工作正在从不同角度向深度拓展，其中，对资产价格运动过程的性质探讨是动态资产组合构建问题研究的一条重要线索。资产价格过程被拟合为从马尔可夫过程到独立增量过程，再到（几何）布朗运动（Brownian motion），使得研究由随机因素决定的动态过程成为可能。同时，日本数学家伊藤清定义了在随机分析中具有重大意义的伊藤积分（Ito integral），并同列维、维纳等数学家一起开创和拓展了处理随机变量之间变化规律的随机微积分基本定理。默顿敏锐地觉察到上述研究之间的相关性，使用贝尔曼开创的动态规划方法和伊藤随机分析技术研究了在由布朗运动等随机过程驱动的不确定环境下，个体投资者如何连续地做出最优投资-消费决策，使其终期（终身）财富（消费）效用最大化，从而揭开了动态资产组合构建问题的研究序幕，开启了连续时间金融方法论的新时代。Merton（1990）的前言中写道：过去的20年（1970~1990年）证明，连续时间模型是一种最具有创造力的多功能的工具。虽然在数学上更复杂，但相对离散时间模型而言，它能够提供充分的特性来得到更精确的理论解和更精练的经验假设……因此，在动态跨期模型中引入的真实性越多，就能够得到比离散时间模型越合理的最优规则。从这种意义上来说，连续时间模型是静态和动态之间的分水岭。

不确定性是金融市场的本质特征，也是资产收益过程时变性、跳跃性产生的根源。在不确定环境下对动态资产组合构建问题的研究引起了众多学者的兴趣，并且获得了很多有益于资产定价、投资实践和金融市场建设的结论和建议。纵观目前的研究，动态资产组合构建问题的研究主要考虑投资机会集的时变性及在此基础上引入现实资产价格的运动特征和投资者在投资过程中需要处理的一些外生经济因素对资产组合构建及其交易行为过程的影响。研究框架主要遵循两条线索：离散时间和连续时间；研究内容包含了资产收益的可预测性（分内生和外生两种情况）、市场交易摩擦（如交易成本和税收等）、背景风险（如劳动收入、住房等）、流动性限制、异质性个体和描述资产价格动态的模型不确定性问题。其中，模型不确定性问题的研究相对较为缺乏，在连续时间下更是如此。

模型不确定性问题是社会经济系统中模型的基本特征，也是金融市场不确定性特征的本质体现。在一个新兴的金融市场上，不确定性更是一个普遍存在的现象。将金融市场不确定性本质特征引入资产组合构建过程、探讨资产价格行为可以破解经典金融学和行为金融学一直想解释而解释得不尽满意的金融异象。例如，面对金融市场上经常出现的“某些资产市场价格虽然处于连续上升或下降的状态，但投资者实际对其并不发生任何交易”的交易异象（交易中断），经典金融学从风险视角无法解释。虽然行为金融学从投资者认知偏误视角能予以解释，但面对资产价格巨幅波动下的投资者交易行为异象（非理性繁荣或萧条），如 2007~2012 年中国股票市场连续上涨和下跌下的投资者交易行为，行为金融学的解释又难以令人信服。那么，为什么会出现加剧金融市场波动的投资者交易行为异象？如何对其监管？究其根源，主要是金融市场不确定性本质，这一本质改变了传统资产均衡价格理论。

经典金融学用风险描述金融市场不确定性，认为不确定性主要指资产收益分布唯一确定条件下可能发生的不确定性，CAPM、三因子模型和 B-S 模型（Black-Scholes model）等均衡定价理论为研究资产价格对投资者交易行为的影响提供了理论依据。随着金融市场微观结构理论的发展，面对资产价格的巨幅波动，学者们通过加入相应的风险因子拓展资产均衡定价模型，分别提出了考虑流动性和信息风险的资产定价模型。但 Olsen（1998）认为，在公开市场上，投资者之间信息不对称的可能性很小，信息不对称难以导致资产价格产生巨幅波动，从信息不对称视角解释资产价格巨幅波动及其对投资者交易行为的影响不一定完全合适。另外，初始先验信念相同的信息不对称可能导致金融市场无交易（Milgrom and Stokey，1982；Sebenius and Geanakoplos，1983）。事实上，经典金融学总是假定投资者不但清楚地知道未来可能出现哪些不确定状态，而且能够对其发生的概率做出估计，这些估计至少在投资者看来是可靠的，从而基于此进行投资决策。这种处理不确定性的方法具有鲜明的新古典学派色彩，缺乏对不确定性本质的认识。

行为金融学假定“投资者有限理性”，从认知偏误视角研究投资者交易行为，BSV（Barberis-Shlefler-Vishny）模型、DHS（Daniel-Hirsheifer-Subramanyam）模型和 HS（Hong-Stein）模型为其提供了理论和实践依据。行为金融模型虽然很好地解释了经典金融学无法解释的“股权溢价之谜”“动量效应和反转效应”“规模效应”“日历效应”“市场泡沫”等金融异象，但对其争论从未停止。Fama

（1998，2014）指出行为金融模型在投资者行为假设上存在非一致性问题，Barberis 和 Thaler（2003）指出行为金融模型在分析投资者行为模式及其偏好对金融市场影响时缺乏统一的逻辑基础，故难以令人信服地阐释资产价格巨幅波动（特别是巨幅下跌）下的投资者交易行为异象。以 2007~2012 年中国股票市场为例，从 2007 年 1 月至 2007 年 10 月不到一年的时间内，上证综合指数从 2 700 多点涨到 6 000 多点；紧接着是漫长的 5 年熊市，虽然中国股票市场存在卖空限制，仍从 6 000 多点一直跌破到 2012 年的 1 900 多点，跌幅近 70%。按行为金融学观点，这主要归因于投资者有限理性下的认知偏误。这不但直接违背人们的常识理性，而且显然忽略了投资者所处金融市场环境的不确定性本质。正如 Peter（2003）所述，行为金融模型中的投资者行为逻辑假设往往来自 Tversky 和 Kahneman（2015）试验研究的结论，但这些结论是在一个确定或风险环境下得到的，而投资者实际面临的金融市场环境却不是这样的环境。

事实上，面对充满诸多不确定因素的金融市场环境，经典金融学将不确定性假定为资产收益分布唯一确定条件下可能发生的不确定性（风险）具有局限性。Knight（1921）、Keynes（1921）在不同情境下对风险和不确定性做了深刻辨析，不约而同地指出了可知的不确定性（风险）和不可知的不确定性（真正的不确定性）的本质差异。研究者们将“真正”的不确定性称为“奈特不确定性”。在研究中，将风险限定为概率分布唯一存在、在数量上可确定的、封闭和完备的那种不确定性，资产均衡价格为某一确定值，投资者基于此做出交易决策，买卖资产。奈特不确定性不具备这些性质，是易受“潜在意外”的突发事件和新技术、新模式、新业态等新生事物的影响而不断变化的不确定性，难以用单一概率测度予以描述，因为这里的概率测度违背了传统金融资产定价模型所依赖的 von Neumann-Mongenstern 公理体系及 Savage 提出的主观概率存在的公理体系。资产均衡价格为某一区间，尽管资产市场价格连续上升或下降，只要其价格还在该区间，即使没有“交易成本”和“流动性需求”等市场交易摩擦，投资者也不会买卖金融资产，即出现“非市场参与”（non-market participation）现象。进一步，若市场均衡力量不能将资产价格推动到均衡价格区间之外，则会出现引发金融危机的“交易中断”（trading break-down）和“突然市场冻结”（sudden market-freeze）等金融异象。这区别于传统风险意义下的投资者交易行为，Butler 等（2014）也认为金融资产的未来收益是奈特不确定性的，应将奈特不确定性作为解释金融异象的首选。

显然，源于金融市场奈特不确定性本质的资产均衡价格区间显著影响投资者交易行为。实践中，投资者奈特不确定性情绪对此影响又具有正面效应或负面效应。Ellsberg（1961）试验表明，奈特不确定性深刻地影响着投资者交易行为，投资者往往表现出对奈特不确定性厌恶或喜爱的情绪。Etner 等（2012）通过试验进一步验证了 Ellsberg（1961）的结论，还发现在面对奈特不确定性时，试验者之间存在羊群效应。实质上，奈特不确定性还能涵盖微观金融结构理论中流动性和信息风险对投资者交易行为的影响。Easley 和 O'Hara（2010）在研究美国信贷危机流动性缺乏时指出，当奈特不确定性程度很大时，增大的价差导致奈特不确定厌恶型投资者可能选择不进入市场，降低了市场流动性；Epstein 和 Schneider（2008）在研究信息质量与资产价格关系时指出，较差的信息质量导致奈特不确定厌恶型投资者在交易过程中寻求奈特不确定溢价。资产均衡价格区间描述了上述现象，投资者对资产未来价格存在市场预期极端状态，若持奈特不确定厌恶或喜爱情绪的投资者赋予市场预期极端状态不合理权重，从事非理性交易，则很可能出现非理性“市场萧条”或“市场繁荣”的金融异象；若投资者交易行为表现出羊群效应，则金融市场可能出现巨幅波动。这超出了行为金融学的解释能力，行为金融学难以从投资者认知偏误视角给出合理解释。

因此，从金融市场不确定性视阈研究投资者资产组合构建及其交易行为，不但丰富了资产组合和资产定价等理论及其应用，而且有助于解释金融市场现象、归纳金融市场规律、监管投资者交易行为、完善金融市场建设。

第二节　本书的研究内容与方法

一、研究内容

本书的研究内容主要是对笔者 20 多年来研究成果的凝练与延伸，按照由浅入深、由总到细、由静到动的研究框架，遵循金融市场不确定性描述由结构不确定性到奈特不确定性再到一般不确定性的逻辑层次，实现静态资产组合与动态资产组合、资产组合理论与资产定价理论、经典金融学与行为金融学等跨界融合，从金融市场本质特征出发研究投资者资产组合构建及其交易行为。具体分为九章：

第一章：绪论。阐述问题的研究意义、内容、方法、特色与创新。

第二章：国内外相关研究。主要阐述问题研究的历史脉络，一方面奠定问题研究的基础支撑，另一方面引入问题研究的必要性。

第三章：投资者资产组合构建与策略。这是一个总的研究，为第四章至第六章由浅入深的细分研究奠定基础。

第四章：模型具有结构不确定性下的资产组合构建。这仍然从传统风险（未来状态及其概率已知）分析的角度研究问题。

第五章：模型具有奈特不确定性下的资产组合构建。这突破传统风险分析范畴，从真正不确定性（未来状态已知，但其概率未知）分析的角度研究问题。

第六章：模型具有一般不确定性下的资产组合构建。这是一个探索性研究，也是一个与现实较为接近的研究，假定未来状态及其概率均未知，采用基于事例推理的方法研究问题。同时，在一定程度上将经典金融学研究范畴向行为金融学研究范畴延伸，体现了问题研究的跨界融合。

第七章：不确定环境下的资产均衡价格区间。这突破了传统资产定价模型及其修正模型的研究假设，将金融市场不确定性引入资产定价过程，提出了资产均衡价格是某一区间而不是某一确定值的思想，体现了资产组合理论与资产定价理论的跨界融合。

第八章：不确定环境下投资者资产交易的惰性区间。这体现了资产价格行为直接影响着投资者交易行为，结合第七章的研究，可以说投资者交易行为在一定程度上体现了金融市场特征，为金融市场建设提供了一个分析视角。

第九章：动态均值–方差资产组合构建及其有效性验证。均值–方差分析框架主要应用于静态情境下问题的研究，随着数学工具的出现，均值–方差分析框架也在动态情境下得到有效运用，但一直都备受人们质疑，这里从时变风险容忍度（前景设置）视角论证其在动态情境下的有效性问题，体现了静态资产组合与动态资产组合问题研究的跨界融合。

二、研究方法

（1）理论研究。每一部分的研究都是基于描述资产收益过程模型，根据研究对象将其代表性变量引入模型，经过严格数学推导获得研究问题的封闭解或解析解，基于此进行问题的定性分析，获得相关结论和推论。

（2）实证研究。基于理论研究，以中国金融市场数据为样本实证定性分析结果，进一步证实相关结论和推论、发现新的结果，凝练经济管理启示。

（3）对比研究。这体现在两个方面：一是理论研究的对比，挖掘它们之间的差异和内在联系；二是实证研究的对比，充分说明结果的可靠性，体现其应用价值。

第三节 本书的特色与创新

一、研究视角

主要体现为两个突破：一是在传统研究资产收益过程时变性、跳跃性对投资者资产组合构建及其交易行为影响的基础上，引入金融市场不确定性特征，并阐释它们之间的内在联系。二是突破传统意义上的风险分析范畴，引入真正不确定性的特征描述，并按结构不确定性、奈特不确定性、一般不确定性的脉络展开问题研究。

二、研究方法

既注重理论研究也注重实证研究，同时突出对比研究；既注重静态分析也注重比较静态分析；既遵循经典金融学研究范式也遵循行为金融学研究范式，同时突出金融市场不确定性特征的合理引入。这不但体现了研究结果的科学性和可操作性，还新发现了金融市场一些基本特征。

三、理论和方法的创新

一是资产均衡价格区间，引入金融市场奈特不确定性特征，资产均衡价格不再是传统意义上的某一确定值，而是某一区间；二是不确定性规避状态函数，借助罚函数理论，设计投资者不确定性规避状态函数，并引入哈密尔顿-雅可比-贝尔曼（Hamilton-Jacobi-Bellman，HJB）方程，从而应用最大-最小化方法求解不确定环境下的投资者资产组合模型；三是运用谱广义矩法（spectral generalized method of moments，SGMM）估计模型参数，针对隐含潜在状态变量的模型，其参数分布函数难以获得或不存在，传统参数估计方法难以胜任，提出 SGMM，借助参数的前相应阶数的矩获得参数估计值。

第二章　国内外相关研究

资产组合构建是现代金融学，特别是资产定价和投资者交易行为研究领域的最基本问题之一，是金融学研究的基石。Markowitz（1952）的研究标志着现代金融学的开始，1952~2019 年，有关资产组合构建理论及其应用的研究文献出现了百花齐放、百家争鸣的局面，这不但丰富和发展了资产组合理论，奠定了理论指导实践的基础，加快了理论向实践迈进的步伐，而且催生了如资产定价理论和投资者交易行为理论等研究成果。鉴于此，本书立足金融市场不确定性本质特征，按照静态资产组合构建、动态资产组合构建、资产收益的连续时间模型、投资者资产交易行为优化、资产价格变化与投资者交易行为等五个方面的主脉络简要概述相关研究。

第一节　静态资产组合构建

静态资产组合构建是一种单期行为，从投资者角度来讲，假设投资者具有同质性期望，他们在某一特定时刻（投资期初）根据决策目标确定资产组合，并一直持有至投资期末而不改变，交易仅发生在期初。从市场角度来讲，认为期初时的市场上存在一个完备的时间-事件偶发性权益集，且投资者对资产价格具有理性预期，故存在一个理性预期均衡，在这个理性预期均衡中，交易仅发生在期初。静态资产组合构建问题的研究以均值-方差模型为基础，并结合资产收益分布特征和投资者对待风险的态度得到长足的发展，形成一种具有可操作性、灵活性和可检验性的资产组合构建的决策理论与方法。

Markowitz（1952）提出了资产组合构建的均值-方差分析方法，即均值-方差模型。Markowitz（1959）中进一步阐述了均值-方差模型及其应用，其精髓在于首先对风险进行量化分析，开辟了风险管理的新思路。该模型实际上是一个以资产组合的收益（均值）和风险（方差）为目标的双目标决策模型，因此很自然地推导出资产组合构建的均值–方差有效资产组合、有效前沿等概念。在均值–方差有效资产组合策略集中，高风险对应高收益，投资者根据各自的风险偏好在均值–方差有效资产组合策略集中选择资产组合。如果在投资机会集中增加固定收益为 r 的无风险资产，则在标准差–收益的二维坐标系中，资产组合构建的有效前沿是以（0，r）为起点，与均值–方差有效前沿相切的一条射线。对于特定的 r，均值–方差有效资产组合唯一，此时，投资者根据各自的风险特征，将其财富在无风险资产和该唯一的均值–方差有效资产组合之间选择不同配置，形成资产组合，这就是静态情境下的两基金分离定理。

为了减少模型参数（协方差）估计的计算量，Sharpe（1963）给出了资产组合构建的单因子（单指数）模型。该模型仍然属于均值–方差分析范畴，但是从刻画资产收益的角度建立模型，大大节约了计算资源。虽然在现阶段的计算条件下，这种节约的意义并不突出，但单因子模型首先突出了收益刻画在资产组合构建过程中的重要性，且在形式上与 CAPM 和套利定价理论一致。同时，Konno 等（2002）的研究表明，结合因子模型和线性规划可有效地处理大规模资产组合问题，Fama 和 French（2004）以此为基础对 CAMP 的理论和实证研究进行了综述性描述。

正的超额期望收益实际上是投资者所喜欢的，而在均值–方差模型中却被当作风险来处理，那么一个更确切的风险刻画量则是下半方差，即相对于均值的负偏差的平方的期望值。Markowitz（1959）、Mao（1970）讨论了均值–下半方差模型。诚然，在收益分布对称的情况下，由于下半方差恰好是方差的一半，那么均值–方差有效前沿与均值–下半方差有效前沿完全一致，此时，这种改进的意义并不是很大。但是，大量实证研究表明，资产收益分布并不对称，金融市场的发展催生大量金融衍生资产。Hull（2003）的研究表明，收益分布不对称的典型代表是金融衍生资产。因此，均值–下半方差模型在资产组合构建过程中仍具有较强现实意义。

基于均值–方差分析法的一些主要模型考虑了资产收益的前二阶矩，属于二次凸规划范畴。Samuelson（1958）首先注意到高阶矩在资产组合构建中的重要性。Konno 和 Suzuki（1995）给出了均值–方差–偏度模型。该模型在收益分布不对称的情况下是有价值的，因为具有相同均值和方差的资产组合可能具有不同的偏度，偏度为正且越大的资产组合获得较大收益的可能性越大。但是，该模型属于三次凸规划模型，求解比较困难。基于此，Konno 和 Yamazaki（1991）利用期望绝对偏差来刻画风险，给出了资产组合构建的线性规划模型，常称为均值–绝对偏差模型。在收益服从正态分布条件下，期望绝对偏差与方差相一致（只差一个常系数）。该模型后来如同均值–下半方差模型那样发展成均值–下半绝对偏差模型。Young（1998）利用极小极大化原则建立了一个资产组合构建的线性规划模型。该模型实际上是以资产组合收益的最小顺序统计量作为风险。Cai 等（2000）利用资产组合中各项资产收益的最大期望绝对偏差来刻画风险，也给出了一个资产组合构建的线性规划模型，同时给出了资产组合构建的解析解，这不但解决了计算上的难题，而且为大规模和多阶段资产组合优化问题提供了分析基础。因为多阶段随机规划资产组合模型基本上还是考虑线性规划模型，当用随机规划方法进行多阶段资产组合建模时，最后一般因大量的离散情景而归结为求解一个大规模优化问题，此时，非线性模型一般是很难应用的。

下半绝对偏差和下半方差是相对均值而言的，而资产组合收益的均值一般是随着资产组合策略的变化而变化的。同时，在动态资产组合构建分析中如果用上述方法度量风险，则优化指标中含有期望的非线性项，从而破坏了动态规划意义下的可分结构，使得问题的求解变得困难。基于此，Fishburn（1977）利用与预先给定目标收益的某种负距离（实质上指资产收益的未达标部分）的期望来度量风险，其中，绝对距离与下半绝对偏差相似，而欧式或二次距离与下半方差相似，但此时的风险度量是相对预先给定的收益目标而言的，这个目标不会随着资产组合策略的变化而变化，故该方法不会遇到上述求解上的困难。另外，Testuri 和 Uryasev（2000）的研究表明，Fishburn（1977）的风险度量与条件风险值（conditional value-at-risk，CVaR）有很好的对应关系，相应的资产组合构建问题可用线性规划方法求解。事实上，Fishburn（1977）的风险度量方法在动态资产组合决策管理模型中常被采用。

就在 Markowitz 发表《资产组合选择》一文的同一年，Roy（1952）也发表了一篇关于资产组合构建的论文。Roy 称他的模型为安全第一（safety first）模型。与上述模型相比，安全第一模型给出了另一类风险控制思路，即控制损失的概率。该模型的决策规则是极小化资产组合收益小于给定的“灾险水平”这一事件的概率，这类似于随机规划中的机会约束。根据 Chebyshev 不等式，该问题被松弛转化为一个关于均值和方差比的优化问题，因而与均值-方差模型密切相关。由于安全第一模型的直观性，其在金融风险管理实践中得到了广泛运用。20 世纪 90 年代中期流行起来的风险度量方法——风险价值（value at risk，VaR）可以看作该思路的另一种提法，即给定概率置信水平内最坏情况下的损失。源于安全第一模型的 VaR 本质上就是概率分布中的分位数，但因其简单且直观而在风险管理中被广泛采纳，如著名的“巴塞尔协议”中关于商业银行资本充足率的要求就是 VaR 与方差相一致，但在分布未知的条件下，VaR 只用到一、二阶矩的 Chebyshev 不等式就可以给出 VaR 较好的上界估计。

面对各种不同的风险度量方法，究竟哪一种方法更好？Artzner 等（1999）提出了相容性风险度量（coherent risk measurement）的概念，其中相容性以四条公理假设条件为判别标准。由于 VaR 不满足相容性四个条件中的次可加性条件而受到批评，这意味着在某些情况下拒绝资产组合的分散化思想。基于此，Pflug（2000）、Acerbi 和 Tasche（2002）给出 CVaR 的风险度量方法，作为对 VaR 的一种修正。CVaR 被定义为损失超过 VaR 部分的条件期望。从直观上讲，CVaR 比 VaR 更确切地刻画了下滑风险（downside risk），这符合人们的常规思维方式。Topaloglou 等（2002）从理论和实证两个方面对下滑风险做了对比分析。Rockafellar 和 Uryasev（2000，2002）的研究表明，CVaR 还可以通过线性规划方法求得，这为 CVaR 的实际应用提供了极大的方便。因此，以 VaR 和 CVaR 作为风险度量研究资产组合构建问题也是一个备受重视的发展方向，但它仍属于收益–风险范畴。

基于均值–方差分析的资产组合构建理论与实践均假设资产未来收益的概率分布是已知的（而事实上往往只能估计其可能性分布），用已知的历史数据反映未来证券市场的发展，而且在制定投资决策时忽略了专家或投资者的信念，这些在变幻莫测的证券市场上往往难以成立。换言之，资产收益的未来特征充满不确定性。因此，均值–方差的分析具有局限性。故而众多学者通过借助模糊数（集）理论研究资产组合构建问题来弥补这一不足。Dubois 和 Prade（1987）定义了模糊数的一类闭区间值的期望，该期望在模糊数的加法定义上满足加法原理和数乘原理。Carlsson 和 Fullér（2001）介绍了模糊数的另一类区间值的均值概念，这可看作可能性分布。Fullér 和 Majlender（2003）提出了模糊数的一类加权的可能性均值概念，这可看作加权的可能性分布。Zhang 和 Nie（2003）拓展了 Carlsson 和 Fullér（2001）的研究，考虑了模糊数的另一类下（上）可能性方差和协方差。这些就使得在未来收益不确定性下研究资产组合构建问题成为可能，并且可将问题的求解转化为一个线性规划问题，资产组合构建的有效前沿呈唯一带状区域。Inuiguchi 和 Ramik（2000）、Tanaka 等（2000）、Lai（2002）、Wang 和 Zhu（2002）揭开了基于模糊数（集）理论的资产组合构建问题研究的序幕，这是金融研究理应备受关注的发展方向，而且对行为金融学研究的发展起到莫大的推动作用，因为模糊数（集）理论是处理非随机不确定性的有力工具，且在描述人的知识和行为的不确定性方面具有显著优势，是行为金融学研究潜在的有效手段。

上述模型的最初考虑主要是基于收益–风险权衡、风险分散和控制及便于理解和计算等方面的原因，没有直接把它们与更一般的决策理论联系起来。von Neumann 和 Morgenstein（1944）在四条公理假设体系基础上追加一条独立性公理假设，给出了期望效用函数理论。Hadar 和 Russell（1969）、Hanoch 和 Levy（1969）、Rothschild 和 Stiglitz（1970）、Whitmore（1970）以冯–摩效用函数为基础，给出了资产组合构建的随机占优（stochastic dominance，SD）准则，并在不确定性决策理论中被广泛接受，SD 准则在期望效用最大化原则的基础上，只要求效用函数满足一些基本性质，根据两个风险资产的概率分布特征来分析和判断它们之间的占优与被占优关系，而不需要知道效用函数的具体形式。通常情况下，资产收益率是随机变量，当利用投资者的冯－摩效用函数判断资产期望效用时，由于不同投资者的冯-摩效用函数不同，他们对资产的期望效用测度也不尽相同。这意味着，对于同一资产，不同投资者会有不同的期望效用，如此就很难比较两个资产究竟哪一个更好。一般来说，风险厌恶型投资者和风险喜好型投资者对资产的选择标准是不一致的。基于此，SD 准则依据投资者效用函数的类型对投资者进行分类。假设投资者的效用函数用$U(R)$表示，把$U'(R)\geqslant 0$的投资者作为第一类，与第一类投资者相应的 SD 准则称为一阶随机占优（first-order stochastic dominance，FSD）准则。把第一类投资者继续分类，在第一类投资者中满足$U'(R)\leqslant 0$的投资者称为第二类投资者，即风险厌恶型投资者，与第二类投资者相应的 SD 准则称为二阶随机占优（second-order stochastic dominance，SSD）准则。对第二类投资者继续分类，把在第二类投资者中满足$U''(R)\geqslant 0$的投资者称为第三类投资者，即绝对风险厌恶型投资者，与第三类投资者相应的 SD 准则称为三阶随机占优（third-order stochastic dominance，TSD）准则。Vichson（1975）在三阶随机占优准则的基础上，定义了递减绝对风险厌恶者的 SD 准则，其效用函数满足：$U'(R)\geqslant 0$，$U''(R)\leqslant 0$，$\mathrm{d}\left(-U''(R)/U'(R)\right)/\mathrm{d}R\leqslant 0$，并证明了只有当两个风险资产的期望收益率相等时，递减绝对风险厌恶者的 SD 准则才与三阶随机占优准则等价。Whitmore（1989）将 SD 准则推广到 N 阶下的情形。Levy（1992）对 SD 准则的理论发展及其在经济实践中的应用进行了很好的回顾和评述。虽然效用理论非常精致，但由于在投资实践中选择合适的效用函数不太容易，以及 SD 准则按定义计算该准则下的有效资产组合十分困难，目前还没有发现求解该准则下资产组合有效集的有效算法，使得 SD 准则在实践中几乎很难直接应用，因而不是目前研究的主流。Kroll 等（1984）、Ogryczak 和 Ruszczynski（1999，2002）、Gotoh 和 Konno（2000）研究了均值-方差分析模型、效用理论和 SD 准则的相容性问题。一般来说，它们在很大程度上并不矛盾，特别是当采用下半方差、下半绝对偏差和下滑风险等风险度量方法时，它们的相容性较高。

上述仅介绍了一些静态资产组合构建问题的主要理论与方法，肯定有遗漏之处，如 Dembo 和 King（1992）以某个指标为基准的跟踪模型及 Philippatos 和 Wilson（1972）以信息论中的熵为风险度量的模型分别研究了静态资产组合构建问题，以及在均值-方差分析模型的基础上，引入不对称信息、流动性限制和交易成本等因素研究投资者的静态资产组合构建问题，如 Jaganmatham 和 Ma（2002）研究资产组合权重受限制时的最优资产组合构建问题，这些不但丰富了资产组合构建的理论研究，还有助于将理论研究逐步推向实践。这里不再逐一叙述，源于它们之间具有较强的联系性。

第二节　动态资产组合构建

本章第一节介绍了一些主流的资产组合构建理论与方法，就其资产组合构建模型本身而言，是一种静态（单阶段）行为：投资者在一期模型中确定自己的最优消费和资产组合策略，且基本上是基于均值–方差分析。这与投资者交易行为、资产价格动态过程和金融市场特征相去甚远，其中，资产价格动态过程和金融市场特征是因，投资者交易行为是果。首先，投资者交易行为，特别是机构投资者的交易行为往往是动态（多期）的，他们随着投资环境的变化适时调整资产组合风险资产头寸，而不是将初期构建的资产组合一成不变地保持到投资期末。其次，虽然资产价格的历史数据能够提供对资产价格未来特征的描述，但忽略了资产收益的时变性和受未来诸多不确定性因素的影响，用在某个特定时点获得的信息刻画资产价格的未来特征具有不科学性，特别是当经济系统（涉及政治、经济和公司运行等方面）出现重大变动时，资产价格往往偏离正常运动轨迹，出现异常现象，表现出不确定性特征。最后，金融市场的非完备性和重新开放性，由于资产价格的可变空间很大，可能的自然状态往往大于金融市场上发行的资产数量，故通常不能靠金融市场上的资产复制出时间–事件偶发性权益的资产组合，金融市场往往表现为不完备性，不完备市场意味着总有一些可能状态使得投资者的消费或财富无法保险或保值；而金融市场的重新开放性又为投资者提供了一个不断交易的机会，投资者可通过动态调整其资产组合，实现市场完备化，从而达到消费或财富的保险或保值目的。另外，均值–方差分析法在现实运用过程中存在两大疑问：第一，输入模型的期望收益率并不是单期的，而是长期内部收益率的估计值，应用该估计值时隐含着一个假设，即单期期望收益率和估计的长期内部收益率成比例，该假设较强且往往与现实不符，故以此模型所得到的结果存在偏误。第二，关于投资者的目标函数，如果资产收益服从随机游走，至少对于具有常弹性效用特征的投资者而言，其应持有常数比例的资产组合，这又忽略了资产收益的时变性和可预测性。Mossin（1968）研究了多阶段资产组合构建问题下的短视（myopic）行为目标函数，指出只有在投资者具有对数效用函数的情况下才是合理的。所有这些使得将资产组合构建的静态行为向动态行为拓展成为当务之急，即把单期模型扩展到多期模型成为现代资产组合投资理论的重要工作。

单期模型与多期模型有着本质差异。在多期模型中，由于投资者为整个生命周期的消费流提供融资，故基于多期模型的动态资产组合构建问题与基于单期模型的静态资产组合构建问题不同。Samuelson（1969）的研究证明，只有在特定的条件下，单期模型与多期模型的解才是相同的（通常将多期模型中投资者的这种行为称为短视行为）。当投资者没有劳动收入，效用函数是时间可加的冯-摩效用函数时，投资者的交易行为为短视行为的充分条件是，效用函数是对数效用函数，或者效用函数是指数函数且资产收益率是独立同分布的。Merton（1969，1971，1973）的研究证明，当投资机会集随时间变化时，长期投资者除了关心资产组合财富的本身风险外，通常还关心投资机会对财富产生的冲击，此时，投资者会采取措施来规避投资机会对财富产生的不利冲击，从而需要金融资产对资产组合进行跨期对冲避险。

差不多在 Markowitz 提出均值-方差模型的同时，Bellman 提出随机动态规划方法，以及在 20 世纪 40~60 年代日本数学家伊藤清等开创了处理随机变量之间变化规律的随机微积分基本定理，这极大地推动了动态优化决策的发展。目前为止，大致有三种方法处理动态资产组合构建问题：随机动态规划理论、鞅和对偶理论及粘性解理论。随机动态规划理论用于离散时间下，通常被称为动态规划方法（理论），主要是采用倒向法获得动态最优决策，使得投资者的终期财富或消费期望效用最大。该理论用于连续时间下，通常被称为随机控制方法（理论）。随机控制方法在解析解、问题分析和解释的深刻性方面占有优势。动态规划方法要求解的只是数值解，对模型限制较少，在对实际问题刻画方面占有优势。这两类方法实际上并不能严格区分，但各具优势。用随机控制方法处理动态最优投资-消费决策问题（也是用得最多的方法）时，通常分四步完成：首先，引入价值函数，将最优投资-消费决策问题用随机控制的形式表达出来，一般要求最优投资和消费决策满足 HJB 方程；其次，借助 HJB 方程对决策过程的决策变量求导，通过最优化的一阶条件，将最优决策表示成价值函数的方程；再次，将最优决策函数代入 HJB 方程，获得一个关于价值函数的非线性偏微分方程，通过该偏微分方程求解价值函数（通常求解非常困难，甚至不可能）；最后，假定价值函数解得，将它及其偏导数代入决策变量的函数，获得最优决策的显性解，若不能解得价值函数，只能用数值法求解。随机控制方法在运用过程中存在两个方面的限制：一是只有在价值函数连续可微时，才能运用随机控制方法；二是为了得到最优解，必须解非线性偏微分方程，而这种方程无论是得到封闭解还是数值解都非常困难。鞅和对偶理论是利用风险中性概念和鞅表示定理的一种随机分析方法，是解决不确定性下动态投资-消费最优决策问题的另一种方法。Cox 和 Ross（1976）引入风险中性定价的概念，认为在风险中性经济中，所有资产的期望回报率应该是无风险利率，所以，股票价格过程的漂移项就是无风险利率。此后，Harrison 和 Kreps（1979）、Harrison 和 Pliska（1981）建立了系统的风险中性定价理论框架。Cox 和 Huang（1989）利用鞅表示定理得到一般条件下最优消费和资产组合策略解的存在性。Karatzas 等（1987）、Karatzas（1989）利用鞅和对偶理论这种随机分析方法完整地分析了完备市场中的最优消费和资产组合问题。归纳起来，利用鞅和对偶理论解决完备金融市场中的个体消费和资产组合最优化问题可分三步进行：首先，在所依赖的概率空间上设定一个新的概率测度，在这个新测度下，任何合理的资产组合都可以达到资产组合的最后财富的期望折现值等于投资者的初始禀赋；其次，在新测度下，在所有期望折现值等于初始禀赋的随机变量中确定最优的一个；最后，证明可以构造的资产组合，使得该资产组合的终端财富等于最优随机变量的值，从而该资产组合是最优的。鞅和对偶理论的缺陷是，在多数情况下，只能表明解的存在性，不能得到显性解。关于粘性解理论，Zariphopoulou（1994）进行了详细的说明和分析，由于该理论涉及更加高深的数学理论，相比上述两种方法，目前在最优消费和资产组合决策问题分析中用得也相对较少，这里不做详述。

在讨论了动态资产组合构建在投资者最优消费和投资决策过程中的重要性并简述了处理问题的方法之后，现从效用函数模型、动态均值–方差模型角度对动态资产组合构建的理论、方法和与之对应的特征做一简要概述。概述重点为效用函数模型，因为它是目前动态资产组合构建问题研究中的主流模型。

一、效用函数模型

效用函数模型是指在不确定的经济环境中，经济主体在其财富和资产价格动态的约束下，确定自己的最优消费和投资决策，目的是使其生命期内总消费或终期财富期望效用最大。基于效用函数模型的动态资产组合构建问题的研究是金融经济学，特别是资产定价和投资者交易行为等研究领域的最基本问题之一，是金融经济学的基础。Merton（1969，1971，1973）、Samuelson（1969）、Fama（1970）、Hakansson（1971）的研究标志着动态资产组合构建问题研究的开端。其中，Merton（1969，1971，1973）在连续时间下运用随机控制方法解决动态资产组合构建问题。Samuelson（1969）、Fama（1970）、Hakansson（1971）在离散时间下运用动态规划方法解决动态资产组合构建问题。自那时起，人们就意识到动态资产组合优化与静态资产组合优化之间存在明显差异，其中之一就是与两基金分离定理的矛盾：Canner 等（1997）研究发现，美国投资者投资在债券上与投资在股票上的财富比例都随着其风险规避系数的增加而增加，由于从短期来看，债券也是有风险的资产，故与两基金分离定理矛盾，他们将此反常现象称为资产配置之谜（asset allocation puzzle）。鉴于动态资产组合的特征，Brennan 等（1997）利用战略资产配置（strategic asset allocation）来描述投资者在时变期望收益和长期投资目标下的资产组合最优化问题，在目前研究文献的表达中，习惯称其为“动态资产组合构建”问题。

Merton（1973）在连续时间下用多随机因素模型描述资产价格动态过程，运用随机动态规划（随机控制）方法解决经济个体（可含任何数量）在不确定环境下如何连续地做出最优消费和资产组合决策使其终身总消费的期望效用最大的问题。该研究对随机环境下的动态资产组合构建问题进行了深刻的分析，给出了最优动态资产组合构建的一阶和二阶条件，对最优消费和资产组合构建的重要特征进行了经济学解释，为后续研究奠定了坚实的理论基础，并提供了问题分析的基本框架，被人们誉为 Merton 模型。但由于其模型的一般化性，涉及求解一个高维非线性偏微分方程，故没能给出动态资产组合构建问题的封闭解。目前为止，Merton 模型所描述的动态资产组合构建问题的封闭解的求解仍然困扰着众多学者，少有学者能够取得显著性突破。他们大多数是对投资者的偏好和资产动态收益过程的特征做出一定的假设，在简化 Merton 模型所描述问题的基础上获得了动态资产组合构建的封闭解，从不同角度分析了资产收益过程的特征、投资者风险偏好、投资期限及一些外在风险与最优消费和资产组合决策问题的关系，并对表现出的特征进行经济解释及在一定程度上予以实证支持，解释了金融经济学领域内的一些异常现象，形成了对投资实践具有指导意义的结论。Kim 和 Omberg（1996）、Canestrelli 和 Pontini（2000）、Wachter（2002）考虑了单随机因素情况，假设资产风险溢价服从奥斯坦–乌伦贝克（Ornstein-Uhlenbeck）扩散过程，在有限投资期内推导出投资者基于终期财富期望效用最大化时的动态资产组合封闭解。Bielecki 等（2000）考虑多资产多因素，在无限投资期内运用风险敏感性控制方法，假设资产价格和随机因素波动的残余互不相关，推导出动态资产组合封闭解。Haugh 和 Lo（2001）、Campbell 等（2004）假设资产期望收益服从连续时间下的自回归过程，针对不同投资目标推导出动态资产组合封闭解。Korn 和 Kraft（2001）考虑利息率随机，给出投资者基于终期财富期望效用最大时的资产组合封闭解。在同样条件下，Brennan 和 Xia（2001）、Munk 等（2003）分析了两个和三个随机因素的情况。Fleming 和 Hernández-Hernández（2003）假设资产价格服从随机波动（stodnastic volatility，SV）过程，从价值函数设定的角度讨论了动态资产组合封闭解的存在性问题。Chacko 和 Viceira（2005）在不完全市场下，假设资产期望收益固定但其方差随机，推导出具有递归偏好的投资者基于终期消费最大化时的动态资产组合封闭解。

获得动态资产组合封闭解的局限性使得 Merton 模型的研究在很长一段时间内处于理论分析状态，并且很难解决一些具体投资实践问题。幸运的是，随着数值分析技术的进步、计算机计算能力的提高和计量经济模型的应用，人们结合理论分析将资产价格运动过程和投资者决策过程的一些现实特征引入动态资产组合构建过程，运用动态规划理论，通过状态分离、路径模拟和价值函数展开等方法获得动态资产组合的数值解或近似解析解，从而开启了理论服务实践并走向实践的大门，Merton 模型所描述的问题由此逐步迈向应用领域。Brennan 等（1997）采取数值法对描述动态资产组合最优化的偏微分方程求解。Campbell 和 Viceira（1999）将最优解的一阶条件和财富边际约束通过 Log 线性化处理获得近似封闭解。Brandt 等（2005）通过泰勒展开价值函数获得问题的解析解。通过状态空间分离，Brandt（1999）采用非参数回归、Barberis（2000）采用路径模、Dammon 等（2001）采用二项分离等方法估计价值函数，然后运用倒向动态规划方法解决了动态资产组合构建问题。Campbell 等（2004）通过 Log 线性化处理将复杂的动态过程转变为线性化过程，解决了多资产、多随机因素下的动态资产组合构建问题。Detemple 等（2003）在路径模拟的基础上通过采用 Monte-Carlo 方法估计价值函数解决动态资产组合构建问题。接下来，按七个类别予以概述。

（一）投资机会集时变性或可预测性下的动态资产组合构建

投资机会集时变性一般是指用连续时间模型描述资产收益过程，资产的瞬时期望收益、瞬时方差或者模型中其他参数的时变特征。在此基础上，人们根据长期资产收益所表现出的特征，用连续时间模型描述投资机会集的时变过程，建立资产收益过程与时变投资机会集之间的动态关系，因而投资机会集的时变性也隐含着可预测性，两者之间并不严格区分。投资机会集可预测性也称为资产收益过程的可预测性，可预测性一词在离散时间下运用相对较多，因为大量实证研究表明，经济系统中的一些经济和金融变量对股票的收益具有预测功能，经常应用计量经济模型描述这种可预测性关系。下面分别阐述。

1. 投资机会集时变性

目前研究主要包含风险溢价（瞬时期望收益）、瞬时方差和实际利率的时变性。假设资产收益瞬时方差固定，瞬时风险溢价服从奥斯坦–乌伦贝克均值回复过程，运用随机控制方法解决最优动态资产组合构建问题。Kim 和 Omberg（1996）在不考虑消费的情况下，假设投资者的偏好结构为双曲绝对风险厌恶（hyperbolic absolute risk aversion，HARA）函数，获得了基于终期财富期望效用最大时的动态资产组合封闭解，并对解的性质进行详细分析。Campbell 和 Viceira（1999）由于考虑了消费情况，只获得了动态资产组合的近似解析解。Wachter（2002）在风险溢价波动与资产收益波动间完全负相关（完全市场）并考虑消费的情况下，假设投资者的偏好结构为幂效用函数，获得了动态资产组合封闭解，并将封闭解表示成加权平均的形式，平均项是基于终期财富期望效用最大化下的股票选择，加权项是未来消费的当前折现值。Wu（2003）在此扩散模型的基础上，考虑到当突发事件或重大信息到来时，资产价格往往产生跳跃，因而将跳跃引入模型，但由于跳跃是时间的离散函数，往往只能获得动态资产组合近似解析解，进而采用数值法求解。

假设资产瞬时期望收益固定，瞬时方差或其倒数服从均值-回复过程，或者在此基础上假设资产的瞬时期望收益是其瞬时方差或倒数的仿射函数，即资产收益过程服从具有仿射结构的 SV 模型。Chacko 和 Viceira（2005）在投资者偏好结构为递归效用函数的情况下研究了最优动态资产组合构建问题，使其终期消费期望效用最大，当跨期消费替代弹性为 1 时获得了动态资产组合封闭解，否则，只能获得近似解析解。Liu 等（2003）、Liu 和 Pan（2003）将跳跃引入 SV 模型，假设投资者的偏好结构为幂效用函数，但只能获得资产组合近似解析解。Han（2006）建立多因素 SV 模型，研究资产期望收益及其方差皆时变下的动态资产组合构建问题，并检验了此时的资产组合业绩，指出超额业绩的存在性，且在不同投资目标、投资期限和风险资产下是稳定的。

正如上文提到的资产配置之谜，Brennan 和 Xia（2001）、Campbell 和 Viceira（2001）、Korn 和 Kraft（2001）、Wachter（2003）假设实际利率服从时变随机过程，在上述范式下研究了动态资产组合构建问题，并对资产配置之谜给出经济学意义上的解释。Bajeux 等（2003）在随机利息率情况下研究了资产组合在股票、债券和现金之间的动态配置关系。研究指出，具有 HARA 效用特征的投资者是否采取凸式或凹式策略取决于其相对风险规避系数，相对风险规避系数上升趋向凸式策略，类似于组合保险，反之，趋向凹式策略，类似于均值-方差资产组合，证明了两基金分离定理，并解释了模型中参数的不同效应。Sangvinatsos 和 Wachter（2005）假设随机利息率服从均值-回复的时变过程，从长期投资者的期望假设角度研究了动态资产组合构建问题，并由此解释了资产配置之谜。

其实，也有学者将上述三种情况融合在一起研究动态资产组合构建问题。Brennan 等（1997）、Lynch（2001）、Campbell 等（2004）研究了实际利率和风险溢价时变下的最优消费和资产组合构建问题。Liu（2007）在实际利率、风险溢价和方差皆时变下，用二次方程描述资产收益过程、用二次期限结构模型描述实际利率过程，通过解普通微分方程获得动态资产组合封闭解，并对结果的实际应用进行说明。上述研究说明，因投资机会的时变性，投资者在决策过程中往往担心投资机会恶化对其资产组合的财富生成造成不利影响，为实现对其未来财富的保险，存在对资产组合的跨期对冲需求。对冲需求的正负取决于投资者的风险规避程度及资产收益波动与时变投资机会波动间的相关系数；对冲需求的大小与投资期有关，并随着投资期的变化而变化；投资者对风险资产的需求也与其风险规避程度有关。

2. 投资机会集可预测性

这主要是在离散时间下，（借助计量经济模型）通过资产收益的预测性分布获得未来资产收益状况，再运用随机动态规划方法，获得动态资产组合的数值解或近似解析解。Keim 和 Stambaugh（1986）、Campbell 和 Shiller（1988）、Fama 和 French（1989）、Fama（1990）、Hodrick（1992）、Glosten 等（1993）实证研究表明，股票红利率、长短期利率差、市盈率和信贷利率差等经济与金融变量对股票市场收益具有预测功能，特别是股票红利率。Pesaran 和 Timmermann（1995）系统分析了这些变量对股票市场收益预测能力的稳定性和显著性。Shen（2003）运用长短期利率差和市盈率来预测标准普尔 500 指数的未来收益，并在此基础上确定最优资产组合构建。结果表明，投资者由此获得超额投资业绩是可能的。Boudry 和 Gray（2003）全面讨论了经济或金融变量对资产收益预测能力的显著性问题。

Barberis（2000）运用实际市场数据，通过一般的线性回归模型检验了纽约股票交易所的加权市值股票组合的红利率与其连续复合月收益率的预测关系。结果表明：预测能力不显著、判定系数很小，此时在资产组合构建过程中完全忽略红利率对收益的预测能力或认为预测能力是稳定的皆不科学，应该予以综合考虑。继而他建立两者之间的向量自回归模型，通过积分求和和贝叶斯分析法，在分离状态空间的基础上，运用动态规划方法获得此情境下基于终期财富期望幂效用最大时的最优动态资产组合。结果表明：当预测能力确定时，投资者会增加对风险资产的投资，且对预测变量的当前值较为敏感；当考虑预测能力不稳定时，投资者在原先的基础上会减少对风险资产的投资；综合考虑下的动态资产组合较为稳定，即投资者调整资产组合的幅度变小、频率降低，特别是幅度变小。Lynch（2001）按照规模和账面与市场价值的比例将股票分成若干组合，以长短期利率差和红利率为预测变量，利用动态规划方法，获得幂效用函数投资者基于终期消费最大时在若干组合之间分配财富的数值解，并分有无卖空限制的情形讨论。Xia（2001）在连续时间下引入对股票收益具有预测能力的外生预测变量，研究具有冯–摩效用函数的长期投资者的动态资产组合构建问题，详细分析了资产组合构建与投资期的关系，指出这种预测关系导致投资者对资产组合存在对冲需求，深入研究发现这种对冲需求中也存在市场时机成分。Brandt 等（2005）通过建立具有预测关系的向量自回归模型，在考虑预测关系和预测变量值不确定的情况下，提出了一种基于路径模拟的方法解决多资产和多随机因素的动态资产组合构建问题，给出了不同投资期下风险资产配置的数值解，并且指出该方法可以用来处理跨期消费、组合约束、参数及模型的不确定性等问题。他们在路径模拟的基础上，泰勒展开价值函数，运用交叉回归的方法估计贝尔曼方程中的条件期望，并证明其方法的有效性，同时指出价值函数四阶展开下的最优资产组合的确定性等价收益高于价值函数二阶展开下的情形。Waggle 和 Moon（2005）研究了股票期望收益、股票和债券之间收益的相关性与资产组合构建的关系，讨论了主要变量的变化对资产组合配置的边际影响。研究表明：股票权重与其期望收益存在正相关关系，权重的变化量与投资者的风险规避程度和股票与债券收益之间的相关性有关；对风险规避型投资者而言，此种相互关系越强，投资者越会增加股票投资，减少债券投资。Brandt 和 Santa-Clara（2006）提出了一种容纳多预测变量下的动态资产组合构建问题的处理方法，他们通过引入预测变量拓展基本资产空间，形成可管理的资产组合，即条件资产组合和时机资产组合。在条件资产组合中，建立风险资产权重是条件变量的线性函数，通过几何变换将条件问题转化成非条件问题，从而运用人们熟知的均值-方程模型求解法。在时机资产组合中，根据状态变量的预测值进行单阶段求解，然后在整个投资期内进行买卖模拟而形成动态资产组合中的风险资产最优配置。除了引入外生预测变量外，研究者们也考虑了运用股票收益的历史数据或自回归模型，预测未来股票收益或收益分布，研究资产收益可预测性下的动态资产组合构建问题，如 Brennan 等（1997）、Balduzzi 和 Lynch（1999）、Campbell 和 Viceira（1999）、Pellerey 和 Semeraro（2005），其中，Pellerey 和 Semeraro（2005）重点讨论了序列相关性下投资者基于终期财富期望效用最大化时最优解的必要和充分条件，并拓展到多资产情况下。上述研究结果表明，对于风险厌恶程度较高（在幂效用函数中，指风险规避系数大于 1）的投资者，可预测性导致其对资产组合的对冲需求为正，随着投资期变短，对冲需求逐渐变小。

（二）存在市场摩擦（交易成本和税收）下的动态资产组合构建

交易成本和税收是现实投资过程必然遇到的问题，且是市场不完全的原因之一。Constantinides（1986）讨论了交易成本对交易的影响。结果表明：存在一个非交易区间。在每个交易时间，只要风险资产数量与无风险资产数量的比例在此区间内，就不需要交易；但一旦偏离这个区间，投资者就必须进行交易使得该比例回到这个区间。Dumas 和 Luciano（1991）在考虑交易成本的情况下获得了动态资产组合封闭解。Balduzzi 和 Lynch（1999）通过分离状态空间，在交易成本固定和交易成本与财富成比例的两种设定下，研究了有限投资期下的动态最优消费和资产组合问题。研究指出：忽略投资过程中的固定交易成本导致投资过程的财富损失（相当于投资成本）是显著的，并指出该成本随着消费会下降；在成比例的交易成本下引入非交易区间，此时，若风险资产权重落在区间外，投资者可将其调整到区间的边界。若同时考虑固定交易成本，也存在非交易区间，但风险资产权重可在区间内调整；当现实交易成本非常小时，则存在一个可控规模的非交易区间。

Dammon 等（2001）研究了资本收入税下的最优消费和资产组合构建问题，将最优决策表示成投资者的年龄、初始组合收益和税率的函数。结果表明：投资者在生命期内根据分散化收益和交易税收之间的平衡关系调整资产组合，调整资产组合的积极性与现有资产组合的收益和投资者年龄有关。Demiguel 和 Uppal（2005）在交易税收明确且固定的情况下，运用非线性规划方法研究动态资产组合决策问题。Gallmeyer 等（2006）在多风险资产情况下，研究了存在资本收入税时的最优消费和资产组合构建问题，说明了卖空怎样影响资产组合构建，研究发现了一种新的可行性交易战略，即投资者为了最小化未来包含税收的交易成本，即使它们存在潜在收益，他也会卖掉资产组合中的一些风险资产。

（三）流动性限制下的动态资产组合构建

在金融市场的实际运行中，有许多流动性受限制的情况。Kahl 等（2003）列举了流动性受限制的事例，如借贷约束、回购约束期、卖空限制、交易量的限制和人力资本等。Eisfeldt 和 Rampint（2006）分析了影响资产流动性的因素。Grossman 和 Laroque（1990）、Schroder 和 Skiadas（2005）分别在非流动性市场和交易受限制的假设下研究了最优资产组合构建问题。Boudoukh 和 Whitelaw（1993）以日本债券市场为例，把证券的流动性作为变量，研究流动性与资产组合构建的关系。Longstaff（2001）研究了证券流动性受限制下的资产组合构建问题，指出流动性受限下与非受限下的资产组合明显不同，同卖空限制和借贷约束下情况一样，投资者投资风险资产承担的风险变大，类似于持有了一个非流动性资产，此时投资者要求的折现率提高且投资于风险资产的比例始终都介于 0~1。Gomes（2005）研究了规避损失下的资产组合构建与交易量之间的关系。结果表明：风险资产的需求函数是交易量的非连续和非单调函数，除非风险资产具有高的风险溢价，否则投资者不持有它；在市场均衡模型中，得到交易量和资产收益波动率之间的关系为正，但并非线性。

流动性约束下的动态资产组合构建理论研究表明，由于实际交易过程中存在流动性约束，投资者在资产组合中更倾向增加安全性资产的投资，风险资产比例都有不同程度的下降。但这方面的实证文献较少，一个基本原因可能是，实际数据难以获得，在高频交易的情况下更是如此。随着金融市场不断完善和发达，交易的高频性将不断现实化，此方面实证研究的难度将会更大。

（四）存在非资本收入（如劳动收入等）和住房等背景风险下的动态资产组合构建

劳动收入属于非资本收入中的一种，它对于长期投资者的资产组合构建具有重要影响。Bodie 等（1991）的研究证明，当外生的无风险劳动收入等价于持有无风险资产时，无风险劳动收入导致投资者持有更多的风险资产；当外生的风险劳动收入等价于持有风险资产时，风险劳动收入导致投资者持有更多的无风险资产。Cocco 等（2005）在借贷限制和劳动收入不可交易下，研究了投资者生命周期内的消费和资产组合构建问题，建立了投资者在有限生命期内最优化消费和资产组合决策的量化模型，并通过数值法求解。研究指出：因劳动收入的存在，投资者增加对股票的需求，特别是当投资者处于年轻时代时；但就资产组合配置的生命周期循环模式而言，随着投资者年龄的增长，其在股票上的投资下降，因为随着年龄增长，劳动收入变得越来越不重要，投资者可以通过无风险资产的持有来代替对股票的投资，故而投资者在资产组合构建过程中越来越倾向无风险资产的投资。企业家收入也是非资本收入的一种，Heaton 和 Lucas（2000）考虑企业家收入与动态资产组合构建的关系。Massa 和 Simonov（2006）从非资本收入与资本收入关系的角度，研究非资本收入与动态资产组合构建的关系，指出投资者利用金融资产对他们非资本收入的对冲程度与他们对金融资产的熟悉度有关，并把熟悉度理解为对金融资产信息的掌握程度。

Faig 和 Shum（2002）研究了投资者具有非流动性目标下的动态资产组合构建问题，并指出非流动性目标可理解为住房情况。Cocco（2005）假设投资者参与股票投资有固定成本，研究住房价格风险与资产组合构建的关系，指出年轻的或贫穷的投资者由于要投资住房，投资在股票上的财富势必降低。住房价格风险对股票投资具有挤出效应，在一定程度上解释了金融市场上的非市场参与现象。Yao 和 Zhang（2005）在借贷限制条件下从投资者拥有住房或租赁住房的角度研究了住房风险与动态资产组合构建的关系。研究表明：拥有住房和租赁住房的投资者的资产组合配置是不同的，指出由于替代效应，拥有住房的投资者在其净财富中持有较低比例的股票；由于分散化效应，净财富中流动性资产组合的比例还是较高。

（五）效用函数推广下的动态资产组合构建

Ross（1999）指出，一旦我们放宽幂效用函数的假设，投资者的时间水平就会影响他们的投资决策。当时间水平影响投资者的消费与投资时，将导致时间水平也影响利率水平与风险酬金，这与实际相违背，所以，绝大多数研究假设投资者的效用函数是幂函数形式或者幂函数的推广形式，这种推广保持了幂效用函数的规模不变性特点。

1. 幂效用函数的推广形式一

Epstein 和 Zin（1989，1991）、Weil（1989）建立了递归期望效用函数。这种推广的效用函数有一个颇具吸引力的特征：跨期替代弹性与风险规避系数之间可以部分独立，这与传统的冯–摩效用函数情形正好相反，在递归期望效用函数中跨期替代弹性与风险规避系数之间互为倒数，这种特点在最优动态资产组合构建过程中得到了广泛的应用（上文中已提到），并得到许多有意义的结果。Giovannini 和 Weil（1989）的研究证明，当风险规避系数为1时，对于任何跨期替代弹性，投资者的动态资产组合都与动态短视行为类似，这就推广了 Samuelson（1969）、Merton（1971）的条件，认为当跨期替代弹性为 1 时，对于任何风险回避系数，消费与财富的比例均为常数。而只有当风险规避系数也为 1 时，动态资产组合构建行为才不受跨期避险需求的影响。Campbell 和 Viceira（1999，2001）以跨期替代弹性等于 1 为基础，研究了跨期替代弹性接近 1 时，投资者的最优消费与资产组合构建行为。

2. 幂效用函数的推广形式二

把效用函数表示成别的变量而不是仅含消费的函数。例如，在效用函数中引入习惯或维持生活水平的变量。Sundaresan（1989）、Constantinides（1990）、Abel（1990）认为，投资者今天的消费将对明天消费的边际效用产生影响，此时效用函数的形式为 $U(C_t, X_t)$， X_t 表示习惯或消费的生活维持水平。Sundaresan（1989）、Constantinides（1990）建立内生习惯模型，认为习惯依赖投资者自身的消费，在动态最优消费和资产组合构建过程中，当投资者确定当前消费时，会考虑自己现在的消费对将来的影响。Abel（1990）、Campbell 和 Cochrane（1999）建立外生习惯模型研究最优消费和资产组合构建问题，认为习惯依赖市场总的消费，不受投资者个人消费决策的影响。上述研究在一定程度上解释了金融市场中的风险溢价之谜和无风险利率之谜。

（六）投资机会集参数或模型不确定性下的动态资产组合构建

根据理性预期假设，存在一个描述状态变化过程的客观概率，投资者也准确地知道这个概率。更一般地，即使投资者不能准确地知道客观概率，投资者对未来状态的信念可由满足贝叶斯定律的主观概率表示。在这种假设下，风险和不确定性没有区分。但是，Knight（1921）认为风险和不确定性是两个不同的概念，风险表示概率分布已知时，将来收益的随机性；不确定性是指由于未来的信息太不精确，以致未来收益状态的概率分布也不确定。Williams（1977）从理论上研究参数不确定性与资产组合构建的关系，指出参数不确定将导致投资者对资产组合的对冲需求。Brennan 等（1997）将这种对冲需求理解为“战略资产配置”。Epstein 和 Miao（2003）通过不确定性下的最优资产组合模型，揭示了不同投资者之间的“本土偏好”（home bias）现象。Routledge 和 Zin（2009）讨论了不确定性与动态资产组合构建的关系。目前有关不确定性与动态资产组合构建关系的研究可以分为两类情况：一是描述投资机会集的参数不确定性；二是描述资产价格动态过程的模型不确定性，简称模型不确定性。

1. 投资机会集的参数不确定性

投资机会集的参数不确定性仍然属于风险分析范畴。背景是，当投资者的决策过程为动态时，在某个特定时点，根据已获得的资产价格数据信息估计描述投资机会集的参数，并假设其已知且固定，该意义下的估计忽略了金融市场未来新增数据信息对投资机会集的影响，从而存在估计风险问题，而估计风险在动态资产组合构建过程中扮演着重要的角色，解决的办法是运用贝叶斯分析框架，借助计算机模拟。Bawa 等（1979）最早在单阶段资产组合构建过程中研究参数的不确定性对资产组合构建的影响，指出基于参数不确定，通过积分求和获得的资产收益预测性分布与基于参数已知且固定的情况完全不同，并把这种参数不确定性导致的额外风险定义为“估计风险”。目前的研究基本上是假设投资者的偏好结构为幂效用函数，在有限投资期内使得其终期财富期望效用最大，研究过程大致分为两类：一是资产收益过程服从独立同分布。投资机会集主要由资产收益的均值及其方差两个参数来表示，估计风险表现在对资产收益的均值和（或）方差的估计上。Kandel 和 Stambaugh（1996）研究了收益预测方程中的估计风险对动态资产组合构建的影响，但是他们假设投资者的投资决策是单阶段的，这就忽略了投资者在多阶段过程中的学习行为。Gennotte（1986）、Detemple（1986）、Dothan 和 Feldman（1986）在纯动态连续时间过程下，研究投资者在动态决策过程中由于参数不确定性而存在的学习行为对动态资产组合构建的影响。他们假设投资者不能直接观察参数的状态，但是知道控制参数变化的随机过程，如此，就可以通过滤波方法估计参数的当前值，很好地体现了投资者的一种学习行为，但研究的不足是，尽管投资者意识到参数在变化，可是对资产组合不能进行调整。Brennan（1998）在他们研究的基础上，在连续时间下假设风险资产价格生成过程遵循几何布朗运动，假定资产收益的方差固定，在期望收益不确定下研究了投资者由于学习行为不断调整对资产期望收益的估计，继而调整资产组合使其处于最优状态，最后通过数值例子说明期望收益的不确定性对动态资产组合构建的影响。Barberis（2000）在离散时间下，运用积分求和的思想，通过贝叶斯分析讨论了期望收益不确定性下的动态资产组合构建问题，指出如果同时考虑资产收益方差的不确定性，问题将变得极其复杂。二是资产收益过程具有可预测性。考虑了资产收益自身内生的序列相关性和外生经济变量对资产收益的预测功能，该问题下的投资机会集主要以资产收益序列、外生预测变量当前值、回归模型系数、预测变量及资产收益的方差和协方差为条件的资产收益的预测性分布来表示。Brandt（1999）提出了一种非参数化方法，研究资产组合构建对预测变量的依赖性，通过对比单阶段和多阶段下的资产组合构建发现，资产组合构建与预测变量当前值、投资期及投资者调整组合的频率有关。Balduzzi 和 Lynch（1999）由已知资产收益序列预测未来资产收益过程，研究收益的预测性和交易成本对动态资产组合构建的影响。Barberis（2000）在离散时间下，假设资产收益服从向量自回归的预测过程，借助贝叶斯分析方法，通过状态分离，运用动态规划的方法研究了预测模型中参数和预测变量当前值的不确定性对动态资产组合构建的影响。Xia（2001）在连续时间下，用一般的双变量预测模型描述资产收益过程，重点讨论了回归模型斜率的不确定性与动态资产组合构建的关系，分析了长期投资者的学习行为与投资期及投资期与资产组合构建的关系。Brandt 等（2005）也用向量自回归模型描述资产收益的预测过程，与 Barberis（2000）不同的是，他们研究了模型中所有参数不确定性与动态资产组合构建的关系，在贝叶斯分析的基础上通过展开价值函数，采用路径模拟和交叉回归的方法获得价值函数。Waggle 和 Moon（2005）检验了外生预测变量不确定性对资产组合构建的边际影响，指出外生预测变量当前值与动态资产组合构建间的较强关系。

上述研究结果表明，投资机会集的参数不确定性导致投资者在资产组合决策过程中会增加或减少风险资产的投资，增加还是减少取决于投资者的风险规避程度；收益具有可预测性，引入参数不确定性可以降低可预测性对资产组合构建的影响，使资产组合表现得较为稳定；参数不确定性的影响随着投资期变长而增大。

2. 模型不确定性

这里所说的不确定性是与风险不同的概念，主要考虑受外界因素的影响。模型不确定性是社会经济系统中模型的基本特征，在金融决策过程中扮演重要角色，在一个新兴的金融市场上更是如此。模型不确定性包括两个方面：一是模型中参数的不确定性问题，由此造成资产收益过程的不确定性；二是模型的结构变化，在长期下表现较为明显。Wang（2005）采用收缩的方法检验了模型不确定性研究的实际内涵，说明了对 CAPM 的不确定性规避将导致投资者持有的资产组合不再是均方有效组合，指出了在资产组合构建过程中规避模型不确定性问题的重要性。Chow 和 Zheng（2002）在 Samuelson（1969）的模型中引入随机成分，刻画收益过程的不确定性，特别是不确定性产生对投资者不利时，采用最大-最小化期望效用方法研究最优消费和资产组合构建问题，解释了风险溢价和消费敏感性之谜。Uppal 和 Wang（2003）假设投资者具有同质稳健性，研究了不确定性规避下的多风险资产的动态资产组合构建问题。Maenhout（2004）假设资产收益服从标准几何布朗运动过程，期望收益及其方差固定，沿用 Anderson 等（2002）的分析框架，引入稳健性偏好，通过最小化相对熵研究了模型不确定下的稳健动态资产组合构建，并获得封闭解。

上述研究表明，模型不确定性导致投资者减少风险资产投资，类似于投资者风险规避程度的提高；投资者的资产组合构建过程除了与风险规避程度有关，还与经济环境中表现出的不确定性有关。

（七）异质性个体下的动态资产组合构建

上述研究都假设投资者是经济系统中的一个代表性个体，该代表性个体具有与原经济系统相同的概率信息和所有的长期资产禀赋。这种代表性个体的最优消费和资产组合构建行为代表了经济系统总的特征，而不能代表不同投资者的消费和投资决策行为及他们之间的关系。鉴于此，研究者们考虑了异质性个体经济系统的动态资产组合构建问题，具体如下：一是异质性效用函数。Dumas（1989）分析了包含两个异质个体的经济系统，投资者的风险规避系数不同，股票收益率外生给定，通过数值法计算财富在不同投资者之间的分配方式和个体资产组合构建的行为。Wang（1996）利用纯交换经济中异质偏好模型来分析利率的期限结构，在特殊的效用函数设定下获得债券价格的封闭解，并借此分析财富在不同投资者之间的分配方式。二是异质性约束，指经济系统中有两类个体：一类个体不能在金融市场上交易，只能消费当期的劳动收入；另一类个体则可以在金融市场上自由交易。Detemple 和 Murthy（1997）、Kogan 和 Uppal（2002）研究了此情景下的动态资产组合构建问题。三是异质性信息。金融市场的一个普遍特性是，在市场参与者中存在异质信息，这种信息的差别在市场参与者之间的交易中起着重要作用。Harrison 和 Kreps（1978）、de Long 等（1990）假设投资者相互之间信息不同，研究了他们的资产组合配置问题，发现存在显著差异，并以对比的形式突出了信息差异与资产组合构建的关系。

二、动态均值-方差模型

静态均值-方差分析法从提出开始就一直受到高度重视，然而其在动态情形下的研究却很少，且起步较晚。Chen 等（1971）指出，这可能是由于动态均值-方差模型的求解和分析很困难，根本原因是不能直接用动态规划方法求解。值得自豪的是，我国学者在这方面的研究处于国际领先地位。Li 和 Ng（2000）首先取得具有真正意义的突破，他们用嵌入的方法把多阶段均值-方差资产组合构建问题变为一个能用动态规划处理的问题，从而获得了有效策略和有效前沿的解析表达式。紧接着，Zhou 和 Li（2000）在投资机会集固定且忽略各种投资约束的条件下，用嵌入的方法及在随机控制领域最近发展起来的不定二次最优控制理论解决了连续时间均值-方差问题，为连续时间均值-方差模型的研究奠定了方法论基础。在此基础上，Lim 和 Zhou（2002）、Zhou 和 Yin（2003）、Li 等（2002）运用动态前向随机控制方法，分别研究了时变投资机会集、带有体制转换和卖空限制下的动态资产组合构建问题，得到了有效策略集的前沿。Bielecki 等（2005）运用动态倒向的随机控制方法，首先解决一个关于终端财富的静态优化问题，得到一个最优的终端财富，其次通过复制这个终端财富得到所求的均值–方差有效策略前沿。Li 等（1998）将安全第一模型推广到多阶段情形，在此基础上，Zhu 等（2004）结合动态均值–方差模型研究了整体破产风险控制问题。Atkinson 和 Papakokkinon（2005）将 VaR 和 CVaR 思想推广到多阶段情形，对此意义下的动态消费和资产组合构建问题进行理论研究。

在本节的最后，再介绍几本与动态资产组合构建有关的书籍，它们对该研究领域的相关问题做了细致和详尽的阐述。*Foundation for Financial Economics*（Huang and Litzenberger，1988）主要从金融经济学的角度，就期望效用函数的存在性和特点、Markowitz 资产组合理论、CAPM、套利定价理论、多期均衡定价等进行系统的阐述。*Continuous-Time Finance*（Merton，1990）是由 Merton 的 15 篇文章组成的，是他在最优消费、投资和资产定价领域的代表作，也是他获得诺贝尔经济学奖的主要贡献，包括最优消费和资产组合理论。*Dynamic Asset Pricing Theory*（Duffie，1992）侧重数理分析，系统阐述了随机分析工具和最优化理论在最优消费和资产组合构建理论中的应用。

第三节 资产收益的连续时间模型

连续时间资产收益模型的动态资产组合构建的优点之一就是将资产价格实际趋势特征引入决策过程，从而使问题的研究更加具有实际意义。这一工作主要通过资产收益的连续时间模型体现。自 Merton（1969）最早在动态最优消费和资产组合构建问题中提出连续时间金融模型以来，资产收益的连续时间模型得到了充分的发展，归结起来，主要分为线性和非线性两种。

一、线性资产收益连续时间模型

（一）B-S 模型

Merton（1973）、Black 和 Scholes（1973）在严格假设下提出了资产收益的 B-S 模型。其基本形式为

$$\mathrm{d}P_t / P_t = \mu \mathrm{d}t + \sigma \mathrm{d}Z_t$$

其中，P_t为资产价格；Z_t为标准布朗运动；μ、σ为模型参数。B-S 模型的假设包括：股票价格服从对数正态分布，其期望收益、方差为常数；股票不分红；股票和期权没有交易费用；等等。这些假设与现实严重背离，基于该模型的动态资产组合构建问题类似于静态资产组合构建。

（二）收益跳跃模型

Merton（1976）将具有常强度的收益跳跃引入 B-S 模型，跳跃规模是标准正态独立同分布变量。其基本形式为

$$\mathrm{d}P_t/P_t = \mu\mathrm{d}t + \sigma\mathrm{d}Z_t + X_t\mathrm{d}N_t$$

其中，N_t为强度为λ的泊松过程；X_t为每次跳跃规模，且服从独立同分布的正态分布。跳跃的引入体现了资产收益分布的尖峰和波动微笑特征，由于假定它服从独立同分布的正态分布，故不能很好地体现收益分布的有偏性。若 B-S 模型和收益跳跃模型中的漂移项是随机的，则分别是扩散和扩散跳跃模型。

（三）不变方差弹性期权定价模型

Cox 等（Cox and Ross，1976；Cox，1996）认为收益的波动受资产价格的影响，但是收益的波动相对于资产价格的弹性不变，提出不变方差弹性期权定价模型。其基本形式为

$$\mathrm{d}P_t = \mu P_t\mathrm{d}t + \sigma P_t^{\gamma}\mathrm{d}Z_t$$

其中，$\gamma \in (0,1)$为方差弹性，当$\gamma = 1$时，不变方差弹性期权定价模型退化为 B-S 模型。不变方差弹性期权定价模型较 B-S 模型的优点就是解决了收益分布非正态的假设和体现了波动微笑特征。

（四）科克斯–英格索尔–罗斯模型

当 Cox 等（1985）利用广义均衡资产定价模型研究利率的期限结构时，提出了科克斯–英格索尔–罗斯（Cox-Ingersoll-Ross，CIR）模型。CIR 模型就是不变方差弹性期权定价模型中$\gamma = 1/2$时的情形。其基本形式为

$$\mathrm{d}P_t = -\kappa\left(P_t - \bar{P}\right)\mathrm{d}t + \sigma\sqrt{P_t}\mathrm{d}Z_t$$

其中，κ为均值回复速度；$\bar{P}$为资产价格的长期均值。

（五）SV 模型

在 B-S 模型中，资产收益的均值和方差皆为常数，这与现实不符。White 和 Hull（1987）提出 SV 模型。其基本形式为

$$\mathrm{d}P_t/P_t=\left(\mu+\eta V_t\right)\mathrm{d}t+\sqrt{V_t}\mathrm{d}Z_{1t};\quad \mathrm{d}\ln V_t=\left(\alpha-\beta\ln V_t\right)+\delta\left(\rho\mathrm{d}Z_{1t}+\sqrt{1-\rho^2}\mathrm{d}Z_{2t}\right)$$

其中，Z_{1t}、Z_{2t}为相互独立的标准布朗运动；V_t为波动过程；市场参数α、β、δ体现了收益分布中的高峰后尾特征；市场参数ρ体现了收益分布的非对称性（杠杆效应）。

Heston（1993）假设收益方差服从均值回复的平方根过程，将SV模型表示为

$$\frac{\mathrm{d}P_t}{P_t}=\left(\mu+\eta V_t\right)\mathrm{d}t+\sqrt{V_t}\mathrm{d}Z_{1t}$$

$$\mathrm{d}V_t=\left(\alpha-\beta V_t\right)+\delta\sqrt{V_t}\left(\rho\mathrm{d}Z_{1t}+\sqrt{1-\rho^2}\mathrm{d}Z_{2t}\right)$$

该形式的 SV 模型为潜在状态变量V_t的仿射结构，这种结构为基于终期财富期望幂效用最大的动态资产组合构建问题的封闭解获得提供了便利。

（六）随机波动–收益跳跃模型

仅含有跳跃或 SV 模型只能从某个方面反映资产收益分布的部分特征。Bates（1996）将收益跳跃和 SV 结合提出随机波动–收益跳跃（stochastic volatility and jump diffusion，SVJ）模型。其基本形式为

$$\mathrm{d}P_t/P_t=\left(\mu+\eta V_t-\lambda\bar{X}_t\right)\mathrm{d}t+\sqrt{V_t}\mathrm{d}Z_{1t}+X_t\mathrm{d}N_t$$

资产收益方差服从均值回复的平方根过程：

$$\mathrm{d}V_t=\left(\alpha-\beta V_t\right)\mathrm{d}t+\delta\sqrt{V_t}\left(\rho\mathrm{d}Z_{1t}+\sqrt{1-\rho^2}\mathrm{d}Z_{2t}\right)$$

SVJ 模型体现了资产收益分布的有偏和厚尾特征；在 SVJ 模型中加入合适的跳跃参数可以解决波动微笑问题，这不同于 SV 模型只有在存在极高波动风险时才能解释波动微笑特征；随机跳跃规模均值小于（大于）零，说明收益分布负（正）偏，随机跳跃规模方差的增加可以增大收益分布的两个尾部。

（七）随机波动–收益和波动跳跃模型

Duffie 等（2000）提出了收益和波动具有跳跃的两个模型，一个是收益和波动跳跃同时发生且两者跳跃规模大小相关的跳跃相关随机波动（stochastic volatility with correlated jumps，SVCJ）模型；另一个是收益和波动跳跃独立发生的跳跃独立随机波动（stochastic volatility with independant jumps，SVIJ）模型。Eraker（2003）考虑收益和波动的跳跃效应，相应的收益和波动跳跃模型为

$$\mathrm{d}P_t/P_t=\left(\mu+\eta V_t-\lambda^s\bar{X}_t\right)\mathrm{d}t+\sqrt{V_t}\mathrm{d}Z_{1t}+X_t\mathrm{d}N_t^s$$

将跳跃引入方差服从均值回复的平方根过程，则：

$$\mathrm{d}V_t=\left(\alpha-\beta V_t\right)\mathrm{d}t+\delta\sqrt{V_t}\left(\rho\mathrm{d}Z_{1t}+\sqrt{1-P^2}\mathrm{d}Z_{2t}\right)+Y_t\mathrm{d}N_t^v$$

其中，N_t^s、N_t^v 的跳跃强度分别为 λ^s、λ^v 的泊松过程，且与 Z_{1t}，Z_{2t} 独立；Y_t 为波动跳跃的规模。

SVCJ 模型的跳跃具有相同的到达时间，即

$$N_t^s=N_t^v=N_t$$

相应的跳跃规模为

$$Y_t\sim\exp\left(\mu_v\right),\quad X_t\left|Y_t\sim N\left(\mu_s+\rho_j Y_t,\sigma_s^2\right)\right.$$

其中，μ_v 为波动跳跃规模的均值；μ_s、σ_s^2 分别为收益跳跃规模的均值和方差；ρ_j 为收益和波动跳跃规模的相关系数。

SVIJ 模型的收益和波动跳跃分别以强度为 λ^s、λ^v 的泊松过程随机到达，相应的跳跃规模分别为 $Y_t\sim\exp\left(\mu_v\right)$、$X_t\sim N\left(\mu_s,\sigma_s^2\right)$。

Eraker（2004）还提出了状态非独立、相关跳跃的状态相关跳跃随机波动（stochastic volatility with states correlated jumps，SVSCJ）模型。该模型除了满足 SVCJ 模型的条件外，还满足跳跃频率依赖波动的条件。

二、非线性资产收益连续时间模型

在线性模型发展的同时，资产收益的非线性模型也在发展，由于非线性模型在数值计算上非常困难，直到 Eberlein 和 Keller（1995）用正态倒数高斯分布建立股票价格模型，人们才开始利用非线性连续时间模型描述资产收益过程的特征，资产收益的非线性连续时间模型才得到真正的发展，主要表现为抛物线类。

（一）广义抛物线扩散模型

基于资产收益的经验特征，Rydberg（1999）以 B-S 模型为基础，通过扩散系数（波动）拟合不含确定趋势的价格对数的波动部分，而这种扩散系数依赖过程的状态，即股票价格。结果表明，股票价格的对数是一个近似不相关的增量过程，但是增量不是独立的。以此为基础，建立的股票价格模型为

$$P_t=\exp\left(\mu t+\varphi_t\right)$$

其中，$\varphi_t=\varphi_0+\int_0^t F\left(\varphi_s\right)\mathrm{d}Z_s$，$\varphi_t$ 为价格对数除去趋势项和跳跃项之后的扩散过程；$F\left(\varphi_s\right)$ 为所选择的抛物线分布函数形式。

（二）抛物线跳跃扩散模型

资产价格不仅存在一个扩散过程，受外界重大事件或信息的影响，往往会发生跳跃。Cont 和 Tankov（2004）将跳跃引入抛物线扩散模型得到抛物线跳跃扩散模型：

$$P_t = \exp\left(\mu t + \varphi_t + \sum_{i=0}^{N_t} \xi_i\right)$$

其中，N_t 为强度为 λ 的泊松过程，即在区间[0,*t*]发生跳跃的次数；$\xi_i \sim \text{i.i.d.}\, N\left(\mu_\xi, \sigma_\xi^2\right)$（$i=0,1,\cdots,N_t$）为跳跃规模，即在区间[0,*t*]内每次跳跃的大小。

最后，非线性资产收益连续时间模型的进一步推导要使用伊藤定理，参数值的估计要借助相关计算机软件完成，这里不再详述。

第四节　投资者资产交易行为优化

一、交易细分、有限参与与市场微观结构

Dow 和 Werlang（1992）构建了模糊资产与无风险债券两阶段资产组合选择模型，开创性地研究了奈特不确定性对资产组合的影响，指出资产交易存在惰性价格区间，投资者在此区间内对风险资产的净需求为零。Mukerjia 和 Tallonc（2003）通过模型刻画发现，即使不用效用函数描述投资者偏好，当投资者面临奈特不确定性并表现出“风险厌恶”时，其在某个价格区间内仍表现出投资惰性。Easley 和 O’Hara（2009）利用常相对风险规避（coefficient of relative risk aversion，CRRA）效用函数表达投资者偏好，刻画投资者信念，建立资产组合模型，研究资本市场参与不足问题，指出如果资产市场价格落在定价区间内，风险厌恶型投资者将不愿从事资产交易，导致有限参与。Guidolin 和 Rinaldi（2010）通过区分两种不确定性扩展 Easley 和 O’Hara（2009）的研究，指出导致市场崩溃和有限参与均衡的一个充分条件是特质风险成分最高和最低回报之间的利差大于系统风险成分最高与最低回报之间的利差。Illeditsch（2011）研究了风险和奈特不确定性对最优资产组合与资产均衡价格的影响，指出投资者偏好对模糊信息的对冲导致了资产组合惰性和资产价格过度波动。刘庆富和周程远（2012）指出经济事件、政治事件和自然灾难等对我国股票市场收益与波动的影响均具有显著的非对称性，显著地影响着股票市场波动。其实，经济事件、政治事件和自然灾难等均具有奈特不确定性特征，从而也论证了奈特不确定性与股票市场的波动性关

系。Hall 等（2015）基于不依赖风险规避程度的确定性等效损失解析表达式的分析，指出奈特不确定性导致确定性等效回报减少。

随着金融市场微观结构理论的发展，人们发现经典金融学中的流动性和信息风险可以置于奈特不确定性研究框架。Routledge 和 Zin（2009）运用 Epstein 和 Wang（1994）的研究方法捕捉模型的不确定性特征，假设垄断金融中介为衍生证券交易市场，研究奈特不确定性与流动性的联系，阐释流动性危机与最优资产组合的不确定性厌恶效应，指出奈特不确定性限制了做市商对冲头寸的能力，降低交易的可获得性，从而降低市场流动性。Easley 和 O'Hara（2010）在研究美国信贷危机流动性缺乏现象时指出，当奈特不确定性很大时，奈特不确定性厌恶投资者可能会选择不进入市场，这会增大价差降低流动性，导致资产均衡价格的改变。Han 和 Werner（2011）构建奈特不确定性与流动性和交易量的模型，突出奈特不确定性与私人信息之间的相互作用，知情的投资者会运用私人信号处理奈特不确定性，而套利者不能观察到该信号，只能从价格中提取信息，因此其信念就会持续受到模糊信号影响，导致价格区间很大，选择不进行交易。Agliardi 等（2016）基于模糊理论研究奈特不确定性对公司权益和债务价值的影响，指出当投资者的奈特不确定性厌恶足够大时，投资者在更长的时间内持有现金。何朝林和刘梦（2016）通过容度代替概率测度，研究奈特不确定性环境下投资者交易行为，构建对偶测度下的资产交易价格惰性区间，结果表明，在奈特不确定性环境下，资产交易价格存在惰性区间，并且该惰性区间随奈特不确定性程度的不断增强而不断扩大，导致市场流动性存在下降趋势。

二、交易行为的稳健性

Trojani 和 Vanini（2002，2004）是早期从事奈特不确定性下资产组合稳健性问题研究的代表之一，他们基于 Merton 模型将最优选择和隐含的市场风险价格描述成一个有代表性的稳健决策者（robust decision maker，RDM），指出在奈特不确定性程度等于零时，风险资产在最优资产组合中的份额低于主观期望效用模型中的份额。继而，他们基于约束和惩罚两种稳健框架比较了这些差异，指出虽然奈特不确定性不显著影响资产组合模型构建，但显著影响着资产组合策略。Garlappi 等（2007）以“置信区间”为基础，运用贝叶斯法则处理模糊信号构建资产组合，通过与样本外资产组合对比，发现所构建的资产组合业绩并不理想，主要原因之一是资产预期回报的向量很难精确估计，这在一定程度上说明奈特不确定性影响资产组合业绩。Boyle 等（2012）基于 Garlappi 等（2007）的研究框架，通过对比发现，若投资者对风险资产不熟悉，则基于均值-方差模型构建资产组合分散风险；若投资者熟悉某一特定资产，则将投资组合转向该资产，再通过持有其他资产来实现分散化投资。Maccheroni 等（2013）、Klibanoff 等（2005）基于光滑决策模型描述奈特不确定性等价，指出通过相应的资产组合调整可降低奈特不确定性程度，提升均值-方差资产组合的稳健性。Wakai（2014）研究了稳健均值-方差（robust mean variance，RMV）偏好下的资产组合选择，并与主观均值-方差（subjective mean variance，SMV）偏好进行比较，指出 RMV 和 SMV 不等价的主要原因之一是奈特不确定性。Chen 等（2014）运用递归效用模型描述投资者奈特不确定性厌恶特征，指出奈特不确定性厌恶者的稳健投资策略比贝叶斯策略更加保守。王佳等（2016）从行为金融学角度，考虑投资者的损失厌恶和对资产收益均值的奈特不确定性特征，在研究风险资产收益分布未知条件下的分布鲁棒投资组合问题时指出，在奈特不确定性中性和厌恶的条件下，积极投资者的绩效优于保守投资者的绩效。Hu 和 Stepanyan（2017）用鲁棒偏好关系描述投资者风险态度的奈特不确定性和随机优势的过度保守性，揭示了决策者在不同选择之间的偏好，量化了奈特不确定性下投资者决策的鲁棒性特征。Escobar 等（2018）研究发现，奈特不确定性不但影响投资战略的稳健性，而且债券利率对其很敏感，忽略利率的奈特不确定性特征会造成一定程度的重大损失。

三、交易过程的动态学习

驱动决策系统的变量与决策者的认知密切相关。当市场参与者接收到奈特不确定性信号时，其信念随内外部环境的变化而不断调整，与之伴随的是决策者的学习行为。Epstein 和 Schneider（2008）指出金融市场参与者每天都会吸收大量信号，可靠来源的消息对资产组合的影响应该强于不明来源的消息，但当它们的质量难以评估时，信号就具有奈特不确定性。同时他们指出奈特不确定性厌恶型投资者对好坏消息的反应具有不对称性，导致资产预期收益分布扭曲。Caskey（2009）指出当奈特不确定性规避者具有主观期望效用偏好时，其可能倾向运用集合信号减少感知的模糊性，从而表现出对消息的反应不足或过度反应。龚朴和高原（2010）将市场学习行为引入信用风险结构模型，构建描述投资者学习过程的动态均衡模型，指出投资者的乐观信念无法持续诱发危机。陆静等（2011）结合中国市场环境，基于学习行为和信念变化研究动态投资和消费特征，阐释资产价格异象。Lim 等（2012）运用凸对偶分析研究奈特不确定性下的资产组合选择问题，指出后悔值是一种自然的方法，可以通过稳健决策和学习过程解决。Branger 等（2013）基于稳健资产组合封闭解指出忽略学习或奈特不确定性会导致次优战略和造成经济上的重大损失。俞红海等（2014）构建市场学习行为模型，发现管理者会迎合并利用投资者对价格的信念幻觉增加资金流入，指出学习行为在监管过程中的重要性。张维等（2015）基于双向学习过程指出媒体发布有偏见的信息能够影响资产的价格，且偏见的程度与资产价格的波动呈正向关系，但媒体竞争能够降低投资者对资产价格预期的差异程度。Stephen（2016）指出市场参与者行为受奈特不确定性信号影响，投资者应基于过去、现在和未来的信息制定决策，突出学习行为的重要性。

第五节　资产价格变化与投资者交易行为

Epstein 和 Wang（1994）将投资者信念描述为一个概率测度集合，将 Lucas 无限期经济人代表模型推广到奈特不确定环境下的证券均衡定价模型，研究发现均衡价格有不唯一的可能性，并证明同时存在的多个均衡价格必然分布在同一个连通闭集内，解释超额波动率的存在。Epstein 和 Wang（1995）进一步发现，即使外界条件没有发生显著变化证券价格也可能发生突变的奇异现象。Chen 和 Epstein（2002）将上述模型扩展到连续时间情形，也得到了类似的结论。Easley 和 O'Hara（2009）提出的基于双周期模型指出奈特不确定性可能导致均衡风险溢价增加。Guidolin 和 Rinaldi（2010）基于 Easley 和 O'Hara（2009）提出的模型获得预期收益表达式，指出主观期望效用投资者认为风险资产定价过低，奈特不确定性厌恶投资者则认为定价过高。Ju 和 Miao（2012）在奈特不确定性下建立 Lucas 纯交换均衡模型，赋予定价核上较高权重的悲观行为降低了股票价格，提高了预期股票收益率。韩立岩和泮敏（2012）证明了 SV 模型本质上是奈特不确定性问题，指出奈特不确定性厌恶程度小的投资者会寻求奈特不确定性溢价，导致期权价格上升；奈特不确定性完全厌恶的投资者选择放弃奈特不确定性溢价，此时期权价格下降。高金窑（2013）指出长期的信息不透明或不对称所引发的奈特不确定性是造成我国非流通股折价的主要原因。Drechsller（2013）构建包含指数期权价格、股票收益率、方差和无风险利率的均衡资产定价模型，发现奈特不确定性的时变性会导致方差溢价波动。王春峰等（2015）借助投影概率理论建立奈特不确定性定价模型，指出奈特不确定性与资产收益率负相关，应参与资产定价。Miao 和 Rivera（2016）指出鲁棒性内在产生的信念异质性，导致激励约束实质上是激励与奈特不确定性之间的权衡，因此，激励约束不总是约束。朱宏泉等（2016）基于中国证券市场的分析，指出引入卖空机制能在一定程度上减弱异质信念导致的资产定价偏差。Condie 和 Ganguli（2017）指出当私人信息被奈特不确定性厌恶者观察到时，理性预期均衡导致信息对资产价格的低效率，预期资产价格降低，而不知情投资者需要信息溢价，资产回报率波动大。徐元栋（2017）将奈特不确定性引入传统资产定价模型，证明了其与行为金融学模型在逻辑结构上具有一致性。

本 章 小 结

无论国外还是国内，资产组合构建的问题研究引起了众多学者的兴趣。随着研究的不断深入，金融市场不确定性特征的描述及其与资产组合构建的关系，以及该关系与投资者交易行为市场表现的内在机理都得到有效挖掘和阐释，解释金融市场表现，进一步推动金融市场有效治理的深入。这不但丰富了资产组合构建的理论，而且增强了其指导实践的意义，激发了相关研究的发展与深入，使得金融学成为一门独立的交叉学科，并且在与实践融合和矛盾的过程中从深度与广度方面不断深入发展。

无论是资产组合构建还是投资者交易行为的研究往往都是基于描述资产价格运动过程模型和投资者偏好模型，无论是哪一种模型都存在不确定性特征，这种不确定性要么来自模型本身要么来自投资者自身。无论是哪种情形，究其根源都来自金融市场具有不确定性这一本质特征，只有将这一本质特征引入资产组合构建过程才能很好地洞悉投资者交易行为，才能更好地明晰金融市场基本规律，进而为金融市场监管提供经验证据和政策建议。例如，当前研究指出，源于金融市场不确定性特征，投资者存在非市场参与、降低风险资产持有、预期对冲明显等交易行为。资产均衡价格有不唯一的可能性，同时存在多个均衡价格必然分布在同一个连通闭集内，超额波动率的存在影响投资者交易行为。即使很微小的外来冲击也会导致资产价格突变处于无交易状态，出现“交易中断”的投资者交易行为异象等。这些结论非常有助于金融市场的建设与完善。

相对西方发达国家的金融市场而言，我国金融市场成立时间较短，仍处于急需完善和发展的阶段。金融市场充满较大的不确定性，金融资产价格趋势特征与西方发达国家金融市场上的金融资产价格趋势特征并不完全相同，西方发达国家金融市场规律与经验只能作为我们国家的参考，我们必须结合自身金融市场特征开展研究，形成有助于我国金融市场建设的建议。

第三章　投资者资产组合构建与策略

资产收益过程的描述不仅是金融市场特征的体现，而且是投资者构建资产组合和交易资产的基石。越接近金融市场实际的资产收益过程描述对投资者选择和交易资产越有利，越能揭示金融市场规律，越能有助于完善金融市场建设。金融市场的预测性、突发性和诸多未知因素导致的不确定性等是其基本特征，传统意义上假设资产收益分布服从正态分布是一种理想状态，与实际偏离较大。因此，本书首先从资产收益过程描述入手，结合金融市场特征假设资产收益过程为非正态和服从双变量跳跃扩散过程，研究资产收益的高阶矩和与之过程内生的时变性、跳跃性和不确定性与投资者构建资产组合和交易资产的关系，一方面奠定本书后续分类研究的基础，另一方面突出金融市场不确定性特征在投资者资产组合构建和交易资产过程中的重要性。其次鉴于众多投资者是风险规避型，金融市场不确定性特征引致其投资保险的思考，分别从静态和动态的角度介绍了资产组合保险策略。

第一节　基于矩分析的资产组合构建特征

投资者在构建资产组合过程中，是否应考虑风险资产收益的高阶矩（如偏度、峰度）一度是学者们讨论的话题。理论研究指出，只有在风险资产收益是正态分布、其高阶矩与资产组合构建不相关，以及描述投资者偏好的效用函数是二次型的条件下可忽略高阶矩对资产组合构建的影响。然而，实证研究也表明，上述条件在现实世界中并不存在，单个证券和资产组合的收益不是正态分布，风险资产收益的偏度是解释单个证券和资产组合收益的重要因素，其高阶矩与资产组合构建有关。二次效用函数描述投资者偏好在实际运用过程中存在一定的缺陷。因此，投资者的资产组合构建应考虑风险资产收益的高阶矩。SV 模型可以解释资产收益分布的有偏和尖峰特征，但将跳跃引入风险资产收益过程更有助于解释其分布的有偏性。因此，本节借助随机跳跃-扩散模型从矩分析的角度研究静态和动态资产组合构建特征，指出可预测性和跳跃性在动态资产组合构建过程中的内在关系，具体如下：一是在静态情景下，假设风险资产收益存在有限阶矩，将最优风险资产权重表示成超额收益的均值、方差、偏度、超出峰度的函数，直观说明偏度和超出峰度与风险资产配置的关系。二是在动态情景下，假设风险资产收益服从随机跳跃-扩散过程，基于矩分析，解释收益的可预测性和跳跃性对动态资产组合构建的影响，并说明它们之间的内在关联性。

一、静态资产组合构建

假设投资者在 t 时刻拥有财富 W_t，并可投资两种资产：一种为风险资产，其总收益为 $R_{s,t}$；另一种为无风险资产，其总收益固定，为 R_f。投资者希望在 t 时刻将其财富 W_t 以 w_t 的比例投向风险资产，$(1-w_t)$ 的比例投向无风险资产，在 t+1 时刻使其财富 W_{t+1} 的期望效用最大，那么投资者的资产组合构建的优化行为可表示为

$$\max_{w_t}.E_t\left(u\left(W_{t+1}\right)\right) \tag{3-1}$$

其中，$u(\bullet)$ 为投资者的效用函数。假设其为凸函数，根据式（3-1），通过一阶条件获得最优比例 w_t：

$$E_t\left(u'\left(W_{t+1}\right)\left(R_{s,t+1}-R_f\right)\right)=0 \tag{3-2}$$

假设风险资产收益存在有限阶矩，在 t+1 时刻，围绕资产组合终期财富期望 $E_t\left(W_{t+1}\right)$，泰勒展开边际财富期望效用 $u'\left(W_{t+1}\right)$，并将展开式代入式（3-2）得

$$\begin{aligned}&u^{(1)}\left(E_t\left(W_{t+1}\right)\right)x_t+u^{(2)}\left(E_t\left(W_{t+1}\right)\right)W_t w_t m_{2t}\\&+u^{(3)}\left(E_t\left(W_{t+1}\right)\right)W_t^2 w_t^2\left(m_{3t}+m_{2t}x_t\right)/2\\&+u^{(4)}\left(E_t\left(W_{t+1}\right)\right)W_t^3 w_t^3\left(m_{4t}+m_{3t}x_t\right)/6+o\left(m_{5t}\right)=0\end{aligned} \tag{3-3}$$

其中，$u^{(n)}(\bullet)$ 为效用函数的 n 阶偏导数；$x_t=E\left(R_{s,t+1}\right)-R_f$ 为风险资产的期望超额收益；m_{nt} 为风险资产超额收益的 n 阶中心矩；$o\left(m_{5t}\right)$ 为残余项。

风险资产超额收益的偏度 S_t 和超出峰度 K_t 为 $S_t=m_{3t}/m_{2t}^{3/2}$；$K_t=m_{4t}/m_{2t}^2-3$，将其方差表示为 σ_t^2，即 $m_{2t}=\sigma_t^2$。设投资者的效用函数为幂效用函数，即 $u(W)=W^{1-\gamma}/(1-\gamma)$（$\gamma>0$ 且 $\gamma\neq1$）。如此，由式（3-3）得

$$aw_t^3+bw_t^2+cw_t+d\cong0 \tag{3-4}$$

其中，$a=-\gamma(1+\gamma)(2+\gamma)(K_t+3)\sigma_t^4/6+\gamma\left(1-\gamma^2\right)S_t\sigma_t^3x_t/6-0.5\gamma(1-\gamma)\sigma_t^2x_t^2+x_t^4$；$b=R_f\left(0.5\gamma(1+\gamma)S_t\sigma_t^3-0.5\gamma(3-\gamma)\sigma_t^2x_t+3x_t^3\right)$；$c=R_f^2\left(3x_t^2-\gamma\sigma_t^2\right)$；$d=R_f^3x_t$。根

据式（3-4），获得静态资产组合中风险资产的最优比例 w_t^* 为

$$w_t^* = \frac{-b + M + \left(b^2 - 3ac\right)/M}{3a} \tag{3-5}$$

其中，$M = \left(0.5L + 0.5\sqrt{4\left(3ac - b^2\right)^3 + L^2}\right)^{1/3}$，$L = -2b^3 + 9abc - 27a^2 d$。

式（3-5）是静态资产组合中风险资产的近似最优权重，它是风险资产超额收益的均值、方差、偏度、超出峰度的函数，并且表明偏度和超出峰度影响资产组合构建。运用隐函数理论，令 $f\left(S_t, K_t\right)$ 等于式（3-4）的左边，在较小时间间隔下，进一步假设 w_t，x_t 非常小且为正，得

$$\begin{aligned} \frac{\partial w_t}{\partial S_t} &\equiv -\frac{\partial f / \partial S_t}{\partial f / \partial w_t} \cong \frac{(1+\gamma)\sigma_t w_t^2}{2R_f} > 0 \\ \frac{\partial w_t}{\partial K_t} &\equiv -\frac{\partial f / \partial K_t}{\partial f / \partial w_t} \cong \frac{-(1+\gamma)(2+\gamma)\sigma_t^2 w_t^3}{6R_f^2} < 0 \end{aligned} \tag{3-6}$$

若风险资产收益服从正态分布，其偏度和超出峰度均为零。因此，可得结论 3-1、结论 3-2：

结论 3-1：最优风险资产配置与风险资产收益的偏度成正比，与其超出峰度成反比；与正态性分布相比，正（负）的偏度导致增加（减少）风险资产投资，超出峰度的存在导致减少风险资产投资。

结论 3-2：随着投资者风险规避程度的增加，风险资产收益的偏度和超出峰度对资产组合构建的影响性将更加显著。

二、动态资产组合构建

（一）资产价格及投资者财富运动过程

假设投资者投资的终期时刻为 T，$T>0$，终期前任一时刻记为 t，$t \in [0,T]$。投资者可投资两种资产，一种为无风险资产，其收益率固定，设为 r_f，其价格 $P_0(t)$ 的运动过程设为

$$\mathrm{d}P_0(t) = P_0(t) r_f \mathrm{d}t \tag{3-7}$$

另一种为风险资产，假设投资期内无红利支付或红利再投资，其价格 $P_s(t)$ 服从随机跳跃–扩散过程，设为

$$\mathrm{d}P_s(t) = \left(\mu_t - \lambda g\right) P_s(t)\mathrm{d}t + \sigma_t P_s(t)\mathrm{d}Z_{st} + \left(\mathrm{e}^q - 1\right) P_s(t)\mathrm{d}Q(\lambda) \tag{3-8}$$

其中，Z_{st} 为标准布朗运动；μ_t 为扩散过程的瞬时期望收益；σ_t 为扩散系数；

$Q(\lambda)$ 为跳跃强度 λ（非负数）的泊松过程；$g = E\left(e^q - 1\right)$ 为资产价格发生一次跳跃下的平均百分比跳跃，q 为资产价格发生一次跳跃下的绝对跳跃量；$\mu_t - \lambda g$ 为跳跃–扩散过程的瞬时期望收益。

定义风险资产的风险溢价为 x_t：

$$x_t = \left(\mu_t - \lambda g - r_f\right)/\sigma_t \tag{3-9}$$

并假设其服从均值回复的奥斯坦–乌伦贝克过程，即

$$dx_t = -\kappa_x\left(x - \mu_x\right)dt + \sigma_x dZ_{xt} \tag{3-10}$$

其中，μ_x 为 x_t 的长期均值；κ_x 为均值回复速度；σ_x 为扩散系数；Z_{xt} 为标准布朗运动。

设两布朗运动间的相关系数为 ρ，因市场中存在多种风险源，只有一种风险资产，则：

$$E\left(dZ_{st}dZ_{xt}\right) = \rho dt, \rho \in (-1,1) \tag{3-11}$$

因此，在上述风险资产价格运动过程的设定中，$Q(\lambda)$ 和 ρ 分别体现了风险资产收益的跳跃性和可预测性，$e^q - 1$ 保证了风险资产的有限负债性。

设市场无交易摩擦，t 时刻投资者将财富 W_t 投资于风险资产的比例为 w_t，投资无风险资产的比例为 $1 - w_t$，则自融资下投资者财富的运动过程为

$$dW_t = \left(1 - w_t\right)W_t dp_0(t) / P_0(t) + w_t W_t dP_s(t) / P_s(t) \tag{3-12}$$

将式（3-7）~式（3-9）代入式（3-12），整理得投资者财富的运动过程：

$$dW_t = \left(r_f + x_t\sigma_t w_t\right)W_t dt + w_t\sigma_t W_t dZ_{st} + w_t W_t\left(e^q - 1\right)dQ(\lambda) \tag{3-13}$$

（二）投资者行为模型

假设投资者的目标是使其资产组合终期财富期望幂效用最大，则投资者资产组合交易的优化行为可表示为

$$\max.E_0\left(W_T^{1-\gamma}/(1-\gamma)\right) \tag{3-14}$$

其中，γ 为 CRRA 系数，$\gamma > 0$ 且 $\gamma \neq 1$（$\gamma = 1$ 时效用函数退化为对数效用函数）。式（3-14）的约束条件为式（3-13）、式（3-10）、式（3-11）及投资者的初始财富大于零。

（三）模型求解

因模型中的状态变量为 W_t、x_t，控制变量为 w_t，根据贝尔曼最优化原理引入投资者交易决策时刻 t 时的价值函数 $J\left(W_t, x_t, t\right)$，它是投资者当前财富 W_t、风险溢价 x_t 和剩余投资期 $\tau(\tau = T - t)$ 的函数。因此，投资决策的优化行为模型由式（3-14）变为

$$J\left(W_t, x_t, \tau\right) = \max_{\omega_t}. E_t\left(W_T^{1-\gamma} / (1-\gamma)\right) \tag{3-15}$$

除 W_t 不同于初始财富外，其余约束条件与式（3-14）相同。式（3-15）满足终值条件：

$$J\left(W_T, x_T, 0\right) = W_T^{1-\gamma} / (1-\gamma) \tag{3-16}$$

根据随机最优控制原理，式（3-15）的优化问题要求 t 时的价值函数必须满足 HJB 方程：

$$\max_{w(t)}.\left\{\begin{aligned} & -J_\tau + J_W W_t\left(r_f + w_t \sigma_t x_t\right) + 0.5 J_{WW} w_t^2 \sigma_t^2 W_t^2 - J_x \kappa_x\left(x_t - \mu_x\right) + 0.5 J_{xx} \sigma_x^2 \\ & + J_{W_x} W_t w_t \sigma_t \sigma_x \rho + \lambda\left(E\left(J\left(W_t\left(1 + w_t\left(\mathrm{e}^q - 1\right)\right), x_t, t\right)\right) - J\right) \end{aligned}\right\} = 0 \tag{3-17}$$

其中，J 表示 $J\left(W_t, x_t, \tau\right)$ 对相应的下标求偏导数；$E(\bullet)$ 为价值函数在一次跳跃发生下的期望。式（3-17）满足终值条件式（3-16）。当跳跃发生时，为防止投资者遭遇破产，要求 $1 + w_t\left(\mathrm{e}^q - 1\right) > 0$，这意味着投资者不会将所有财富投向风险资产。

根据式（3-17），通过一阶条件获得资产组合中风险资产的最优比例：

$$w_t^* = \frac{-J_W}{J_{WW} W_t} \bullet \frac{x_t}{\sigma_t} + \frac{-J_{W_x}}{J_{WW} W_t} \bullet \frac{\sigma_x \rho}{\sigma_t} + \frac{-\lambda E_t\left(J'\right)}{J_{WW} W_t^2 \sigma_t^2} \tag{3-18}$$

其中，J' 表示价值函数 $J\left(W_t\left(1 + w_t\left(\mathrm{e}^q - 1\right)\right), x_t, t\right)$ 对 w_t 求一阶偏导数。w_t^* 唯一存在，并满足资产组合终期财富期望效用最大的二阶条件，即 $J_{WW} W_t^2 \sigma_t^2 + \lambda E_t\left(J''\right) < 0$，由幂效用函数特征易知该不等式成立。

由式（3-18）可知，若已知价值函数，则可求得资产组合中风险资产的最优比例。为此，可将式（3-18）代入式（3-17）获得一个关于价值函数的非线性偏微分方程，求解该非线性偏微分方程非常困难。因此，首先，根据价值函数所依赖的状态变量猜测其形式，设其形式为

$$J\left(W_t, x_t, t\right) = \frac{W_t^{1-\gamma}}{1-\gamma} \bullet \mathrm{e}^{A(\tau) + B(\tau) x_t + 0.5 C(\tau) x_t^2} \tag{3-19}$$

满足终值条件：$A(0) = B(0) = C(0) = 0$；其次，将式（3-19）代入式（3-18），并一同代入式（3-17）获得一等式，因价值函数不等于零，等式两边同除以它，整理成 x_t 的形式；最后，使该等式对所有 x_t 成立，常系数及 x_t 和 x_t^2 的系数必须等于零，获得关于 $A(\tau)$、$B(\tau)$、$C(\tau)$ 的三个普通偏微分方程，根据终值条件，顺次解得 $C(\tau)$、$B(\tau)$、$A(\tau)$，具体求解参见孟卫东和何朝林（2007a）。至此，获得价值函数，将其代入式（3-18）得

$$w_t^* = \frac{x_t}{\gamma \sigma_t} + \frac{\sigma_x \rho\left(B(\tau) + C(\tau) x_t\right)}{\gamma \sigma_t} + \frac{\lambda E_t\left\{\left[1 + w_t^*\left(e^q - 1\right)\right]^{-\gamma}\left(e^q - 1\right)\right\}}{\gamma \sigma_t^2} \quad (3\text{-}20)$$

式（3-20）是最优解的隐函数，设定资产价格随机跳跃的分布，可采用通常的数值法求解。

（四）动态资产组合构建特征及矩分析

1. 动态资产组合构建的特征

（1）式（3-20）由三项构成，第一项仅与风险溢价有关，理解为投资者的动态短视需求，类似于静态资产组合构建。第二项与收益波动和风险溢价波动间的相关系数及投资期有关，第三项与风险资产价格的跳跃有关，分别理解为可预测性下和跳跃性下投资者对资产组合的跨期对冲需求。因资产组合最优选择 w_t^* 出现在跳跃对冲需求项中，故跳跃性整体影响资产组合构建，这有别于可预测性仅影响资产组合的跨期对冲需求。

（2）当投资期不为零时（否则，等同于静态资产组合构建），根据效用非饱和性理论，投资者在对风险溢价估计过程中，要求资产组合终期财富的期望效用增加，即 $J_x > 0$。由式（3-19）知，当 $\gamma > 1$ 时，$B(\tau) + C(\tau) x_t < 0$。当 $\rho < 0$ 时，表明当资产收益发生负波动时，其风险溢价发生正波动，该正波动部分地补偿了收益的负波动，对投资者而言，风险资产的风险性减弱，可预测性导致投资者对风险资产存在正的对冲需求；当 $\rho > 0$ 时，情况相反，风险资产的风险性增强，存在负的对冲需求。当 $0 < \gamma < 1$ 时，$B(\tau) + C(\tau) x_t > 0$，投资者对风险的敏感度相对减弱，偏好财富增加，故对资产组合的对冲需求与上述相反。

（3）在 $1 + w_t\left(e^q - 1\right) > 0$ 的条件下，当风险资产价格的跳跃量 q 为正时，式（3-20）第三项中的期望为正，则跳跃对冲需求为正；当跳跃量 q 为负时，期望为负，则跳跃对冲需求为负。鉴于跳跃整体影响资产组合构建，将式（3-9）代入式（3-20），整理分离出跳跃对资产组合构建的整体影响量为 $\lambda \gamma^{-1} \sigma_t^{-2} E_t\left(\left(e^q - 1\right)\left(\left(1 + w_t^*\left(e^q - 1\right)\right)^{-\gamma} - 1\right)\right)$。若存在扩散风险溢价，即 $\mu_t > r_f$，推理可知 $w_t^* > 0$。那么，无论风险资产价格的跳跃量 q 为正还是为负，影响量中的期望都为负，由此可知，跳跃性导致投资者减少对风险资产的投资。

2. 动态资产组合特征的矩分析

风险资产收益取连续复合收益率，将连续时间下风险资产价格的运动过程式（3-8）和式（3-10）转化为离散时间下的表达式：

$$d\ln P_s(t)=\left(\mu_t-\lambda g-0.5\sigma_t^2\right)dt+\sigma_t dZ_{st}+q dQ(\lambda) \tag{3-21}$$

$$d\mu_t=-\kappa_x\left(\mu_t-r_f-\lambda g-\sigma_t\mu_x\right)dt+\sigma_t\sigma_x dZ_{xt} \tag{3-22}$$

假设 $q\sim N\left(\mu_q,\sigma_q^2\right)$，根据式（3-21）和式（3-22），通过Kolmogorov后向方程，获得风险资产收益的特征函数，由特征函数解得风险资产收益的前四阶非中心矩为 $j_1=\left(\mu_s-0.5\sigma_t^2-\lambda\left(g-\mu_q\right)\right)\tau+\kappa_x^{-1}\left(\mu_t-\mu_s\right)\left(1-e^{-\kappa_s\tau}\right)$；$j_2=N\sigma_t^2+\lambda\tau\left(\mu_q^2+\sigma_q^2\right)$；$j_3=\lambda\mu_q\left(\mu_q^2+3\sigma_q^2\right)\tau$；$j_4=\lambda\left(\mu_q^4+6\mu_q^2\sigma_q^2+3\sigma_q^2\right)\tau$。其中，$\mu_s=r_f+\lambda g+\sigma_x$ 为 μ_t 的长期均值，以及

$$N=\tau\left(1+\frac{2\rho\sigma_x}{\kappa_x}+\frac{\sigma_x^2}{\kappa_x^2}\right)-\left(1-e^{-\kappa_x\tau}\right)\left(\frac{2\rho\sigma_x}{\kappa_x^2}+\frac{\sigma_x^2}{\kappa_x^3}\right)-\left(1-e^{-\kappa_x\tau}\right)^2\frac{\sigma_x^2}{2\kappa_x^3} \tag{3-23}$$

中心距与非中心矩的关系是，$m_2=j_2$，$m_3=j_3$，$m_4=j_4+3j_2^2$，则风险资产收益的偏度 $S_t=j_3/j_2^{3/2}$，其超出峰度 $K_t=j_4/j_2^2$。由此看出，收益分布的非正态性仅源于收益过程的跳跃。基于此，解释动态资产组合构建的特征。

（1）可预测性下的资产组合构建的对冲需求。从式（3-23）知，收益波动和风险溢价波动间的相关系数 ρ 通过 N 影响资产收益的条件方差，并随着投资期 τ 在变化。当瞬时期望收益固定时，即风险资产收益不具有可预测性，则 $N=\tau$，以及当 $\tau=0$ 时，N=0，资产组合构建的动态行为等价于静态行为，当 $\tau>0$ 时，由式（3-23）求 N 对 τ 的偏导数：

$$\partial N/\partial\tau=1+\kappa_x^{-2}\left(1-e^{-\kappa_x\tau}\right)\left[2\rho\kappa_x\sigma_x+\sigma_x^2\left(1-e^{-\kappa_x\tau}\right)\right] \tag{3-24}$$

$$\partial^2 N/\partial^2\tau=2\kappa_x^{-1}e^{-\kappa_x\tau}\left[\rho\kappa_x\sigma_x+\sigma_x^2\left(1-e^{-\kappa_x\tau}\right)\right] \tag{3-25}$$

根据式（3-24）和式（3-25），当 $\rho=0$ 时，一阶偏导数大于 1，二阶偏导数大于0。这说明，当 $\tau>0$ 时，$N>\tau$，N 与 τ 之间的差异随着 τ 的增大而增大。当 $\rho>0$ 时，这种差异增强；当 $\rho<0$ 时，这种差异减弱。从而推知，风险资产瞬时期望收益的随机性加大了其收益的条件方差，而且该趋势在 $\rho>0$ 时增强，在 $\rho<0$ 时减弱。故当 $\gamma>1$ 时，投资者对风险较为敏感，在 $\rho>0$ 时，会减少风险资产的投资，以防止在未来投资机会恶化时，其财富期望效用进一步恶化，资产组合表现为负的对冲需求，在 $\rho<0$ 时，会增加风险资产的投资，对冲未来机会恶化对其财富期望效用造成的不利影响，资产组合表现为正的对冲需求。进一步，当 $\rho<0$，且 $\rho<-\sigma_x/\kappa_x$ 时，一阶偏导数小于1，二阶偏导数小于0，当 $\tau>0$ 时，$N<\tau$，N 与 τ 之间的差异随着 τ 的增大而增大。这说明，风险资产瞬时期望收益的随机性确实降低了其收益的条件方差，而且随着投资期变长，降低更加明显，从而投资者对资产组合正的对冲需求效应更加显著。$0<\gamma<1$ 时，情况相反，分析同上。同时，由式（3-25）可知，当投资期趋于无穷大时，二阶偏导数

趋于 0，这说明资产组合的对冲需求效应随着投资期变长逐渐减弱，并趋于稳定。因此，可得结论 3-3。

结论 3-3：风险资产瞬时期望收益的随机性增加了其收益的条件方差，当收益波动和风险溢价波动间的相关系数为正时，增强该增加性，当相关系数为负时，减弱该增加性，而且在较大负相关时，收益的条件方差出现实质性下降，对风险规避系数大于 1 的投资者，资产组合构建在正（负）相关的情况下存在负（正）的对冲需求。对风险规避系数大于 0 小于 1 的投资者，情况相反，资产组合的对冲需求效应随着投资期变长逐渐减弱，并趋于稳定。

（2）跳跃性下的资产组合构建，由上述资产收益高阶矩的形式可知，资产收益过程的跳跃产生收益的偏度和超出峰度，使其条件方差增大。结合结论 3-1，条件方差的增大和超额峰度的存在，使投资者减少风险资产投资。同时，根据偏度表达式，当风险资产价格跳跃量 q 的均值 $\mu_q > 0$ 时，$S_t > 0$，增加风险资产投资，跳跃的对冲需求为正；当 $\mu_q < 0$ 时，$S_t < 0$，减少风险资产投资，跳跃的对冲需求为负。因大多数投资者是风险规避型，效用函数具有幂效用函数特征，他们最担心风险资产价格发生负跳跃，所以跳跃的存在使投资者减少风险资产投资。高阶矩的形式不但表明可预测性通过影响资产收益的条件方差而影响资产收益的偏度和超出峰度，进而影响跳跃对资产组合构建的影响，而且表明该影响以条件方差的平方形式出现，这说明可预测性和跳跃性对资产组合构建的影响具有内在关联性，跳跃情景下的资产组合构建更应考虑收益的可预测性，分析同上。由此，可得结论 3-4。

结论 3-4：风险资产价格的跳跃性总体上使投资者减少风险资产投资，正（负）的跳跃减弱（增强）这种减少的态势，可预测性和跳跃性对资产组合构建的影响具有内在关联性。

三、结束语

本节在风险资产收益分布为非正态的情景下，通过矩分析，研究其收益的高阶矩对资产组合构建的影响。首先，假设风险资产收益存在有限阶矩，泰勒展开边际财富期望效用，获得静态资产组合构建的近似解析解。其次，假设收益过程的跳跃产生收益分布的非正态性，运用随机控制方法获得动态资产组合构建的近似解析解，从高阶矩角度解释其特征。分析表明，超出峰度的存在导致减少风险资产投资，正（负）的偏度导致增加（减少）风险资产投资，该影响性随着它们及风险规避系数的增大而增强；可预测性导致资产组合存在正或负的对冲需求，取决于相关系数的符号和风险规避系数；跳跃性总体上减少风险资产投资；可预测性和跳跃性对动态资产组合构建的影响具有内在关联性。

第二节　资产组合构建过程中的资产价格时变性、跳跃性和不确定性

资产收益过程的时变性（更重要的是“可预测性”）意味着对冲机会的存在；资产收益过程的跳跃改变了标准的资产组合构建问题，通常会导致资产收益率和波动性发生较大变化；资产收益过程的不确定性源于金融市场不确定性本质，其表现之一是模型描述的收益与未来实现的收益之间存在差异。因此，本节在双变量跳跃扩散框架中引入一个随机变量刻画资产收益过程的不确定性特征，建立动态资产组合构建模型，分析资产价格过程时变性、跳跃性和不确定性对动态资产组合构建的影响。

一、动态资产组合构建模型

（一）资产价格与财富动态

假设 T（$T>0$）为资产组合投资的终期时刻；$t\left[t\in(0,T)\right]$ 为投资期终期前的任一时刻；τ、$T=t-\tau$ 为投资期。同时，经济中有两种资产。一种是无风险资产，支付固定利率 r，其价格动态为

$$\mathrm{d}P_0(t)=P_0(t)r\mathrm{d}t \tag{3-26}$$

另一种是风险资产，其价格 $P_s(t)$ 受突发事件而引起的跳跃影响，其跳跃前的价格为 $P_s(t-)$，因而假设风险资产价格的运动遵循双变量跳跃扩散过程。

$$\mathrm{d}P_s(t)=(r+\eta V_t-\mu\lambda V_t)P_s(t)\mathrm{d}t+\sqrt{V_t}P_s(t)\mathrm{d}Z_{1t}+X_tP_s(t-)\mathrm{d}N_t \tag{3-27}$$

$$\mathrm{d}V_t=(\alpha-\beta V_t-\kappa\lambda V_t)\mathrm{d}t+\sigma\sqrt{V_t}\mathrm{d}Z_{2t}+Y_t\mathrm{d}N_t \tag{3-28}$$

$$E(\mathrm{d}Z_{1t}\mathrm{d}Z_{2t})=\rho\mathrm{d}t,\rho\in(-1,1) \tag{3-29}$$

其中，Z_{1t} 和 Z_{2t} 为相关系数为 ρ 的标准布朗运动；V_t 为扩散收益的瞬时方差；N_t 为随机到达强度为 λV_t 的泊松过程；参数 α、β、κ、λ、σ 均假定为非负；X_t 为一个均值为 μ 的随机价格跳跃规模；假定 $\mu\in(-1,\infty)$，保证资产的有限负债性，即 $\mu=E(X_t)$ 和 $X_t\in(-1,\infty)$；Y_t 为一个均值为 κ 的波动率随机跳跃规模；假定 $\kappa\in(0,\infty)$，保证 V_t 始终都为正。也就是说，$\kappa=E(Y_t)$ 和 $Y_t\in[0,+\infty)$。同时假设 X_t 和 Y_t 在跳跃过程中相互独立，并独立于 Z_{1t}、Z_{2t}、N_t。

上述双变量跳跃扩散模型是 Duffie 等（2000）双变量跳跃过程的扩展。此拓展的优点是，漂移向量、扩散矩阵和跳跃强度过程均与状态变量 V_t 呈线性关系，这使得模型易于求解。此时，瞬时预期方差 V_t 遵循一个均值回复平方根跳跃扩散过程，式（3-27）中的 $\mu\lambda V_t$ 补偿了因价格跳跃而引起的瞬时期望收益，故瞬时期望收益率为无风险利率与风险溢价之和。

上述双变量跳跃扩散模型描述了风险资产收益过程。然而，我们知道模型描述的资产收益未来状态与资产收益未来实现的状态之间客观上一定会存在差异，而且该差异具有随机性，这一方面源于模型设定的偏误，另一方面从根本上讲源于金融市场不确定性本质。因此，这里我们引入一随机变量测度该不确定差异，并将其引入式（3-27）得

$$\mathrm{d}P_s(t)=(r+\eta V_t-\mu\lambda V_t)P_s(t)\mathrm{d}t+\sqrt{V_t}P_s(t)\mathrm{d}Z_{1t}+X_tP_s(t-)\mathrm{d}N_t+u_tP_s(t)\mathrm{d}t \quad (3\text{-}30)$$

其中，u_t 测度了资产价格的不确定性特征，它的未来状态有三种情况：$u_t>0$，$u_t=0$，$u_t<0$。$u_t=0$ 表明该不确定性差异不会发生，换句话说，式（3-27）~式（3-29）的双变量跳跃过程描述了资产收益过程。

在式（3-30）的设定下，相关系数 ρ、泊松过程 N_t 和随机变量 u_t 分别描述了风险资产收益过程的时变性、跳跃性和不确定性。

假设金融市场无交易摩擦，在 t 时，投资者财富为 W_r，投资风险资产的财富比例为 w_t，投资无风险资产的比例为 $1-w_t$。在自融资条件下，投资者资产组合的财富动态可以表示为

$$\mathrm{d}W_t=\frac{(1-w_t)W_t\mathrm{d}P_0(t)}{P_0(t)}+\frac{w_tW_t\mathrm{d}P_s(t)}{P_s(t)} \quad (3\text{-}31)$$

将式（3-26）和式（3-27）代入式（3-31），投资者资产者财富动态可简化为

$$\mathrm{d}W_t=\left[r+w_t(\eta V_t-\mu\lambda V_t+u_t)\right]W_t\mathrm{d}t+w_t\sqrt{V_t}W_t\mathrm{d}Z_{1t}+X_tw_{t-}W_{t-}\mathrm{d}N_t \quad (3\text{-}32)$$

其中，W_{t-} 和 w_{t-} 分别为 t 时刻跳跃发生前的资产组合财富及风险资产份额。

（二）动态资产组合构建模型

现在，我们构建幂效用投资者的动态资产组合模型，目标是在上述资产价格和财富动态的约束下，使其资产组合终期财富期望幂效用最大。

如上所述，投资者可以投资风险资产和无风险资产，其初始财富为 W_0，并在任一时刻 t 选择将其财富比例 w_t 投资风险资产，谋求其资产组合终期财富 W_T 的期望幂效用最大。因此，该最优化问题可表达为

$$\max.E_0\left[W_T^{1-\gamma}/(1-\gamma)\right]$$

$$\text{s.t.d}W_t=\left[r+w_t\left(\eta V_t-\mu\lambda V_t+u_t\right)\right]W_t\text{d}t+w_t\sqrt{V_t}W_t\text{d}Z_{1t}+X_t w_{t-}W_{t-}\text{d}N_t$$

$$\text{d}V_t=\left(\alpha-\beta V_t-\kappa\lambda V_t\right)\text{d}t+\sigma\sqrt{V_t}\text{d}Z_{2t}+Y_t\text{d}N_t \quad (3\text{-}33)$$

$$E\left[\text{d}Z_{1t}\text{d}Z_{2t}\right]=\rho\text{d}t,\rho\in(-1,1)$$

$$W_0>0$$

其中，γ 为风险规避系数，$\gamma>0$ 且 $\gamma\neq0$；$E_0[\bullet]$ 为交易决策开始时刻资产组合终期财富期望幂效用。

二、模型求解

投资者在 t 时刻的间接效用函数取决于 W_t（当前财富）、V_t（扩散过程的瞬时方差）和决策时刻 t。我们将间接效用函数写成 $J(W_t,V_t,t)$ 的形式。根据贝尔曼原理，式（3-33）可等价转换为

$$J(W_t,V_t,t)=\max_{w_t}.E_t\left[W_T^{1-\gamma}/(1-\gamma)\right]$$

$$\text{s.t.d}W_t=\left[r+w_t\left(\eta V_t-\mu\lambda V_t+u_t\right)\right]W_t\text{d}t+w_t\sqrt{V_t}W_t\text{d}Z_{1t}+X_t w_{t-}W_{t-}\text{d}N_t$$

$$\text{d}V_t=\left(\alpha-\beta V_t-\kappa\lambda V_t\right)\text{d}t+\sigma\sqrt{V_t}\text{d}Z_{2t}+Y_t\text{d}N_t \quad (3\text{-}34)$$

$$E\left[\text{d}Z_{1t}\text{d}Z_{2t}\right]=\rho\text{d}t,\rho\in(-1,1)$$

$$W_0>0,$$

其中，$E_t[\bullet]$ 为投资者交易决策过程中任一交易决策时刻 t 时期望其资产组合终期财富期望幂效用最大。同时，要求间接效用函数必须满足边界条件：

$$J(W_T,V_T,T)=W_T^{1-\gamma}/(1-\gamma) \quad (3\text{-}35)$$

源于资产价格过程的不确定性客观存在，投资者在资产组合交易决策过程中必须予以规避，特别是当该不确定性差异对其不利时，如 $u_t<0$。我们将投资者规避该不确定性差异的财富支出定义为不确定性规避的效用成本。因此，投资者在资产组合构建和任一交易决策时刻，既要资产组合终期财富期望效用最大又要规避该不确定性差异的财富效用成本最小，故我们采用最大-最小化方法解决此优化问题。根据 Merton（1971）的研究，运用最优随机控制方法获得间接效用函数 $J(W_t,V_t,t)$ 的 HJB 方程：

$$\max_{w(t)}.\min_{u(t)}.\left\{\begin{array}{l}J_t + J_W W_t\left[r + w_t\left(\eta V_t - \mu\lambda V_t + u_t\right)\right] + 0.5 J_{WW} w_t^2 W_t^2 V_t \\ +J_V\left(\alpha - \beta V_t - \kappa\lambda V_t\right) + 0.5 J_{VV}\sigma^2 V_t + J_{WV} W_t V_t \sigma\rho \\ +\lambda V_t\left(E\left[J\left(W_t\left(1 + w_t X_t\right), V_t + Y_t, t\right)\right] - J\right) + \mu_t^2\sigma^{-2} f^{-1}(\theta)\end{array}\right\} \quad (3\text{-}36)$$

其中，J_W、J_V 和 J_t 分别表示 $J(W_t,V_t,t)$ 对 W_t、V_t 和 t 的导数，更高阶导数类似表达；$\mu_t^2\sigma^{-2}f^{-1}(\theta)$ 表示罚函数，定义为效用成本；$f(\theta)$ 表示不确定性规避状态函数；θ 表示不确定性规避的系数。

为规避不确定性支付的效用成本最小，必须设定不确定性规避状态函数的形式。源于投资者交易决策是一过程，$f(\theta)$ 应为 θ 和 $J(W_t,V_t,t)$ 的函数。根据罚函数理论和投资者对待风险的态度，对于适度风险规避型投资者 $(\gamma>1)$，函数 θ 为非正，对于较低风险规避型投资者 $(0<\gamma<1)$，θ 为非负。为了便于以下分析，将 $(1-\gamma)$ 项引入 $f(\theta)$ 形式中，可以将 θ 定义在 $[0,+\infty)$。当 $\gamma>1$ 时，投资者对风险的敏感性大于对财富增长的敏感性，$f(\theta)$ 应为 $J(W_t,V_t,t)$ 的增函数；当 $0<\gamma<1$ 时，投资者对财富增长的敏感性大于对风险的敏感性，$f(\theta)$ 应为 $J(W_t,V_t,t)$ 的减函数。$f(\theta)$ 也应该为 θ、γ 和 V_t 的增函数。至此，我们可以将 $f(\theta)$ 形式设定为

$$f(\theta) = 2\theta V_t \big/ \left(\left(1-\lambda\right) J\left(W_t, V_t, t\right)\right) \quad (3\text{-}37)$$

将式（3-37）代入式（3-36），由一阶条件获得

$$u_t^* = -J_W W_t w_t \sigma^2 \theta V_t \big/ \left(\left(1-\gamma\right) J\right) \quad (3\text{-}38)$$

同时满足二阶条件大于零，即 $(1-\gamma)J\big/\left(\sigma^2\theta V_t\right)>0$。则规避不确定的财富效用成本最小。

将式（3-38）代入式（3-36），由一阶条件获得最优动态资产组合构建：

$$\begin{aligned} w_t^* = & \frac{J_W W_t(\eta - \mu\lambda)}{J_W^2 W_t^2 \sigma^2 \theta / \left[(1-\gamma)J\right] - J_{WW} W_t^2} + \frac{J_{WV} W_t \rho\sigma}{J_W^2 W_t^2 \sigma^2 \theta / \left[(1-\gamma)J\right] - J_{WW} W_t^2} \\ & + \frac{\lambda E[J']}{J_W^2 W_t^2 \sigma^2 \theta / \left[(1-\gamma)J\right] - J_{WW} W_t^2} \end{aligned} \quad (3\text{-}39)$$

其中，J' 为 $J\left(W_t\left(1+w_tX_t\right),V_t+Y_t,t\right)$ 对 w_t 的导数。同时，在 $1+w_tX_t>0$ 的条件下（有限负债条件），最优解满足二阶条件小于零，即 $J_{WW}W_t^2V_t+\lambda V_tE\left[J''\right]-J_W^2W_t^2\sigma^2\theta V_t/\left[(1-\gamma)J\right]<0$，则终期财富期望效用最大。

式（3-39）表明，要想获得解析解必须求解 $J(W_t,V_t,t)$。通常采用间接的方法求解，为此我们根据投资者交易决策依赖的状态变量设定间接效用函数形式为

$$J\left(W_t,V_t,t\right)=\left[W_t^{1-\lambda}\exp\left(A(t)+B(t)V_t\right)\right]/\left(1-\lambda\right) \quad (3\text{-}40)$$

其中，$A(t)$和$B(t)$为时刻t的函数，同时满足边界条件$A(t)=0$和$B(t)=0$。

将式（3-40）和式（3-38）代入式（3-36），我们得到一个方程，它为V_t的放射结构。为了使该方程对所有V_t成立，则常数项和V_t的系数必须等于零，从而$A(t)$和$B(t)$的普通常微分方程：

$$\dot{A}(t)+\alpha B(t)+(1-\lambda)r=0 \quad (3\text{-}41)$$

$$\begin{aligned}&\dot{B}(t)+0.5B^2(t)\sigma^2+\left[(1-\lambda)\rho\sigma w_t^*-\beta-\kappa\lambda\right]B(t)+0.5\gamma(\gamma-1)w_t^{*2}\\&+(1-\lambda)(\eta-\mu\lambda)w_t^*+\lambda E\left[\left(1+w_t^*X_t\right)^{1-\lambda}\mathrm{e}^{B(t)Y(t)}\right]-\lambda-0.5(1-\gamma)\theta\sigma^2w_t^{*2}=0\end{aligned} \quad (3\text{-}42)$$

其中，$\dot{A}(t)$和$\dot{B}$分别表示$A(t)$和$B(t)$对时刻 t 的导数。根据边界条件$A(t)=0$，$B(t)=0$，$A(t)$和$B(t)$可由式（3-41）和式（3-42）求出。至此，$J\left(W_t,V_t,t\right)$获解，从而获得资产组合解析解：

$$w_t^*=\frac{(\eta-\mu\lambda)}{\gamma+\theta\sigma^2}+\frac{\rho\sigma B(t)}{\gamma+\theta\sigma^2}+\frac{\lambda E\left(1+w_t^*X_t\right)^{-\lambda}X_t\mathrm{e}^{B(t)Y(t)}}{\gamma+\theta\sigma^2} \quad (3\text{-}43)$$

其中，$B(t)$由普通微分方程式（3-42）确定。

三、资产组合构建特征

式（3-43）实际上是最优解w_t^*的隐函数，因为$E\left[\left(1+w_t^*X_t\right)^{-\lambda}X_t\mathrm{e}^{B(t)Y_t}\right]$的项包含$w_t^*$。事实上，这也说明跳跃量取决于投资者资产组合中的风险资产总体配置，也正因为如此，我们不能获得最优化问题的封闭解，但这并不影响资产组合构建特征的比较分析。

（一）风险资产配置影响因素

式（3-43）由三个项组成。第一项包括瞬时风险溢价除以风险规避和不确定性规避，是资产组合的短视需求；第二项与风险资产瞬时收益和波动率V_t变化之间的相关性系数ρ有关，当这种相关性为非零时，投资者可以通过调整资产组合中风险资产的持有比例对冲波动率变化对其财富期望效用的影响，是资产组合的跨期对冲需求；第三项由资产价格动态过程中的泊松跳跃过程引起，是资产组合的跳跃对冲需求。同时，在本节的双变量跳跃扩散框架中，我们假设泊松跳跃过程N_t独立于Z_{1t}和Z_{2t}，虽直观地将其与时变效应分开，但本质上它们是相互关联的。第三项表明，跳跃总体上决定了资产组合中的风险资产份额。在式（3-43）的每一项中都出现了不确定性规避系数θ。因此，资产收益过程的时变性、跳跃性和不确定性对资产组合构建的影响是相互的。

（二）状态变量无市场时机

式（3-43）表明，资产组合最优解独立于状态变量W_t和V_t。换句话说，在投资者资产组合构建和交易决策过程中财富或波动率无“市场时机”。最优解独立于财富的原因源于W_t对幂效用投资者的同质性，独立于V_t主要源于放射结构和不确定性状态函数的设计。

（三）时变性效应

资产收益过程的时变导致资产组合的跨期对冲需求，跨期对冲需求是式（3-43）右侧的第二项。从$J(W_t,V_t,t)$对V_t的导数可知，当$\gamma>1$时，$B(t)<0$；当$0<\gamma<1$时，$B(t)>0$。对于适度风险规避型投资者$(\gamma>1)$，当相关系数ρ为负时，跨期套期保值需求为正，意味着在这种情况下，投资者增加了对风险资产的投资；当相关系数ρ为正时，跨期套期保值需求为负。也就是说，在这种情况下，投资者减少了对风险资产的投资。对较小风险规避型投资者（$0<\gamma<1$），情况相反。当$\gamma=1$时，幂效用转化为对数效用，众所周知，在这种情况下，投资者行为短视，对冲需求为零。

（四）跳跃性效应

由于假设跳跃大小X_t和Y_t在跳跃过程中相互独立，首先，我们假设波动性没有跳跃，即$Y_t=0$。在式（3-43）中，资产收益跃升的净效应为$\lambda\left(\gamma+\theta\sigma^2\right)^{-1}E\left\{X_t\left[\left(1+X_t w_t^*\right)^{-\gamma}-1\right]\right\}$。风险溢价的存在$\eta>0$，因此$w_t^*>0$。在$w_t^*>0$和$1+w_t X_t>0$的条件下，无论$X_t>0$（向上跳跃）或$X_t<0$（向下跳跃），$E\left\{X_t\left[\left(1+X_t w_t^*\right)^{-\gamma}-1\right]\right\}$都为负，这意味着当出现跳跃时，投资者始终都会减少对风险资产的投资。

（五）不确定性效应

式（3-43）表明，不确定性规避系数出现在最优解的每一项中，即资产收益过程的不确定性特征（源于金融市场不确定性本质）既影响投资者的短视需求，也影响投资者的跨期对冲需求（时变性）和跳跃对冲需求（跳跃性）。

从不确定性状态函数的设定形式知，$\theta>0$和$\theta=0$分别代表投资者在资产组合构建过程中对金融市场不确定性特征予以规避与不规避。由式（3-43）可知，随着金融市场不确定性程度的增加，投资者不断降低资产组合中风险资产的头寸，且投资者不确定性规避程度越高风险资产头寸降低的越多。从一定意义上讲，资产组合中风险资产头寸越低，可以提升资产组合在不确定环境下的稳定性及其免疫功能。举例来说，当投资者资产组合中风险资产配置为长头寸时，规避不确定性产生一个负的对冲需求，降低风险资产头寸。相反，当资产组合中风险资产配置为空头寸时，规避不确定性产生一个正的对冲需求，导致空头寸降低。如果同时考虑时变性和跳跃性的影响，上述资产组合的稳定性和免疫性效果将更加明显。

四、实证研究

假设双变量跳跃扩散模型中的价格和波动率跳跃规模 X_t 与 Y_t 为常数，等于其平均值 μ 和 κ，则动态资产组合最优解式（3-43）转化为

$$w_t^* = \frac{(\eta - \mu\lambda)}{\gamma + \theta\sigma^2} + \frac{\rho\sigma B(t)}{\gamma + \theta\sigma^2} + \frac{\lambda\mu\left(1 + w_t^*\mu\right)^{-\lambda} \mathrm{e}^{\kappa B(t)}}{\gamma + \theta\sigma^2} \tag{3-44}$$

其中，$B(t)$ 满足：

$$\begin{aligned}&\dot{B}(t) + 0.5B^2(t)\sigma^2 + \left[(1-\lambda)\rho\sigma w_t^* - \beta - \kappa\lambda\right]B(t) + 0.5\gamma(\gamma-1)w_t^{*2}\\&+(1-\lambda)(\eta - \mu\lambda)w_t^* + \lambda\left(1 + w_t^*\mu\right)^{1-\lambda} \mathrm{e}^{\kappa B(t)} - \lambda - 0.5(1-\gamma)\theta\sigma^2 w_t^{*2} = 0\end{aligned} \tag{3-45}$$

（一）研究样本选择

我们分别以上证综合指数和 2009 年（第一期）三年期国债代表风险资产和无风险资产。风险资产月收益率的获取基于 1997 年 1 月至 2009 年 12 月上证综合指数每月第一个交易日的收盘价格（指数）。假设收盘价格序列为 $\left\{P_s(1), P_s(2), P_s(3), \cdots, P_s(N)\right\}$，则 $s_t = \ln\left(P_s(N)\right)$，$t = 1,2,3,\cdots,N$。2009 年三年期国债年利率为 3.73%。

（二）双变量跳跃扩散模型的参数估计

我们应用 SGMM 估计模型参数，则必须获得风险资产价格过程的条件特征函数。假设对数资产价格 $s_t = \ln\left(P_s(N)\right)$ 的数据生成过程遵循式（3-27）和式（3-28）中的连续时间形式，则可以等价地将其转换为离散时间形式：

$$\Delta s_t = \left(r + \eta V_t - \mu\lambda V_t - 0.5V_t\right)\Delta t + \sqrt{V_t}\Delta Z_{1t} + \mu \mathrm{d}N_t \tag{3-46}$$

$$\Delta V_t = \left(\alpha - \beta V_t - \kappa\lambda V_t\right)\Delta t + \sigma\sqrt{V_t}\Delta Z_{2t} + \kappa \mathrm{d}N_t \tag{3-47}$$

参照 Jiang 和 Knight（2002），离散时间过程式（3-46）和式（3-47）的条件特征函数可定义为

$$\psi\left(s_t, \Delta t; \Theta, w\right) = E\left[\exp\left\{iws_t + \Delta t\right\} \middle| s_t\right] \tag{3-48}$$

其中，$\Theta = \left(\alpha, \beta, \sigma, \eta, \rho, \mu, \kappa, \lambda\right)^{\mathrm{T}}$；$i = \sqrt{-1}$；$w$（$w \in R$）代表实值虚变量，条件特征函数式（3-48）满足偏微分方程：

$$\partial \psi\left(s_t, V_t, \Delta t; \Theta, w\right) = 0$$

其中，

$$\begin{aligned} &\frac{\partial \psi}{\partial t} + \frac{\partial \psi}{\partial s_t}\left(r + \eta V_t - \mu\lambda V_t - 0.5V_t\right) + \frac{\partial \psi}{\partial V_t}\left(\alpha - \beta V_t - \kappa\lambda V_t\right) + \frac{1}{2}\frac{\partial^2 \psi}{\partial s_t^2}V_t \\ &+ \frac{\partial^2 \psi}{\partial s_t \partial V_t}\rho\sigma V_t + \frac{1}{2}\frac{\partial^2 \psi}{\partial V_t^2}\sigma^2 V_t + \lambda E_t\left[\psi\left(s_t + \mu, V_t + \kappa\right) - \psi\left(s_t, V_t\right)\right] \end{aligned} \tag{3-49}$$

式（3-49）的求解通过边界条件$\psi\left(s_t, V_t, 0; \Theta, w\right) = \exp\left(iws_t\right)$获得，进一步：

$$\psi\left(s_t, V_t, \Delta t; \Theta, w\right) = \exp\left[iws_t + A\left(\Delta t, \Theta, w\right)V_t + B\left(\Delta t, \Theta, w\right)\right]$$

其中，

$$A\left(\Delta t, \Theta, w\right) = \frac{2}{\sigma^2}\left[\frac{u_1 u_2 \mathrm{e}^{u_1 \Delta t} - u_1 u_2 \mathrm{e}^{u_2 \Delta t}}{u_1 \mathrm{e}^{u_2 \Delta t} - u_2 \mathrm{e}^{u_1 \Delta t}}\right]$$

$$\begin{aligned} B\left(\Delta t, \Theta, w\right) = &\frac{2\alpha}{\sigma^2}\ln\left[\frac{u_2 - u_1}{u_2 \mathrm{e}^{u_1 \Delta t} - u_1 \mathrm{e}^{u_2 \Delta t}}\right] + \frac{1}{2}\sigma^2\left(iw\right)^2 \Delta t \\ &+ \left(r + \eta - \mu\lambda - \frac{1}{2}\sigma^2\right)iw\Delta \\ &+ \frac{\lambda \Delta t}{1 - \mu iw} + \frac{\lambda \Delta t}{1 - \kappa iw} - \left(\mu + \kappa\right)\Delta \end{aligned} \tag{3-50}$$

$$u_1 = \rho\sigma iw - \beta - \kappa + \sqrt{\left(\rho\sigma iw - \beta - \kappa\right)^2 - \sigma^2 iw\left(iw - 1\right)}$$

$$u_2 = \rho\sigma iw - \beta - \kappa - \sqrt{\left(\rho\sigma iw - \beta - \kappa\right)^2 - \sigma^2 iw\left(iw - 1\right)}$$

基于式（3-50）对波动性进行积分，获得式（3-48）的条件特征函数：

$$\psi\left(s_t, \Delta t; \Theta, w\right) = \exp\left[iws_t + B\left(\Delta t, \Theta, w\right) + \frac{2\alpha}{\sigma^2}\ln\left(\frac{2\left(\beta + \kappa\right)}{2\left(\beta + \kappa\right) - \sigma^2 A\left(\Delta t, \Theta, w\right)}\right)\right] \tag{3-51}$$

条件特征函数式（3-51）仅依赖风险资产价格。应用 SGMM，根据所选样本估计双变量跳跃扩散模型中的参数。由于有 8 个参数需要估算，故选取风险资产价格前八阶谱矩，即 w=1，2，3，4，5，6，7，8。按照第五章的步骤，取$\Delta = 1/12$获得模型中参数的年度估计值：$\alpha = 0.1049$，$\beta = 4.3708$，$\sigma = 0.2748$，$\eta = 1.8802$，$\rho = -0.4010$，$\mu = -0.2570$，$\kappa = 0.2358$，$\lambda = 1.8476$。

（三）实证结果

基于动态资产组合最优解式（3-44）和上述参数估计值，以适度风险规避型投资者（$\gamma=3$）为例，假设其初始财富 W_0（$W_0=1$）在不同投资期下 τ（$\tau=1, 2, 3, 4, 5, 6, 7, 8, 9, 10$）将其投资上证综合指数的比例为 w_t^*（以百分比表示），并给出相应情景下资产组合终期财富的确定性等价效用（EU）。我们比较四种情况：一是短视行为（$B(t)=0$，$\rho=0$，$\mu=0$，$\kappa=0$，$\lambda=0$，$\Theta=0$）下的资产组合构建 w_{tM}^* 及其业绩 EU_M；二是时变性（$\mu=0$，$\kappa=0$，$\lambda=0$，$\Theta=0$）下的资产组合构建 $w_{t\mathrm{MT}}^*$ 及其业绩 EU_{MT}；三是时变性及跳跃性 EU_{MTJ}（$\Theta=0$）下的资产组合构建 $w_{t\mathrm{MTJ}}^*$ 及其绩效 EU_{MTJ}；四是时变性、跳跃性和不确定性下的资产组合构建 w_t^* 及其绩效 EU（$\Theta=5$）。结果见表 3-1。

表 3-1　动态资产组合构建及其业绩

τ	w_{tM}^*	EU_M	$w_{t\mathrm{MT}}^*$	EU_{MT}	$w_{t\mathrm{MTJ}}^*$	EU_{MTJ}	w_t^*	EU
1	62.67	1	63.35	1.107 0	60.37	1.118 7	54.32	1.155 7
2	62.67	1	63.45	1.112 3	59.32	1.120 3	53.85	1.160 3
3	62.67	1	64.48	1.117 2	59.00	1.126 5	53.01	1.169 8
4	62.67	1	65.23	1.122 3	58.21	1.139 8	52.28	1.177 8
5	62.67	1	65.92	1.133 5	57.05	1.143 5	51.46	1.180 5
6	62.67	1	66.46	1.140 1	56.01	1.159 8	51.08	1.186 4
7	62.67	1	66.88	1.151 3	55.23	1.166 5	50.95	1.191 2
8	62.67	1	67.02	1.182 8	54.31	1.191 5	50.24	1.200 3
9	62.67	1	67.10	1.210 3	53.08	1.238 9	50.00	1.241 2
10	62.67	1	67.11	1.221 5	52.20	1.232 0	49.75	1.245 8

表 3-1 中的 $w_{t\mathrm{MT}}^*$、$w_{t\mathrm{MTJ}}^*$、w_t^* 和 w_{tM}^* 结果比较不但支持上述理论分析结果，而且指出跳跃性和不确定性的影响强于时变性。这从一定意义上告诉我们，在资产组合构建过程中更应考虑资产收益过程的跳跃性和不确定性特征。

在相同投资期下比较表 3-1 中的 EU_{MT}、EU_{MTJ}、EU 和 EU_M，可以看出，考虑到资产回报过程的时变性、跳跃性和奈特不确定性，有助于提升资产组合终期财富的等价性效用。同时，我们发现投资期限越长，资产组合终期财富的等价性效用提升越明显。

因此，在资产组合配置过程中，应该考虑资产收益过程的时变性、跳跃性和不确定性特征，对长期投资者而言，更是如此。

五、结语

通过在双变量跳跃扩散模型中引入一个随机变量测度资产收益过程的不确定性特征，构建资产组合终期财富期望效用最大化的资产组合模型，研究资产收益过程的时变性、跳跃性和不确定性对投资者资产组合构建及其交易行为的影响。理论和实证结果表明，时变性特征导致资产组合存在正的或负的跨期对冲需求，对冲需求的正负取决于投资者的风险规避程度和收益漂移与波动率漂移的相关性；资产收益过程的跳跃性在总体上降低投资者对风险资产的需求，但波动率的跳跃性影响不一样，存在强化或弱化收益过程跳跃性的影响；资产收益过程的不确定性导致投资者在资产组合构建过程中规避持有较高头寸的风险资产。研究表明，投资者在资产组合构建及资产交易过程中考虑资产收益过程的时变性、跳跃性和不确定性特征可以提升资产组合业绩和免疫力，对长期投资者而言体现得更明显。

第三节　资产组合保险策略

资产组合保险理论起源于 20 世纪 80 年代的美国，在 80 年代中期得到蓬勃发展，投资者可通过投资分散化策略构建资产组合来有效地降低非系统风险，但无法规避系统风险，通过资产组合保险不仅可以保证资产组合不会因为股市下跌而低于投资前所设定的最低标准，还具有增值潜力，特别是在弱有效金融市场和金融市场波动较大等情形下，资产组合保险越发显得重要。资产组合保险的核心思想如下：通过静态和动态资产配置策略的使用，将资产组合损失锁定在一定范围内，同时具有金融市场上涨时带来收益的潜力。本节从静态和动态两个角度介绍资产组合保险策略。

根据资产组合配置状态的不同，资产组合保险策略分为两大类：一类是静态性的，主要是创建保护性卖出期权；另一类是动态性的，此类按设计依据不同分为两种，一种是依据 B-S 模型提出的期权定价模型衍生出的基于期权的组合保险，另一种是依据投资者本身风险偏好及承担风险能力设定一些简单的参数所形成的保险策略，主要包括固定组合保险策略、固定比例组合保险策略和时间不变性组合保险策略。

一、静态资产组合保险策略

静态资产组合保险策略依据 B-S 模型，通过在期初购买股价指数期权（期货），并在持有期内不做任何调整来进行避险。假设投资者在时刻 t 的投资金额为 A，A 正好等于按价格 S_t 买 n 份股票组合，即 $A_t = n \times S_t$。如果投资者希望在 T 时获得的资产至少为 nX，则可以按价格 P_t 再购买 n 份以该股票组合标的、执行价格为 X、到期期限为 T 的欧式卖出期权。这样，投资者在期初总投资为 $n\times(S_t + P_t)$，在期末无论股票组合价格如何下跌，投资者获得的资产价值向上都不受限制，其中 $n \times P_t$ 相当于投资者付出的保费。这是保费外加的形式，若投资者希望期初投资总额为 A，此时可采取保费内加的形式处理，即根据公式 $n\times(S_t + P_t) = A$，求出 n 来构建资产组合保险策略。此策略在实践中存在以下不足：一是对于特定风险资产，其对应的欧式卖出期权不一定存在；二是资产组合保险需要欧式卖出期权，这就增加了提前履约的风险和成本；三是市场上交易的期权的执行价格、到期期限、资产组合的保险额度及保险期限不一定相符。

二、动态资产组合保险策略

动态资产组合保险策略是通过连续改变所持有的风险资产（股票或股票组合）和无风险资产（债券或现金）的投资额度规避风险。

（一）基于期权的资产组合保险策略

基于期权的资产组合保险策略的运作原理如下：依据 B-S 模型，对一个到期期限 T=1、执行价格为 X、现货价格为 S_t 的卖出期权，$1-t$ 为期权到期剩余时间，在 $t\in[0,1)$ 时其价格设为 P_t：

$$P_t = X\mathrm{e}^{-r(1-t)}N(-d_2) - S_t N(-d_1) \qquad (3\text{-}52)$$

其中，$d_1 = \left[\ln(S_t/X) + (r + \partial^2/2)(1-t)\right]/\partial\sqrt{1-t}$，$d_2 = d_1 - \partial\sqrt{1-t}$；$N(d)$ 服从正态分布，$N(d_1) + N(-d_1) = 1$。在买入一份风险资产的同时再买入一份以该风险资产为标的卖出期权，需要的总投资为 $S_t + P_t$。因此，由式（3-52）得

$$S_t + P_t = S_t + X\mathrm{e}^{-r(1-t)}N(-d_2) - S_t N(-d_1) = S_t N(d_1) + X\mathrm{e}^{-r(1-t)}N(-d_2) \qquad (3\text{-}53)$$

它的重要意义在于构建资产组合保险时把时刻 t 的总投资 $n\times(S_t + P) = A$，当作由风险资产和无风险资产组成的资产组合价值，同时确定在时刻 t 时它们的权重。

基于期权的资产组合保险策略的数学模型：设 W_t 为时刻 t 时的风险资产的组

合权重，则$1-W_t$为时刻 t 时的无风险资产的组合权重。则：

$$W_t = S_t N(d_1) \Big/ \left[S_t N(d_1) + X e^{-r(1-t)} N(-d_2) \right] \quad (3\text{-}54)$$

基于期权的资产组合保险策略的操作步骤如下：

第一步，选定风险资产组合和对该组合的最低期望价值，即类似于期权的执行价格。

第二步，将投资资金按式（3-54）确定的权重配置风险和无风险资产形成初始资产组合。

第三步，根据调整法则，在每个调整时点重新计算组合价值，风险资产按股价增长率，即$(S_t - S_{t-1})/S_{t-1}$增长，无风险资产按$(e^{rt}-1)$增长率增长，继续按式（3-54）确定的权重对风险资产和无风险资产进行调整。

第四步，持续第三步，直到投资期结束。

（二）基于参数设定的资产组合保险策略

基于期权的资产组合保险策略涉及波动率的估计，为此，可依据投资者本身风险偏好及承担风险能力设定一些简单的参数形成保险策略，主要包括固定组合保险策略、固定比例组合保险策略和时间不变性组合保险策略。

1. 固定组合保险策略

固定组合保险策略的运作原理如下：在保险期内将资产组合中的风险资产和无风险资产维持固定比例。资产组合的价值因风险资产的价值变化而变化，此时风险资产和无风险资产的比例发生变化，因此必须对风险资产和无风险资产组合进行调整，以维持期初设定的固定比例。固定组合保险策略的数学模型为

$$E_t = P \times A_t \quad (3\text{-}55)$$

其中，E_t为 t 时刻对风险资产的投资；P 为初始设定的固定比例常数，$P \subseteq (0,1)$，P=1 时为买入持有策略；A_t为 t 时刻组合总资产价值。

固定组合保险策略的操作步骤如下：

第一步，设定固定比例常数 P，将投资资金按固定比例配置风险资产和无风险资产形成初始资产组合。

第二步，根据调整法则，在每个调整时点重新计算组合价值，风险资产按股价增长率，即$(S_t - S_{t-1})/S_{t-1}$增长，无风险资产按$(e^{rt}-1)$增长率增长，并按式（3-55）计算的结果对风险资产和无风险资产进行调整，使时点组合维持期初固定比例。

第三步，持续第二步，直到投资期结束。

2. 固定比例组合保险策略

固定比例组合保险策略的运作原理如下：保险期内风险资产价值的变化，导致资产组合价值的变化，从而缓冲额度也发生变化，根据缓冲额变化的趋势对资产组合中风险和无风险资产的组合进行调整。固定比例组合保险策略的数学模型为

$$E_t = M \times (A_t - F_t) \tag{3-56}$$

其中，M 和 F_t 分别是式（3-56）的外生变量、投资者风险承受能力的函数，在投资的初始时刻予以设定，M 在整个投资期不变，$M \subseteq (1,+\infty)$；F_t 是保险底线，$F_t \subseteq (0,+\infty)$，$F_t = F_{t-1}\mathrm{e}^{rt}$；$(A - F_t)$ 是缓冲额度。

固定比例组合保险策略的操作步骤如下：

第一步，设定固定比例及外生变量 M 和 F_1，将投资资金按固定比例配置风险资产和无风险资产形成初始资产组合。

第二步，根据调整法则，在每个调整时点重新计算组合价值，风险资产按股价增长率，即 $(S_t - S_{t-1})/S_{t-1}$ 增长，无风险资产和保险底线按 $(\mathrm{e}^{rt} - 1)$ 增长率增长，按式（3-56）计算的结果对风险资产和无风险资产进行调整，形成该时点组合。

第三步，持续第二步，直到投资期结束。

3. 时间不变性组合保险策略

时间不变性资产组合保险策略的运作原理和操作步骤与固定比例组合保险策略非常类似，唯一的不同在于保险额度的设定。这里，$F_t' = \max.\{A_t \times f, F_t\}$，$f = F_1/A_1$，即保险额度并非不变，而是某一调整时点组合价值的某一固定比例和原先的保险额度相应提高；当组合价值下降时，总资产不低于所设定的保险额度。

时间不变性资产组合保险策略的数学模型为

$$E_t = M \times (A_t - F_t') \tag{3-57}$$

本 章 小 结

假设资产收益过程服从非正态分布和双变量跳跃扩散模型，本章研究了资产收益过程的时变性（可预测性）、跳跃性（高阶矩）和不确定性特征（这些特征较好地刻画了金融市场特征）对投资者资产组合构建与交易行为的影响。结果具有共性特征：超出峰度的存在导致投资者减少风险资产投资，这类似于资产收益

过程的跳跃性在总体上降低投资者对风险资产的需求，但波动率的跳跃性影响不一样，存在强化或弱化收益过程跳跃性的影响。正（负）的偏度导致增加（减少）风险资产投资，这类似于时变性特征导致资产组合存在正的或负的跨期对冲需求，对冲需求的正负取决于投资者的风险规避程度和收益漂移与波动率漂移的相关性。时变性（可预测性）和跳跃性（高阶距）对资产组合构建的影响具有内在关联性。资产收益过程的不确定性导致投资者在资产组合构建过程中规避持有较高头寸的风险资产。投资者在资产组合构建及资产交易过程中考虑资产收益过程的时变性、跳跃性和不确定性特征，可以提升资产组合业绩和免疫力，对长期投资者而言体现得更明显。

因本书在研究过程中均假设投资者是风险规避型（众多投资者具有此风险偏好），这就使得投资者在构建资产组合和交易资产过程中对损失更为敏感，特别是在金融市场不确定的环境下，因而投资保险策略也是投资者经常采用的，故本章也介绍了常用的几种资产组合保险策略，便于他们在投资决策过程中结合使用。

第四章 模型具有结构不确定性下的资产组合构建

资产收益模型结构不确定性与投资者资产组合构建关系的研究主要从模型参数不确定性和模型结构变换两个方面进行。目前研究主要集中于模型参数不确定性与资产组合构建的关系，从本质上讲，对模型参数不确定性问题的处理方式仍然局限于风险范畴，主要采用贝叶斯分析法。本章在沿用传统贝叶斯分析的基础上，从体现投资者自身需求或主观意识角度引入约束常数测度模型参数不确定性程度，同时考虑在可变交易成本（这更符合实际）的情况下投资者资产组合构建及其相应交易行为，并进一步延伸至相对熵测度模型参数不确定性程度下的投资者稳健资产交易行为。

第一节 随机扩散模型参数不确定性下的资产组合构建

因为随机扩散模型中既有显性可观察变量又有隐性潜在状态变量，所以研究随机扩散模型的参数不确定性与资产组合构建的关系具有一般性意义。本节假设资产收益服从随机扩散过程，运用随机控制方法获得最优资产组合构建的封闭解，采用比较静态和比较动态分析法，在不同信息量、不同资产收益数据生成过程中，对比研究模型参数不确定性与资产组合构建的关系。其创新点表现为两个方面：一是假设资产收益生成遵循一阶自回归过程，将收益过程的可预测性引入投资者决策过程，在回归截距和斜率皆不确定下，研究随机扩散模型中期望收益和方差两参数不确定性下的动态资产组合构建问题。通过与资产收益服从独立同分布的正态过程相比，发现资产收益过程的可预测性导致投资者增加风险资产投资，同时参数不确定性的影响弱化这种行为，故而提升了资产组合的稳健性。二是在传统比较静态分析法的基础上，尝试采用比较动态分析法研究动态资产组合构建问题，刻画模型中参数和投资者决策的演变过程，获得动态资产组合只有在决策的终止时刻才等价于静态资产组合等结论。

一、投资者行为模型及求解

（一）资产价格及财富的运动过程

设投资的终期时刻为 T（$T>0$），终期前任一时刻记为 t，$t\in[0,T]$，投资者投资两种资产，一种为无风险资产，其收益固定，设为 r；另一种为风险资产，其收益服从随机扩散过程（投资期内无红利支付或红利再投资）。其价格 $P_0(t)$ 和 $P_s(t)$ 的过程用微分方程分别表示为

$$\frac{\mathrm{d}P_0(A)}{P_0(t)}=r\mathrm{d}t\ ;\quad \frac{\mathrm{d}P_s(t)}{P_s(t)}=u(t)\mathrm{d}t+\sigma_t\mathrm{d}Z(t) \tag{4-1}$$

其中，$u(t)$ 为瞬时期望收益；$\sigma_t>0$，σ_t^2 为收益的瞬时方差；$\mathrm{d}Z(t)$ 为标准布朗运动；$u(t)$、σ_t^2 为描述风险资产价格行为的随机扩散模型中的两个参数，$u(t)$ 为显性可观察变量，σ_t^2 为隐性潜在状态变量。

Gennotte（1986）的研究表明：在连续时间下，收益的瞬时方差不受其过程均值不确定性的影响，但瞬时期望收益确实受其过程均值不确定的影响。参照 Lipster 和 Shirayayev（1978）的研究，瞬时期望收益的变化可用微分方程表示为

$$\mathrm{d}u(t)=v_t/\sigma_t^2\left(\mathrm{d}P_s(t)/P_s(t)-u(t)\mathrm{d}t\right) \tag{4-2}$$

其中，$v_t(v_t>0)$ 为瞬时期望收益的方差。结合式（4-1）中的随机扩散模型，式（4-2）可转化为

$$\mathrm{d}u(t)=(v_t/\sigma_t)\mathrm{d}Z(t) \tag{4-3}$$

假设 t 时刻投资者将财富 $W(t)$ 投资风险资产的比例为 $w(t)$，投资无风险资产的比例为 $1-w(t)$。假设市场无交易摩擦，由式（4-1）整理得自融资下投资者财富的运动过程为

$$\mathrm{d}W(t)=\left[r+w(t)\left(u(t)-r\right)\right]W(t)\mathrm{d}t+w(t)W(t)\sigma_t\mathrm{d}Z(t) \tag{4-4}$$

（二）投资者行为模型

假设投资者的偏好结构为幂效用函数，决策目标为基于终期财富的期望幂效

用最大，则其资产组合构建的优化行为可表示为效用模型：

$$\max.E_0\left[\frac{W(T)^{1-\gamma}}{1-\gamma}\right] \tag{4-5}$$

其中，约束条件为式（4-3）、式（4-4）及初始财富 $W(0)=W_0>0$； $\gamma>0$ 且 $\gamma\neq1$ 为 CRRA 系数。

（三）模型的求解

根据贝尔曼最优化原理引入投资者 t 时刻的价值函数 $J\left(W(t),u(t),t\right)$，价值函数是投资者当前财富、资产期望收益和时刻 t 的函数，则式（4-5）等价转化为

$$J\left(W(t),u(t),t\right)=\max_{w(t)}.E_t\left[\frac{W(T)^{1-\gamma}}{1-\gamma}\right] \tag{4-6}$$

除 $W(t)$ 不同于 $W(0)$ 外，约束条件与式（4-5）相同，同时满足终值条件：

$$J\left(W(T),u(T),T\right)=\frac{1}{1-\gamma}W(T)^{1-\gamma} \tag{4-7}$$

运用随机控制方法，在投资期 $[0,T]$ 内，价值函数必须满足优化问题对应的 HJB 方程：

$$\max_{w(t)}.\left\{\begin{aligned}&J_t+J_WW(t)\left[r+w(t)\left(u(t)-r\right)\right]+\frac{1}{2}J_{WW}w^2(t)W^2(t)\sigma_t^2\\&+\frac{1}{2}J_{uu}\frac{v_t^2}{\sigma_t^2}+J_{Wu}w(t)W(t)v_t\end{aligned}\right\}=0 \tag{4-8}$$

其中，$J_.$ 表示 $J\left(W(t),u(t),t\right)$ 对相应的下标求偏导数。满足终值条件式（4-7）。式（4-8）的 HJB 方程对 $w(t)$ 求一阶导数，由一阶条件解得风险资产的最优比例 $w^*(t)$：

$$w^*(t)=\left(\frac{-J_W}{J_{WW}W(t)}\right)\left(\frac{u(t)-r}{\sigma_t^2}\right)+\left(\frac{-J_{Wu}}{J_{WW}W(t)}\right)\frac{v_t}{\sigma_t^2} \tag{4-9}$$

$w^*(t)$ 唯一存在的条件是 HJB 方程对 $w(t)$ 的二阶导数小于零，根据幂效用函数特征，二阶条件自然满足。式（4-9）表明若知道价值函数，则获最优解。为此，将式（4-9）代入式（4-8）：

$$J_t+J_WW(t)r-\frac{1}{2}\frac{J_W^2}{J_{WW}}\frac{\left(u(t)-r\right)^2}{\sigma_t^2}-\frac{1}{2}\frac{J_{Wu}^2v_t^2}{J_{WW}\sigma_t^2}-\frac{J_WJ_{Wu}\left(u(t)-r\right)v_t}{J_{WW}\sigma_t^2}+\frac{1}{2}J_{uu}\frac{v_t^2}{\sigma_t^2}=0 \tag{4-10}$$

式（4-10）直接求解比较麻烦，根据效用函数特征和价值函数形式，设其解的形式为

$$J\left(W(t),u(t),t\right)=\frac{1}{1-\gamma}W(t)^{1-\gamma}\varphi\left(u(t),t\right) \tag{4-11}$$

其中，$\varphi\left(u(t),t\right)=\mathrm{e}^{K_1(t)+K_2(t)u(t)+\frac{1}{2}K_3(t)u^2(t)}$，终值条件为$K_1(t)=K_2(t)=K_3(t)=0$。

参照孟卫东和何朝林（2007a）的具体求解过程，将$J\left(W(t),u(t),t\right)$代入式（4-10）获得三个Riccati型方程，首先解得$K_3(t)$，继而借助Maple 10.0解得$K_2(t)$、$K_3(t)$，从而获得价值函数$J\left(W(t),u(t),t\right)$的解。这里给出$K_2(t)$、$K_3(t)$的解：

当$\gamma>1$时，令$\eta=\sqrt{q}$；$\tau=T-t$，τ为投资期。

$$K_2(t)=\frac{-2ar\left(1-\exp(-\eta\tau)\right)}{2\eta-(b+\eta)\left(1-\exp(-\eta\tau)\right)}；\quad K_3(t)=\frac{2a\left(1-\exp(-\eta\tau)\right)}{2\eta-(b+\eta)\left(1-\exp(-\eta\tau)\right)}$$

当$0<\gamma<1$时，令$\eta=\sqrt{-q}$，τ为投资期。

$$K_2(t)=\frac{r}{2c}\left[-\eta\tan\left(\frac{1}{2}\eta\tau+\tan^{-1}\left(\frac{b}{\eta}\right)\right)+b\right]；$$

$$K_3(t)=\frac{1}{2c}\left[\eta\tan\left(\frac{1}{2}\eta\tau+\tan^{-1}\left(\frac{b}{\eta}\right)\right)-b\right]$$

其中，$a=\frac{(1-\gamma)}{\gamma\sigma_t^2}$；$b=\frac{2(1-\gamma)v_t}{\gamma\sigma_t^2}$；$c=\frac{v_t^2}{\gamma\sigma_t^2}$；$d=\frac{r(1-\gamma)v_t}{\gamma\sigma_t^2}$；$q=b^2-4ac$；$K_2(t)$、$K_3(t)$分别为$\gamma$和$\tau$的函数。至此，价值函数已解出，根据式（4-9）获得模型最优解：

$$w^*(t)=\frac{u(t)-r}{\gamma\sigma_t^2}+\frac{v_t}{\gamma\sigma_t^2}\left(K_2(t)+K_3(t)u(t)\right) \tag{4-12}$$

根据式（4-12）γ取值范围下的$K_2(t)$、$K_3(t)$可得动态资产组合的最优选择。若投资者在动态决策过程中认为描述资产收益过程的随机扩散模型是确定的，称其决策行为为动态短视行为，此时模型中的参数$u(t)$、σ_t^2是确定的，$v_t=0$。由式（4-12）可知，风险资产比例在相应风险规避程度下是固定的，记为w_{LM}^*，$w_{\mathrm{LM}}^*=\left(u(t)-r\right)/\gamma\sigma_t^2$，随着投资期的变化不改变资产组合构建。反之，模型是不确定的，称其决策行为为动态优化行为，此时模型中的参数$u(t)$、σ_t^2也是不确定的，$v_t\neq0$。风险资产比例在相应风险规避程度下是变化的，记为w_{LO}^*，

$w_{LO}^{*}=w^{*}(t)$，随着投资期的变化适时调整资产组合。

二、比较静态分析下的实证研究

以上证综合指数为风险资产，假设其收益生成遵循一阶自回归过程，引入收益过程的可预测性，国债为无风险资产，假设其收益固定。假设投资者在 t 时刻选择资产组合，在投资期 τ 内按季度不断优化资产组合，在比较静态下，运用贝叶斯分析法，借助计算机模拟参数值，根据最优解式（4-12）量化模型参数不确定性对资产组合构建的影响，并将实证结果与资产收益数据生成过程服从独立同分布的正态分布过程下的资产组合结果对比，获得相关结论。

（一）研究样本选择

为便于比较，我们选取的研究样本，一个为上证综合指数 1991 年 1 月至 2006 年 3 月共 183 个连续复合月收益序列，简称样本 1。另一个为上证综合指数 1996 年 1 月至 2006 年 3 月共 123 个连续复合月收益序列，简称样本 2。连续复合月收益的计算用该月最后一个交易日的收盘价除以第一个交易日的收盘价并取其自然对数，故样本 1 的期望收益和方差分别为 0.006 7 和 0.013 3；样本 2 的期望收益和方差分别为 0.006 1 和 0.005 1。无风险资产取 2005 年凭证式（一期）国债，其持满 5 年以上的年利率为 3.81%，折算成连续复合季度收益率为 $\left(\ln(1+3.81\%)\right)/4$，取 r=0.009 3。

（二）模型参数估计

假设上证综合指数的连续复合月收益序列遵循一阶自回归过程，其生成过程为

$$r_t=a_0+b_0r_{t-1}+\varepsilon_t\text{，}\quad t=1,2,\cdots,t\text{，}\quad \varepsilon_t\sim\text{i.i.d.}N\left(0,\sigma^2\right) \tag{4-13}$$

期望收益的不确定性由回归模型中的截距和斜率反映。将式（4-13）写成矩阵形式：

$$Y_t=X_t\theta+E_t \tag{4-14}$$

其中，$Y_t=\left(r_1\cdots r_t\right)'$；$X_t=\begin{pmatrix}1 & \cdots & 1\\ r_0 & \cdots & r_{t-1}\end{pmatrix}'$；$\theta=\left(a_0\ b_0\right)'$；$E_t\left(\varepsilon_1\cdots\varepsilon_t\right)'$。

期望收益的不确定性通过参数 θ 反映，因而随机扩散模型中 $u(t)$、σ^2 的不确定性归结为研究参数 θ、σ^2 的不确定性问题。θ、σ^2 未知，投资者希望通过它们的后验分布，根据研究样本估计参数值。假设它们的先验分布服从联合 NIG

型，具体为

$$\sigma^2 \sim \mathrm{IG}(\alpha_0,\beta_0)\text{，}\ \theta\big|\sigma^2 \sim N\left(\theta_0,\sigma^2\varPi_0^{-1}\right)$$

其中，α_0、β_0为正数；$\theta_0 \in R^2$；$\varPi_0$为对称正定矩阵。由于是非信息先验，假定$\alpha_0 = 1/\beta_0 = 0.0001$；$\theta_0 = (0,0)$；$\varPi_0 = 0.0001I$，$I$为$2\times2$型单位矩阵。

给定 t 时刻及其以前的时间序列数据为D_t，$D_t = (r_1, r_2, \cdots, r_t)$。参照 Bauwens 等（1999）的研究数据，参数θ、σ^2的后验分布为

$$\sigma^2\big|D_t \sim \mathrm{IG}\left(\tilde{\alpha}_t,\tilde{\beta}_t\right)\text{，}\ \theta\big|\sigma^2\text{，}\ D_t \sim N\left(\tilde{\theta}_t,\sigma^2\tilde{\varPi}_t^{-1}\right) \tag{4-15}$$

其中，

$$\tilde{\alpha}_t = \alpha_0 + 0.5t\text{；}\ \tilde{\beta}_t^{-1} = \beta_0^{-1} + 0.5t\hat{\sigma}_t^2 + 0.5\left(\hat{\theta}_t - \theta_0\right)'\left(\varPi_0^{-1} + \left(X_t'X_t\right)^{-1}\right)^{-1}\left(\hat{\theta}_t - \theta_0\right)\text{；}$$

$$\tilde{\theta}_t = \tilde{\varPi}_t^{-1}\left(\varPi_0\theta_0 + \left(X_t'X_t\right)\hat{\theta}_t\right)\text{；}\ \tilde{\varPi}_t = \varPi_0 + X_t'X_t \tag{4-16}$$

$$\hat{\theta}_t = \left(X_t'X_t\right)^{-1}X_t'Y_t\text{，}\ \hat{\sigma}_t^2 = t^{-1}\left(Y_t'Y_t - \left(X_t'Y_t\right)'\left(X_t'X_t\right)^{-1}\left(X_t'Y_t\right)\right) \tag{4-17}$$

基于研究样本，根据式（4-14）中向量Y_t和矩阵X_t，通过式（4-16）、式（4-17）得到式（4-15）中θ、σ^2后验分布的参数值，运用 Matlab 软件随机模拟产生若干θ、σ^2。首先，由σ^2的后验分布，产生一个σ^2；其次，根据产生的σ^2，由θ的后验分布，产生一个θ，根据式（4-13）得到一个期望收益 u；最后，重复上述过程 1 000 000 次，获得参数估计结果，见表 4-1。

表 4-1　参数估计结果（一）

样本	样本 1				样本 2			
参数	a_0	b_0	u	σ^2	a_0	b_0	u	σ^2
估计值	0.007 4	0.019 8	0.007 3	0.010 4	0.006 3	0.015 3	0.006 2	0.005 2
标准差	0.008 1	0.071 3	0.007 5	0.001 3	0.008 1	0.089 8	0.006 8	0.001 1

注：实际上，即使重复上述过程 10 000 000 次，结果基本上不变

（三）实证结果

因资产组合按季度进行调整，参照 Xia（2001）的研究数据将表 4-1 中参数月度估计值转化为季度估计值得基于样本 1，$u(t)$的均值和方差分别为 0.021 8、0.000 17，σ_t^2的均值为 0.031 2；基于样本 2，$u(t)$的均值和方差分别为 0.018 4、0.000 14，σ_t^2的均值为 0.015 6。根据最优解式（4-12），获得资产组合中风险资产的最优投资比例，结果见表 4-2。

表 4-2 一阶自回归过程下资产组合中风险资产的最优配置

γ	τ	样本 1			样本 2		
		w_{LO}^*	w_{LM}^*	Δ	w_{LO}^*	w_{LM}^*	Δ
10	8	3.86%	4.01%	0.15%	5.48%	5.83%	0.35%
	20	3.65%	4.01%	0.36%	5.03%	5.83%	0.80%
	40	3.36%	4.01%	0.65%	4.45%	5.83%	1.36%
	80	2.92%	4.01%	1.09%	3.73%	5.83%	2.10%
5	8	7.74%	8.01%	0.27%	11.03%	11.67%	0.64%
	20	7.37%	8.01%	0.64%	10.21%	11.67%	1.46%
	40	6.84%	8.01%	1.17%	9.13%	11.67%	2.54%
	80	6.02%	8.01%	1.99%	7.74%	11.67%	3.93%
2	8	19.60%	20.03%	0.43%	28.16%	29.17%	1.01%
	20	19.00%	20.03%	1.03%	26.78%	29.17%	2.39%
	40	18.08%	20.03%	1.95%	24.81%	29.17%	4.36%
	80	16.54%	20.03%	3.49%	21.91%	29.17%	7.26%
0.2	4	219.47%	200.32%	−19.15%	340.67%	291.67%	−49.00%
	8	242.75%	200.32%	−42.43%	410.32%	291.67%	−118.65%
	16	309.28%	200.32%	−108.96%	712.58%	291.67%	−420.91%
	20	359.60%	200.32%	−159.28%	1 168.75%	291.67%	−877.06%

注：γ 为风险规避程度；τ 指投资期为多少季度；$\Delta = w_{LM}^* - w_{LO}^*$ 的值反映模型参数不确定性对风险资产配置的影响。投资期在风险规避系数小于 1 时与大于 1 时的不同主要考虑三角函数定义域的问题

（四）不同资产收益生成过程下资产组合构建的差异

1. 收益生成服从正态分布下的资产组合构建

假设资产收益生成遵循独立同分布的正态过程，则收益序列之间不具有可预测性。我们假设风险资产的均值 u 和方差 σ^2 均未知，为获得其后验分布，假设投资者对其先验分布为 $p\left(u,\sigma^2\right)\propto 1/\sigma^2$，给定 t 时刻以前的风险资产的时间序列数据为 D_t，$D_t=\left(r_1,r_2,\cdots,r_t\right)$，参照 Bauwens 等（1999）的研究，获得均值、方差的后验分布为

$$\sigma^2\left|D_t \sim \mathrm{IG}\left(\alpha_t,\beta_t\right),\ u\right|\sigma^2,\ D_t \sim N\left(\tilde{u}_t,\tilde{v}_t\right) \tag{4-18}$$

其中，$\alpha_t=\dfrac{t-1}{2}$；$\beta_t=\dfrac{1}{2}\sum\limits_{t=1}^{n}\left(r_t-\overline{r}\right)^2$，$\overline{r}=\dfrac{1}{t}\sum\limits_{t=1}^{n}r_t$；$\tilde{u}_t=\overline{r}$；$\overline{v}_t=\dfrac{\sigma^2}{t}$。

基于样本 1 和样本 2，根据式（4-18）通过计算机随机模拟获得 u 和 σ^2 的后验分布参数值：首先，由 σ^2 的后验分布产生一个 σ^2；其次，根据产生的 σ^2，由 u 的后验分布产生一个 u。为提高精确度，模拟上述过程 1 000 000 次，获得表 4-3 的结果。因资产组合按季度通过交易予以调整，根据独立同分布的假设，基于样本 1，$u(t)$ 的均值和方差分别为 0.020 10 和 0.000 15，σ_t^2 为 0.027 60；基于样本

2，$u(t)$的均值和方差分别为 0.018 30 和 0.000 13，σ_t^2为 0.016 20。

表 4-3　参数估计结果（二）

样本	样本 1		样本 2	
参数	u	σ^2	u	σ^2
估计值	0.006 7	0.009 2	0.006 1	0.005 4
标准差	0.007 1	0.001 0	0.006 6	0.001 2

基于上述数值估计结果，获得资产组合中风险资产的权重，结果见表 4-4。

表 4-4　正态分布过程下资产组合中风险资产的最优配置

γ	τ	样本 1			样本 2		
		w_{LO}^*	w_{LM}^*	Δ	w_{LO}^*	w_{LM}^*	Δ
10	8	3.77%	3.91%	0.14%	5.25%	5.56%	0.21%
	20	3.57%	3.91%	0.34%	5.85%	5.56%	0.71%
	40	3.28%	3.91%	0.63%	4.33%	5.56%	1.23%
	80	2.86%	3.91%	1.05%	3.65%	5.56%	1.91%
5	8	7.56%	7.83%	0.27%	10.56%	11.11%	0.55%
	20	7.20%	7.83%	0.63%	9.84	11.11%	1.27%
	40	6.68%	7.83%	1.15%	8.86%	11.11%	2.25%
	80	5.88%	7.83%	1.95%	7.56%	11.11%	3.55%
2	8	19.15%	19.57%	0.42%	26.90%	27.78%	0.88%
	20	18.56%	19.57%	1.10%	25.89%	27.78%	1.89%
	40	17.66%	19.57%	1.91%	23.94%	27.78%	3.84%
	80	16.16%	19.57%	3.41%	21.29%	27.78%	6.44%
0.2	4	214.30%	195.65%	−18.65%	323.04%	277.78%	−45.26%
	8	236.97%	195.65%	−41.32%	380.69%	277.78%	−102.91%
	16	301.64%	195.65%	−105.99%	602.23%	277.78%	−324.45%
	20	350.48%	195.65%	−154.83%	866.75%	277.78%	−588.97%

2. 不同收益生成过程下资产组合构建的差异

表 4-2 给出资产收益生成遵循一阶自回归过程下资产组合结果，而表 4-4 给出资产收益生成遵循正态分布过程下资产组合结果。两者的差异表明资产收益过程预测性（价格预测）对资产组合构建的影响。表 4-5 给出两者差异结果，以 w_{LO2-3}^*、w_{LM2-3}^*、Δ_{2-3} 分别表示动态优化行为、动态短视行为、模型参数不确定性影响的差异。

表 4-5　不同收益生成过程下资产组合构建的差异

γ	τ	样本 1			样本 2		
		w^*_{LO2-3}	w^*_{LM2-3}	Δ_{2-3}	w^*_{LO2-3}	w^*_{LM2-3}	Δ_{2-3}
10	8	0.09%	0.10%	0.01%	0.23%	0.27%	0.14%
	20	0.08%	0.10%	0.02%	0.18%	0.27%	0.09%
	40	0.08%	0.10%	0.02%	0.12%	0.27%	0.13%
	80	0.06%	0.10%	0.04%	0.08%	0.27%	0.19%
5	8	0.18%	0.18%	0.00%	0.47%	0.56%	0.09%
	20	0.17%	0.18%	0.01%	0.37%	0.56%	0.19%
	40	0.16%	0.18%	0.02%	0.27%	0.56%	0.29%
	80	0.14%	0.18%	0.04%	0.18%	0.56%	0.38%
2	8	0.45%	0.46%	0.01%	1.26%	1.39%	0.13%
	20	0.44%	0.46%	0.02%	0.89%	1.39%	0.50%
	40	0.42%	0.46%	0.04%	0.87%	1.39%	0.52%
	80	0.38%	0.46%	0.08%	0.62%	1.39%	0.82%
0.2	4	5.17%	4.67%	−0.50%	17.63%	13.89%	−3.74%
	8	5.78%	4.67%	−1.11%	29.63%	13.89%	−15.74%
	16	7.64%	4.67%	−2.97%	110.35%	13.89%	−96.46%
	20	9.12%	4.67%	−4.45%	302%	13.89%	−288.09%

（五）结果与分析

（1）模型参数不确定性导致资产组合存在正或负的对冲需求，取决于投资者对待风险的态度。表 4-2 中的 w^*_{LO} 表示资产组合构建的动态优化行为，即模型参数不确定时的资产组合，在一定的风险规避程度下资产组合变化；w^*_{LM} 表示资产组合构建的动态短视行为，即模型参数确定时的资产组合，在一定的风险规避程度下资产组合不变；Δ 表示模型参数不确定性对资产组合构建的影响。当风险规避程度 $\gamma>1$ 时，模型参数不确定性导致减少风险资产投资，表现为负的对冲需求；当 $\gamma<1$ 时，模型参数不确定性导致增加风险资产投资，表现为正的对冲需求。因为在投资决策终止前的某个时刻投资者总是基于已获得的资产价格信息（如文中的样本信息）估计模型中的参数，制定投资决策；在下一决策时刻，证券市场又提供了一些资产价格信息，此时模型参数的估计值与上一时刻不同，表现模型参数不确定，导致资产组合决策不同，我们将动态投资决策过程中这种模型参数不确定归结为模型参数的“估计风险”。动态短视行为忽略了估计风险，认为参数是确定的，在一定的风险规避程度下资产组合不变；动态优化行为考虑了估计风险，认为参数是不确定的，在一定的风险规避程度下资产组合是变化的。当风险规避程度 $\gamma>1$ 时，投资者对风险的敏感性强于财富增加，估计风险的存在使其担心风险资产未来不利投资机会的出现会降低或恶化资产组合财富，因而通过在资产组合中减少风险资产投资、增加无风险资产投资，达到对资产组合财富的套期保值，资产组合表现为负的对冲需求；当风险规避程度$\gamma<1$时，投资者对财富增加的敏感性强于风险，估计风险的存在使其认为风险资产未来好的投资机会的出现会提高其资产组合财富，因而通过在资产组合中增加风险资产投资、减少无风险资产投资，实现资产组合财富进一步增加，资产组合表现为正的对冲需求。

（2）投资期越长、风险规避程度越小、信息量越少，模型参数不确定性效应越明显。表 4-2 中的$\varDelta$值表明，当γ一定时，随着投资期τ变长，投资者进一步减少或增加风险资产投资。估计风险的存在，对于$\gamma>1$的投资者而言，投资期越长，风险资产未来不利投资机会出现的可能性越大，故其进一步减少风险资产投资；对于$\gamma<1$的投资者而言，投资期越长，风险资产未来好的投资机会出现的可能性越大，故其进一步增加风险资产投资。表 4-2 中$\varDelta$的绝对值表明，当τ一定时，随着γ的降低，模型参数不确定性对资产组合构建的影响越大，因为估计风险本身也是一种风险，在较低风险规避程度下其表现就更强烈，这也说明了动态投资决策不仅与投资者的风险规避程度有关，还与模型不确定性有关。表 4-2 中样本 1 和样本 2 中的$\varDelta$值表明，当基于容量较小的样本 2 时，模型参数不确定性对资产组合构建的影响较基于样本容量较大的样本 1 明显，因为样本 2 包含资产价格的信息量相对较少，模型参数的估计风险就越明显，这也说明了在动态投资决策过程中随着决策时点的推移，证券市场将提供更多资产价格信息，投资者应该考虑模型参数不确定性问题。

（3）考虑模型参数不确定性可以提升动态资产组合的稳健性。表 4-5 中的$w^*_{\mathrm{LO2-3}}$和$w^*_{\mathrm{LM2-3}}$表明，资产收益生成遵循一阶自回归过程，即引入资产收益过程的可预测性时，无论动态短视行为还是动态优化行为，投资者在资产组合中皆增加风险资产投资，因为一阶自回归模型中的斜率为正，表明收益之间存在正相关，这种正相关性导致投资者提高对未来资产收益的估计，因而增加风险资产投资。这种正相关性也符合上证综合指数收益分布的正偏性特征，大量实证研究已表明上证综合指数收益分布的这一特征。正偏性表明未来资产收益超过期望收益的可能性较大，因而投资者增加风险资产投资。同时表 4-5 中的$\varDelta_{2-3}$值也表明，当$\gamma>1$时，模型参数不确定性导致更多地减少风险资产投资；当$\gamma<1$时，模型参数不确定性导致更少地增加风险资产投资，使得资产组合在未来抵抗风险的能力增强，免疫功能提升，表明资产组合更加稳健。

三、比较动态分析下的实证研究

上述分析假定在某个特定决策时刻，投资者基于固定样本通过参数的后验分布估计参数值，研究投资期变化下的动态资产组合构建及模型参数不确定性对其的影响，属于传统的比较静态分析法。然而，实际决策时刻是动态的，随着决策时刻推移，投资者不断调整对模型参数的估计和资产组合策略，故本节尝试采用比较动态分析法刻画这一过程，研究投资者在决策终止时刻前基于可变样本的动态资产组合构建问题及模型参数不确定性的影响。

（一）研究样本选择

假定投资决策的终止时刻为 2007 年 1 月初，选取上证综合指数 1991 年 1 月至 2006 年 12 月共 192 个连续复合月收益序列为总研究样本，投资者在 2001 年 1 月初进入市场进行投资决策，并基于其中 1991 年 1 月至 2000 年 12 月共 120 个月收益序列形成的样本制定投资期为 24 个季度的投资决策。接着投资者在 2001 年 4 月初基于其中 1991 年 1 月至 2001 年 3 月共 123 个月收益序列形成的样本制定投资期为 23 个季度的投资决策，此时，样本增加 3 个月收益数据，投资期减少 1 个季度。以此类推，每做一次决策，样本在前次基础上都增加 3 个月收益数据，投资期在前次基础上都减少 1 个季度，直至决策终止时刻 2007 年 1 月初，此时样本为总研究样本，投资期为 0。无风险资产同上。

（二）模型参数估计值及资产组合演变过程

假设收益生成遵循一阶自回归过程，运用贝叶斯分析法获得参数的后验分布，基于可变样本，借助计算机分别重复模拟 1 000 000 次分别获得参数$u(t)$、σ_t^2的估计值，结果见图 4-1。基于获得的参数值，参照 Xia（2001）的研究数据将参数的月度估计值转化为季度估计值，根据最优解式（4-12），取$\gamma = 5$，获得比较动态分析下资产组合中风险资产最优配置的演变过程，结果见图 4-2。

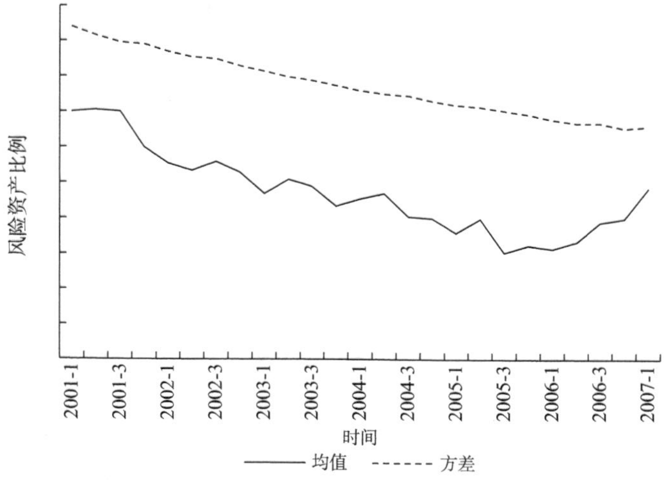

图 4-1　期望收益及其方差的演变过程

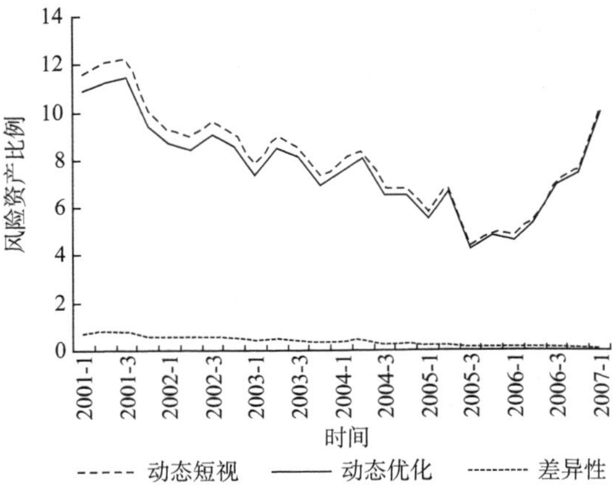

图 4-2　资产组合中最优风险资产配置的演变过程

（三）结果与分析

（1）图 4-1 显示随机扩散模型中参数 $u(t)$、σ_t^2 的估计值在动态投资决策过程中随着决策时点的推移是变化的，因为随着决策时点的推移，投资者关于资产价格的数据信息不断增多，从而不断调整描述资产收益过程模型中的参数估计值。这说明模型参数不确定性问题客观存在，依赖参数估计值的动态投资决策过程必须要考虑模型中的参数不确定性问题。

（2）图 4-2 显示除了在投资期的终止时刻，模型参数不确定性导致动态优化行为下的资产组合中风险资产的最优配置（图中实线所示）皆低于动态短视行为下的风险资产最优配置（图中虚线所示），因为此时投资者的风险规避程度大于 1。两种投资行为的差异（图中点线所示）随着投资期的缩短逐渐变小，在终止时刻，两种行为的决策相同，因此可以说，只有在终止时刻，动态资产组合构建问题才等价于静态资产组合构建问题，又因实际投资决策往往是动态的，故动态资产组合构建问题的研究更加接近实际，现实意义更强。

四、结束语

本节从实证角度，采用比较静态和比较动态分析法，基于效用模型，借助贝叶斯分析法研究了随机扩散模型中参数不确定性对动态资产组合构建的影响。结果表明，模型中参数不确定性问题客观存在，投资者在资产组合构建过程中必须予以考虑。对于幂效用特征的投资者，模型参数不确定性导致其减少或增加风险资产投资，这取决于其风险规避程度是否大于 1。投资期越长、风险规避程度越小、信息量越少，模型参数不确定性效应越明显。考虑模型参数不确定性将使资产组合更加稳健。在模型参数不确定性特征下，动态资产组合构建问题只有在终止时刻才等价于静态资产组合构建问题。

第二节 模型参数不确定性与可变交易成本下的资产组合构建

传统的均值–方差资产组合在无市场交易摩擦等严格假设下，通过量化资产组合的收益和风险，运用最优化法则获得资产组合的财富分配比例。正如本章第一节所述，模型参数（风险资产的期望收益、方差及协方差等）的真实值是不知道的，实践中往往基于历史数据获得其某一估计值，这导致参数估计风险，即存在模型参数不确定性问题。同时，市场交易摩擦客观存在，交易成本是其典型之一，且随着证券市场的发展，交易成本也不是固定不变的，即存在可变交易成本问题。无论是模型参数不确定性还是可变交易成本都不同程度地影响投资者资产组合构建的稳定性和业绩。目前研究指出，模型参数不确定性下的资产组合优化问题不同程度地说明了投资者会降低资产组合中风险资产的持有，解释了股票溢价的存在性，但未涉及资产组合稳定性和业绩。考虑交易成本的资产组合优化可提升资产组合效率，但未涉及可变交易成本下的资产组合稳定性和业绩，更未涉及模型参数不确定性和可变交易成本对资产组合稳定性和业绩影响的内在联系。因此，本节研究模型参数不确定性与可变交易成本下的资产组合构建问题。

一、资产组合模型

（一）均值–方差资产组合模型

不失一般性，假设风险规避型投资者拥有单位初始财富，可投资 N 种风险资产，各风险资产投资比例向量为 $w_i\left(i=1,2,\cdots,N\right)$。基于均值–方差资产组合理论，投资者的最优资产组合构建问题可表示为

$$\max_{w}.w_i^{\mathrm{T}}\mu-\frac{\gamma}{2}w_i^{\mathrm{T}}\varSigma w_i \qquad \mathrm{s.t.}w_i^{\mathrm{T}}1_N=1 \tag{4-19}$$

其中，μ 为 N 种风险资产的真实期望收益向量；$\varSigma$ 为 $N\times N$ 协方差矩阵；$\gamma(\gamma>0)$ 为风险规避系数；1_N 为单位向量。式（4-19）对应的资产组合最优解为

$$w^* = \frac{1}{\gamma}\Sigma^{-1}\left(\mu - \mu_0 1_N\right)$$

其中，μ_0 为零 β 资产组合的期望收益，即 $\mu_0 = \frac{1}{A}(B-\gamma)$，$A = 1_N^{\mathrm{T}}\Sigma^{-1}1_N$，$B = \mu^{\mathrm{T}}\Sigma^{-1}1_N$。

上述问题的基本假设是投资者知道 N 种风险资产的真实期望收益。然而，现实中投资者往往以风险资产的历史收益数据为样本获得真实期望收益及其协方差的估计值，形成最优资产组合。以 $\hat{\mu}$ 和 $\hat{\Sigma}$ 表示基于历史收益数据样本的估计值，并代替式（4-19）中的 μ 和 Σ，则式（4-19）对应的资产组合最优解为

$$w_{\mathrm{MV}}^* = \frac{1}{\gamma}\hat{\Sigma}^{-1}\left(\hat{\mu} - \frac{B-\gamma}{A}1_N\right) \tag{4-20}$$

其中，$A = 1_N^{\mathrm{T}}\hat{\Sigma}^{-1}1_N$；$B = \hat{\mu}^{\mathrm{T}}\hat{\Sigma}^{-1}1_N$。

（二）参数不确定性与可变交易成本下的资产组合模型

源于抽样波动性的存在及所选估计方法的不同，式（4-20）中 $\hat{\mu}$ 和 $\hat{\Sigma}$ 的参数估计值与 μ 和 Σ 的参数真实值之间存在不同程度的差距，即存在不确定性，从而影响资产组合优化，参照 Gilboa 和 Schmeidler（1989）的多先验方法，我们引入一组约束常数测度模型参数不确定性程度，即模型参数估计值与其真实值之间不同程度的差距，构建多先验资产组合模型。就资产组合优化过程中的可变交易成本问题，我们在均值–方差模型的目标函数中引入交易成本函数，交易费率的调整体现交易成本的可变性。目前，交易成本函数的形式主要有线性、V 型和分段线性，基于问题研究的考虑，这里采用 V 型交易成本函数，又因式（4-19）中假设风险规避型投资者拥有单位初始财富，则资产组合中风险资产的比例代表其交易的实际资产数，因此投资者交易成本函数 c 可表达为

$$c = \sum_{i=1}^{N}\left|w_i\right|\bullet k \tag{4-21}$$

其中，k 为交易费用率向量。因此，模型参数不确定性与可变交易成本下的资产组合模型为

$$\begin{gathered}\max_{w}.\left[\min_{\mu}.\left(w^{\mathrm{T}}\mu - \left|w^{\mathrm{T}}\right|k - \frac{\gamma}{2}w^{\mathrm{T}}\hat{\Sigma}w\right)\right]\\ \text{s.t.}\begin{cases}\left(\hat{\mu}-\mu\right)^{\mathrm{T}}\hat{\Sigma}^{-1}\left(\hat{\mu}-\mu\right) \leqslant \varepsilon \\ w^{\mathrm{T}}1_N = 1\end{cases}\end{gathered} \tag{4-22}$$

其中，ε 为约束常数。

二、模型求解

运用拉格朗日法由内而外分两步求解式（4-22）。首先，构建约束条件下的拉格朗日函数：

$$L(\mu,\lambda)=w^{\mathrm{T}}\mu-\left|w^{\mathrm{T}}\right|k-\frac{\gamma}{2}w^{\mathrm{T}}\hat{\Sigma}w-\lambda\left(\varepsilon-(\hat{\mu}-\mu)^{\mathrm{T}}\hat{\Sigma}^{-1}(\hat{\mu}-\mu)\right) \tag{4-23}$$

由式（4-23）关于 μ 的一阶条件获得 $\mu^{*}=\hat{\mu}-\frac{1}{2\lambda}\hat{\Sigma}w$，并代入式（4-23）得

$$L(\mu^{*},\lambda)=w^{\mathrm{T}}\hat{\mu}-\left|w^{\mathrm{T}}\right|k-\left(\frac{1}{4\lambda}+\frac{\gamma}{2}\right)w^{\mathrm{T}}\hat{\Sigma}w-\lambda\varepsilon \tag{4-24}$$

由式（4-24）关于 λ 的一阶条件获得 $\lambda^{*}=\frac{1}{2}\sqrt{\frac{w^{\mathrm{T}}\hat{\Sigma}w}{\varepsilon}}$，并代入式（4-24）。至此，最大–最小化式（4-22）等价转化为最大化问题：

$$\begin{aligned}&\max_{w}.\left(w^{\mathrm{T}}\hat{\mu}-\left|w^{\mathrm{T}}\right|k-\frac{\gamma}{2}w^{\mathrm{T}}\hat{\Sigma}w-\sqrt{\varepsilon w^{\mathrm{T}}\hat{\Sigma}w}\right)\\&\text{s.t.}\,w^{\mathrm{T}}1_{N}=1\end{aligned} \tag{4-25}$$

其次，再次构建约束条件下的拉格朗日函数

$$L(w,\lambda)=w^{\mathrm{T}}\hat{\mu}-\left|w^{\mathrm{T}}\right|k-\frac{\gamma}{2}w^{\mathrm{T}}\hat{\Sigma}w-\sqrt{\varepsilon w^{\mathrm{T}}\hat{\Sigma}w}+\lambda\left(1-w^{\mathrm{T}}1_{N}\right) \tag{4-26}$$

令 σ_p^2 为 N 种风险资产的资产组合方差，则 $\sigma_p=\sqrt{w^{\mathrm{T}}\hat{\Sigma}w}$，式（4-26）简化为

$$L(w,\lambda)=w^{\mathrm{T}}\hat{\mu}-\left|w^{\mathrm{T}}\right|k-\frac{\gamma}{2}\sigma_p^2-\sqrt{\varepsilon}\sigma_p+\lambda\left(1-w^{\mathrm{T}}1_{N}\right) \tag{4-27}$$

式（4-27）关于 w 和 λ 的一阶条件分别获得

$$w=\left(\frac{\sigma_p}{\sqrt{\varepsilon}+\gamma\sigma_p}\right)\hat{\Sigma}^{-1}\left(\hat{\mu}-k-\lambda 1_{N}\right) \tag{4-28}$$

$$\lambda=\frac{1}{A}\left(B-k^{\mathrm{T}}\hat{\Sigma}^{-1}1_{N}-\frac{\sqrt{\varepsilon}+\gamma\sigma_p}{\sigma_p}\right) \tag{4-29}$$

将式（4-29）代入式（4-28），经整理获得式（4-22）的解析解为

$$w_k^{*}=\left(\frac{\sigma_p^{*}}{\sqrt{\varepsilon}+\gamma\sigma_p^{*}}\right)\hat{\Sigma}^{-1}\left\{\hat{\mu}-k-\frac{1}{A}\left[\left(B-k^{\mathrm{T}}\hat{\Sigma}^{-1}1_{N}-\frac{\sqrt{\varepsilon}+\gamma\sigma_p^{*}}{\sigma_p^{*}}\right)\right]1_{N}\right\} \tag{4-30}$$

至此，获得模型参数不确定性和可变交易成本下的资产组合最优解。此时，若忽略可变交易成本问题，则式（4-30）中的交易费用率向量 k 为单位向量。由此获得模型参数不确定性下的多先验资产组合最优解：

$$w_{\mathrm{MP}}^{*}=\left(\frac{\sigma_{p}^{*}}{\sqrt{\varepsilon}+\gamma\sigma_{p}^{*}}\right)\hat{\Sigma}^{-1}\left\{\hat{\mu}-\left[\frac{1}{A}\left(B-\frac{\sqrt{\varepsilon}+\gamma\sigma_{p}^{*}}{\sigma_{p}^{*}}\right)\right]1_{N}\right\} \tag{4-31}$$

此时，若忽略模型参数不确定性问题，即 $\varepsilon=0$，认为模型参数估计值等于其真实值，则由式（4-31）获得等价于式（4-20）的均值–方差资产组合最优解：

$$w_{\mathrm{MV}}^{*}=\frac{1}{\gamma}\hat{\Sigma}^{-1}\left(\hat{\mu}-\frac{B-\gamma}{A}1_{N}\right) \tag{4-32}$$

若模型参数不确定性程度非常明显，且不断增强，即 $\varepsilon\to\infty$，则由式（4-31）获得等价于 Kourtis 等（2012）的最小方差资产组合最优解：

$$w_{\mathrm{MIN}}^{*}=\frac{1}{A}\hat{\Sigma}^{-1}1_{N} \tag{4-33}$$

因此，$w_{k}^{*}\xrightarrow{k\to 0}w_{\mathrm{MP}}^{*}\xrightarrow{\varepsilon\to 0}w_{\mathrm{MV}}^{*}$；$w_{k}^{*}\xrightarrow{k\to 0}w_{\mathrm{MP}}^{*}\xrightarrow{\varepsilon\to\infty}w_{\mathrm{MIN}}^{*}$。

三、实证研究

（一）研究样本选择

风险资产选取上证 50 指数的 8 只成分股：浦发银行（60000）、中信证券（60030）、中海发展（60026）、中国联通（60050）、申能股份（60642）、上海石化（60688）、招商银行（60036）、天津港（600717），以其 2011 年 7 月至 2014 年 6 月的连续复合月收益率为研究样本，共 36 个收益观察值。连续复合收益率序列为 R_i，$R_i=\ln\left(P_{i+1}/P_i\right)$，$i$=1,2,…,36，其中，$P_i$ 为每只股票当月首个交易日的收盘价，数据来源华泰证券（专业版 2）。

（二）实证结果

投资者是风险规避型，取 γ =5；ε 为约束常数；测度了模型参数不确定性程度，取 $\varepsilon\in[0,8]$；交易费率体现了交易成本的可变性，取 k=0.01，0.02，0.03。因此，基于式（4-30）运用数值逼近法获得模型参数不确定性和可变交易成本下的资产组合构建，见表 4-6。继而运用夏普率（Sharpe ratio，SR）测度资产组合业绩的变化趋势，见图 4-3。计算和作图均由 Matlab 编程实现。

表 4-6 模型参数不确定性和可变交易成本下的资产组合构建

交易费率	权重	约束常数 ε					
		0.5	1.0	1.5	2.0	2.5	3.0
0.01	w_1（60000）	−2.212 7	−1.548 2	−1.042 6	−0.617 7	−0.271 8	0.062 4

续表

交易费率	权重	约束常数 ε					
		0.5	1.0	1.5	2.0	2.5	3.0
0.01	w_2（60030）	2.112 2	1.581 1	1.176 9	0.837 4	0.560 9	0.293 8
	w_3（60026）	−0.795 4	−0.602 7	−0.456 1	−0.332 9	−0.232 7	−0.135 8
	w_4（60050）	0.464 5	0.384 3	0.323 3	0.272 1	0.230 3	0.190 0
	w_5（60642）	0.145 1	0.167 2	0.184 0	0.198 1	0.209 6	0.220 7
	w_6（60688）	−1.149 7	−0.779 5	−0.497 7	−0.260 9	−0.068 1	0.118 1
	w_7（60036）	0.697 4	0.496 4	0.343 4	0.214 9	0.110 3	0.009 2
	w_8（60717）	1.738 7	1.301 4	0.968 7	0.689 1	0.461 5	0.241 6
权重极差		4.324 9	3.129 3	2.219 5	1.455 1	0.832 7	0.429 6
0.02	w_1（60000）	−2.974 5	−2.621 0	−2.350 6	−2.123 3	−1.936 5	−1.755 0
	w_2（60030）	2.721 0	2.438 5	2.222 4	2.040 7	1.891 4	1.746 4
	w_3（60026）	−1.016 2	−0.913 7	−0.835 3	−0.769 4	−0.715 3	−0.662 7
	w_4（60050）	0.556 4	0.513 7	0.481 1	0.453 7	0.431 2	0.409 3
	w_5（60642）	0.119 8	0.131 5	0.140 5	0.148 1	0.154 3	0.160 3
	w_6（60688）	−1.574 3	−1.377 3	−1.226 6	−1.099 9	−0.995 9	−0.894 7
	w_7（60036）	0.927 8	0.820 9	0.739 1	0.670 4	0.613 9	0.559 0
	w_8（600717）	2.240 0	2.007 4	1.829 4	1.679 8	1.557 0	1.437 5
权重极差		5.695 5	5.059 5	4.573 0	4.164 0	3.827 9	3.501 4
0.03	w_1（60000）	−3.251 9	−3.012 4	−2.828 9	−2.674 6	−2.547 8	−2.424 4
	w_2（60030）	2.942 8	2.751 3	2.604 7	2.481 4	2.380 0	2.281 4
	w_3（60026）	−1.096 6	−1.027 2	−0.974 0	−0.929 3	−0.892 5	−0.856 7
	w_4（60050）	0.589 8	0.560 9	0.538 8	0.520 2	0.504 9	0.490 0
	w_5（60642）	0.110 6	0.118 5	0.124 6	0.129 8	0.134 0	0.138 1
	w_6（60688）	−1.728 9	−1.595 4	−1.493 2	−1.407 2	−1.336 5	−1.267 7
	w_7（60036）	1.011 7	0.939 3	0.883 8	0.837 1	0.798 8	0.761 4
	w_8（600717）	2.422 5	2.264 9	2.144 2	2.042 6	1.959 2	1.878 0
权重极差		6.194 7	5.763 7	5.433 6	5.156 0	4.927 8	4.705 8

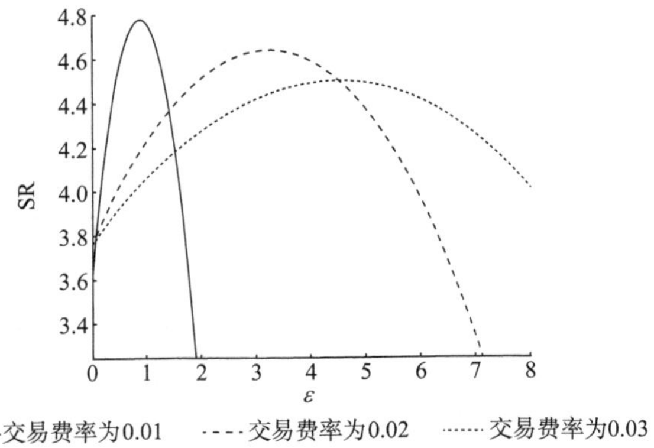

图 4-3　模型参数不确定性和可变交易成本下的资产组合业绩

（三）结果分析

（1）表 4-6 显示，随着约束常数 ε 变大，资产组合中风险资产的权重极差不断变小，这说明随着模型参数不确定性程度的增强，资产组合的稳定性增强。结合理论分析结果式（4-32）和式（4-33），当模型参数不确定性特征的存在或表现得非常明显时，投资者构建最优资产组合越来越依赖最小方差模型，追求资产组合风险最小化。这不仅源于投资者是不确定性规避型，更说明模型参数不确定性影响资产组合决策。约束常数为零说明模型参数不存在不确定性，等于其真实值（估计风险为零），故投资者基于均值–方差模型决策资产组合；约束常数变大说明模型参数不确定性程度变大。参数估计值的参考价值变弱（估计风险较大）缘于风险规避，投资者决策资产组合越来越依赖最小方差模型。表 4-6 又显示，随着交易费率的降低，资产组合中风险资产的权重极差变小，这说明降低交易成本可提升资产组合的稳定性。这主要源于投资者的交易目的，因为交易费率的高低直接关乎资产组合构建和优化的成本。当交易费率较高时，投资者为获得一定的资产组合超额收益调整其资产组合的幅度将上升，从而资产组合稳定性下降；当交易费率较低时，一定的资产组合超额收益下投资者调整其资产组合的幅度将下降，资产组合稳定性从而上升。因此，针对风险规避型投资者，随着模型参数不确定性程度的不断增强和交易成本的不断下降，其构建的均值–方差资产组合稳定性将不断上升。

（2）图 4-3 显示，随着约束常数 ε 变大，资产组合的 SR（测度资产组合业绩）曲线为凸，这说明模型参数不确定性程度影响资产组合业绩，适当约束其不确定性程度可提升资产组合业绩。这主要源于模型参数不确定性特征，参数估计风险客观存在，忽略估计风险（参数估计值等于其真实值，即 $\varepsilon=0$）的均值–方差资产组合业绩并非最高。反之，认为参数估计值对其真实值不具有参考价值

（$\varepsilon \to \infty$）的最小方差资产组合业绩更不理想。因此，参数估计风险的存在影响资产组合业绩，适当约束参数估计风险可提升均值–方差资产组合的业绩。图 4-3 又显示，随着交易费率的降低，资产组合可能获得的最高业绩在上升，这说明降低交易成本可提升资产组合的业绩。同时，交易成本越低，资产组合业绩对模型参数不确定性程度反映越敏感。交易费率越低，资产组合单位风险的超额收益就越高，即 SR 上升，故交易成本下降时，资产组合的最高业绩存在上升趋势。另外，模型参数不确定性特征导致参数估计风险客观存在，相对于低交易成本下的较高业绩的资产组合，单位风险的变化导致资产组合业绩变化较大，表现为 SR 曲线越陡峭（即敏感性越强）。因此，针对风险规避型投资者，适度考虑模型参数不确定性可提升资产组合业绩，交易成本越低，提升得越明显。

四、结语

资产组合的构建和优化基于描述资产收益过程的经济模型和面临诸多市场交易摩擦。其中，模型参数不确定性和可变交易成本表现较为明显，成为投资者交易决策势必考虑的重要因素。鉴于此，本节基于均值–方差模型引入一组约束常数测度模型参数不确定性程度和 V 型交易成本函数测度可变交易成本，构建模型参数不确定性和可变交易成本下的最优资产组合模型，运用拉格朗日法获得最优化模型的解析解，理论阐述其与均值–方差资产组合、多先验资产组合和最小方差资产组合之间的关系。进而，以上证 50 指数的 8 只成分股 2011 年 7 月至 2014 年 6 月的连续复合月收益率数据为样本予以实证。结果表明，随着模型参数不确定性程度的不断增强和交易成本的不断下降，均值–方差资产组合的稳定性不断上升。适度考虑模型参数不确定性可提升均值–方差资产组合业绩，交易成本越低，提升得越明显。研究说明适度考虑模型参数不确定性和规定适当的交易成本不但能提升资产组合的稳定性和业绩，也有利于证券市场的稳定健康发展。

第三节　模型参数不确定性下的稳健资产组合构建

正如本章第一节和第二节所述，投资者资产组合构建问题往往基于风险资产的历史数据或信息统计推断描述风险资产价格特征的模型或概率分布，并估计模型或概率分布的相关参数，预测其未来趋势，从而制定投资决策、解释风险资产价格行为、洞悉证券市场规律。这里存在两个问题：从客观上讲，基于风险资产的历史数据或信息统计推断的预测模型或概率分布是否与未来真实模型或概率分布一致，即使一致，由于忽略未来数据或信息，那么基于历史数据或信息而估计的参数值与未来的真实值也一致。从主观上讲，Ellsberg（1961）指出，个体投资者的信念无法用单一的模型或概率分布来表示，并发现其在决策时表现出不确定性规避行为。无论是客观还是主观都说明个体投资者对描述经济状态的模型或概率分布状况具有不完全信息的事实，不完全信息结果的表现之一就是模型或概率分布的参数不确定性问题。因此，本节用相对熵控制预测分布中参数的不确定性对资产组合终期财富期望效用的影响，基于极大极小理论建立均值–方差稳健静态资产组合模型，运用稳健控制方法获得模型的最优解，并以上证综合指数的收益数据为样本进行实证，以对比的形式研究单参数和多参数不确定性下的稳健静态资产组合构建问题，形成有关结论，并赋予经济解释，与前述研究形成互补。

一、均值–方差静态资产组合模型及问题的提出

投资者可投资两种资产，一种为无风险资产，其收益率固定，设为 r；另一种为风险资产，其连续复合收益率为一随机变量，设为 u，假设其服从正态分布，即 $F_0(u)\sim N(\bar{u},\sigma^2)$。投资者的初始财富为 W_0（$W_0\neq 0$），投资风险资产和无风险资产的比例分别为 w、$1-w$，那么，自融资模式下终期时刻 T 时的资产组合财富 W_T 为

$$W_T=W_0\left[w(u-r)+1+r\right] \tag{4-34}$$

投资者资产组合决策的目标如下：基于均值–方差模型，在资产组合终期财富约束下，选择最优控制变量 w，使资产组合终期财富期望效用最大。因此，投资者最优静态资产组合的均值–方差模型为

$$\begin{aligned}&\max_{w}.\left[E(W_T)-0.5\lambda\operatorname{Var}(W_T)\right]\\&\text{s.t. } W_T=W_0\left[w(u-r)+1+r\right]\end{aligned} \tag{4-35}$$

其中，λ 为投资者的风险偏好，假设投资者是风险规避型的，即 $\lambda\in(0,+\infty)$，其值越大，表明投资者的风险规避程度越高。

根据式（4-35），将约束函数代入目标函数，由一阶条件获得资产组合的最优解 w 为

$$w=(\bar{u}-r)/(\lambda\sigma^2) \tag{4-36}$$

由式（4-36）可知，对特定的投资者而言，其最优资产组合中风险资产的比例取决于描述风险资产收益统计特征的两个参数，即均值和方差。在实践中，人们应用所获得的风险资产价格历史数据或信息估计并预测上述两个参

数，进而制定投资决策。这里存在两个问题：一是基于历史数据或信息统计推断随机变量的预测分布可能与其真实分布之间存在偏差；二是即使预测分布是真实的，即上述偏差不存在，但投资的收益发生在未来，而决策是基于某个特定时刻所获得的历史数据或信息而制定的，这就忽略了未来证券市场提供的数据或信息的作用，导致用于决策的参数值与其未来真实值之间存在偏差。因此，无论哪种情形都说明决定特定投资者的投资决策的参数存在不确定性，特别是偏差的发生使投资者处于不利状况时风险规避型投资者必须对其进行规避。接下来，我们用相对熵测度上述参数不确定性对资产组合终期财富期望效用的影响，基于极大极小理论，运用稳健控制方法讨论参数不确定性下的稳健静态资产组合构建问题。

二、均值单参数不确定下的稳健静态资产组合

这里假定投资者对风险资产收益率预测分布中的收益率方差完全信任，即与真实值完全一致。但认为收益率的均值存在不确定性，与其真实值之间存在偏差，假定用θ [$\theta\in(-\infty,+\infty)$] 表示，即其真实均值为$\bar{u}-\theta$。那么，风险资产收益率的预测分布为$F_0(u)\sim N(\bar{u},\sigma^2)$，真实分布为$F_\theta(u)\sim N(\bar{u}-\theta,\sigma^2)$。

鉴于相对熵主要用以衡量两个概率测度之间的相对距离，具有可加性、凸性和非负性等性质，本节用相对熵测度风险资产期望收益的不确定性对投资者终期财富期望效用的影响。因此，在式（4-35）的基础上，参照 Hansen 等（2006）的研究结论，均值单参数不确定下的稳健静态资产组合的均值–方差模型为

$$
\begin{aligned}
&\max_{w}.\min_{\theta}.\left[E^\theta(W_T)-0.5\lambda\operatorname{Var}(W_T)+\frac{W_0}{\varphi}I(\theta)\right]\\
&\text{s.t. } W_T=W_0\left[w(u-r)+1+r\right]
\end{aligned}
\tag{4-37}
$$

其中，$E^\theta(\bullet)$为概率分布为$F_\theta(u)$时的期望；φ（$\varphi>0$）为投资者的不确定性偏好，随着φ增大，投资者认为参数（均值）不确定的可能性越大，即偏差存在的可能性越大；$I(\theta)$为相对熵，控制了预测分布与真实分布之间的偏离情况。因此，式（4-37）的经济含义如下：在资产组合终期财富约束下，最大化相对熵控制范围内对投资者最为不利概率下的终期财富期望效用，其理论依据是极大极小理论，故应用稳健控制方法求解。

由式（4-37）的约束条件得$E^\theta(W_T)=W_0\left[w(\bar{u}-\theta-r)+1+r\right]$，$\operatorname{Var}(W_T)=W_0w^2\sigma^2$。为求解模型，必须获得相对熵，因相对熵表示真实分布$F_\theta(u)$与预测分布$F_0(u)$之间的相对距离，因此相对熵可表示为

$$I(\theta)=\ln\int\left(\frac{f_\theta(u)}{f_0(u)}\right)\frac{f_\theta(u)}{f_0(u)}\mathrm{d}\left(f_0(u)\right)=\ln\int\left(\frac{f_\theta(u)}{f_0(u)}\right)f_\theta(u)\mathrm{d}u \tag{4-38}$$

根据风险资产收益率服从正态分布的假设，由式（4-38）计算相对熵：

$$\begin{aligned}
I(\theta)&=\ln\int\left(f_\theta(u)\right)f_\theta(u)\mathrm{d}u=\ln\int\left(f_0(u)\right)f_\theta(u)\mathrm{d}u\\
&=\ln\int\left(\frac{1}{\sqrt{2\pi}\sigma}\mathrm{e}^{-\frac{(u-\bar{u}+\theta)^2}{2\sigma^2}}\right)f_\theta(u)\mathrm{d}u-\ln\int\left(\frac{1}{\sqrt{2\pi}\sigma}\mathrm{e}^{-\frac{(u-\bar{u})^2}{2\sigma^2}}\right)f_\theta(u)\mathrm{d}u\\
&=\ln\int\left(\mathrm{e}^{-\frac{(u-\bar{u}+\theta)^2}{2\sigma^2}}\right)f_\theta(u)\mathrm{d}u-\ln\int\left(\mathrm{e}^{-\frac{(u-\bar{u})^2}{2\sigma^2}}\right)f_\theta(u)\mathrm{d}u\\
&=-\frac{1}{2\sigma^2}\int(u-\bar{u}+\theta)^2f_\theta(u)\mathrm{d}u+\frac{1}{2\sigma^2}\int(u-\bar{u})^2f_\theta(u)\mathrm{d}u\\
&=-\frac{\sigma^2}{2\sigma^2}+\frac{1}{2\sigma^2}\int(u-\bar{u}+\theta-\theta)^2f_\theta(u)\mathrm{d}u\\
&=-\frac{1}{2}+\frac{1}{2\sigma^2}\int\left[(u-\bar{u}+\theta)^2-2(u-\bar{u}+\theta)\theta+\theta^2\right]f_\theta(u)\mathrm{d}u\\
&=-\frac{1}{2}+\frac{1}{2}+0+\frac{\theta^2}{2\sigma^2}=\frac{\theta^2}{2\sigma^2}
\end{aligned}$$

将 $E^\theta(W_T)=W_0\left[w(\bar{u}-\theta-r)+1+r\right]$，$\mathrm{Var}(W_T)=W_0w^2\sigma^2$，$I(\theta)=\dfrac{\theta^2}{2\sigma^2}$ 代入式（4-37）的目标函数，由极小化目标的一阶条件获得

$$\theta=\varphi\sigma^2w \tag{4-39}$$

将式（4-39）代入式（4-37）的目标函数，由极大化目标的一阶条件获得均值参数不确定下稳健静态资产组合的最优解 w 为

$$w=\frac{\bar{u}-r}{\sigma^2(\lambda+\varphi)} \tag{4-40}$$

将式（4-40）和式（4-36）对比可以发现，相对风险资产收益率的均值确定的情况，当均值存在不确定的可能性时，投资者将降低资产组合中风险资产的投资，而且随着其不确定性偏好程度的增加，投资者会进一步降低风险资产的投资。若投资者完全不相信预测分布下的均值参数值，即 $\varphi\to\infty$，则 $w\to0$，其趋向将全部资产投资于无风险资产。若投资者完全相信预测分布下的均值参数值，即 $\varphi\to0$，则式（4-37）逐渐等价于式（4-36）。式（4-40）和式（4-36）的分母表达式从一定程度上说明，投资者对预测分布中均值参数的不确定性偏好的增加类似于其风险规避程度提高。

三、均值、方差两参数皆不确定下的稳健静态资产组合

本节放松关于投资者完全信任风险资产收益率预测分布中方差的假设，讨论风险资产收益率预测分布的均值和方差皆不确定时的稳健静态资产组合构建问题。仍用θ［$\theta \in (-\infty, \infty)$］表示预测的均值和真实均值之间的偏差，同时用$\hat{\sigma}^2$表示真实的方差，那么风险资产收益率的预测分布为$F_0(u) \sim N(\bar{u}, \sigma^2)$，真实分布为$F_\theta(u) \sim N(\bar{u} - \theta, \hat{\sigma}^2)$。同时，用相对熵$I(\theta, \hat{\sigma}^2)$控制预测分布与真实分布之间的偏离。同理，均值、方差两参数皆不确定时的稳健静态资产组合的均值-方差模型为

$$\begin{aligned} &\max_{w} . \min_{\theta, \hat{\sigma}^2} . \left[E^\theta(W_T) - 0.5\lambda \mathrm{Var}^{\hat{\sigma}^2}(W_T) + \frac{W_0}{\varphi} I(\theta, \hat{\sigma}^2) \right] \\ &\text{s.t. } W_T = W_0 \left[w(u - r) + 1 + r \right] \end{aligned} \quad (4\text{-}41)$$

其中，$E^\theta(\bullet)$、$\mathrm{Var}^{\hat{\sigma}^2}(\bullet)$分别为概率分布为$F_\theta(u)$时的期望和方差，其他参数含义同上。参照式（4-38），相对熵$I(\theta, \hat{\sigma}^2)$为

$$I(\theta, \hat{\sigma}^2) = \ln \int \left(\frac{f_{\theta, \hat{\sigma}^2}(u)}{f_0(u)} \right) \frac{f_{\theta, \hat{\sigma}^2}(u)}{f_0(u)} \mathrm{d}(f_0(u)) = \ln \int \left(\frac{f_{\theta, \hat{\sigma}^2}(u)}{f_0(u)} \right) f_{\theta, \hat{\sigma}^2}(u) \mathrm{d}u \quad (4\text{-}42)$$

参照式（4-38）关于相对熵的求解，由式（4-42）可解得

$$I(\theta, \hat{\sigma}^2) = \ln \left(\frac{\sigma}{\hat{\sigma}} \right) + \frac{\hat{\sigma}^2 - \sigma^2 + \theta^2}{2\sigma^2} \quad (4\text{-}43)$$

同理，可获得$E^\theta(W_T) = W_0 \left[w(\bar{u} - \theta - r) + 1 + r \right]$，$\mathrm{Var}(W_T) = W_0 w^2 \hat{\sigma}^2$，连同式（4-43）一起代入式（4-41）的目标函数，由极小化目标的一阶条件分别获得

$$\begin{aligned} \theta &= \varphi \sigma^2 w \\ \hat{\sigma}^2 &= \frac{\sigma^2}{1 - \lambda \varphi \sigma^2 w^2} \end{aligned} \quad (4\text{-}44)$$

将式（4-44）代入式（4-41）的目标函数，由极大化目标的一阶条件获得

$$w^3 - \frac{\bar{u} - r}{\varphi \sigma^2} w^2 - \frac{\varphi + \lambda}{\lambda \varphi^2 \sigma^2} w + \frac{\bar{u} - r}{\lambda \varphi^2 \sigma^4} = 0 \quad (4\text{-}45)$$

根据式（4-45）获得均值、方差两参数皆不确定下的稳健静态资产组合的最优解为

$$w = \frac{-b + M + (b^2 - 3c)/M}{3} \quad (4\text{-}46)$$

其中，$M = \left(0.5L + 0.5\sqrt{4(3c - b^2)^3 + L^2} \right)^{1/3}$；$L = -2b^3 + 9bc - 27d$；$b = \frac{\bar{u} - r}{\varphi \sigma^2}$；

$c = -\frac{\varphi + \lambda}{\lambda\varphi^2\sigma^2}$，$d = \frac{\bar{u} - r}{\lambda\varphi^2\sigma^4}$。

虽然式（4-44）和式（4-39）中关于θ的表达式上一致，但并不代表均值单参数和均值、方差双参数不确定时均值的偏差一样，只有投资者对参数的不确定性偏好和资产组合风险资产的比例在两种情况下相同时，均值的偏差才一样。

由式（4-44）的第二个等式知，$\hat{\sigma}^2$与φ和w皆成正比关系，说明在方差参数不确定时，随着投资者不确定性偏好程度φ的提高，其将降低资产组合中风险资产的头寸，这与均值参数不确定的情况类似。但是，从极限条件来看，它们对φ的控制范围不同：对均值参数而言，当$\varphi \to +\infty$时，$\theta \to +\infty$，此时极小化目标将趋于$-\infty$，因此，要求$\varphi \in (0, +\infty)$；对方差参数而言，$\lambda\varphi\sigma^2 w^2$从左趋于 1 时，$\hat{\sigma}^2 \to +\infty$，此时极小化目标将趋于$-\infty$，因此，要求$\varphi \in \left[0, 1/\left(\lambda\varphi^2 w^2\right)\right]$。这说明当预测分布中的均值和方差同时存在不确定性时，即使投资者完全不相信方差的预测功能，但仍然在一定程度上相信均值的预测功能。

根据式（4-45），通过等式变形得

$$\left[w - \frac{\bar{u} - r}{\sigma^2(\lambda + \varphi)}\right] \Big/ \left[\frac{\varphi}{(\lambda + \varphi)} w - \frac{\bar{u} - r}{\sigma^2(\lambda + \varphi)}\right] = \lambda\varphi\sigma^2 w^2 \qquad (4\text{-}47)$$

式（4-45）表明$w \neq 0$，结合式（4-44）的第二个等式得$0 < \lambda\varphi\sigma^2 w^2 < 1$，由式（4-47）得

$$0 < \left[w - \frac{\bar{u} - r}{\sigma^2(\lambda + \varphi)}\right] \Big/ \left[\frac{\varphi}{(\lambda + \varphi)} w - \frac{\bar{u} - r}{\sigma^2(\lambda + \varphi)}\right] < 1 \qquad (4\text{-}48)$$

不等式（4-48）中分式的分母和分子必须同号，根据相关参数的取值范围可推知它们同为负号，故而由分式的分子解得

$$w < \frac{\bar{u} - r}{\sigma^2(\lambda + \varphi)} \qquad (4\text{-}49)$$

对比式（4-49）和式（4-40）可以发现，在风险资产收益率的预测分布的参数存在不确定性的情况下，与均值单参数不确定性相比，如果投资者同时认为方差参数也存在不确定性，其将进一步降低资产组合中的风险资产头寸。

四、实证研究

（一）研究样本选择

风险资产以上证综合指数为代表，其每月第一个交易日的收盘指数为其当月月初价格，价格序列记为$\{P_1, P_2, \cdots, P_N\}$，则其连续复合月收益率为$u_n$，

$u_n = \ln\left(P_{n+1}/P_n\right)$，$n=1,2,\cdots,N$。为便于比较，研究样本取两个：一个为上证综合指数1997年1月至2009年6月的连续复合月收益率，样本容量为150，简称样本1；另一个为上证综合指数2002年1月至2009年6月的连续复合月收益率，样本容量为90，简称样本2。原始数据为上证综合指数1997年1月至2009年7月的每月第一个交易日的收盘指数，数据由分析家软件（2006V6.0）提供。因此，在上证综合指数连续复合月收益率服从正态分布的假设下［何朝林（2007）从实证角度说明这一假设具有一定的合理性］，基于样本1的预测分布为$F_0(u)\sim N(0.006\,9, 0.009\,6)$；基于样本2的预测分布为$F_0(u)\sim N(0.007\,9, 0.007\,8)$。无风险资产取2009年一年期银行定期存款，其年利率为2.25%，折算成连续复合月收益率为$\left(\ln(1+0.022\,5)\right)/12 = 0.001\,9$，故$r$=0.001 9。

（二）实证结果

基于研究样本，结合式（4-36）、式（4-40）和式（4-46）在不同风险规避程度与不确定性偏好下分别量化参数确定、均值参数不确定、均值和方差参数皆不确定时的静态资产组合构建结果，见表4-7。其中，w_1、w_2、w_3分别代表预测分布中参数确定、均值单参数不确定和均值与方差皆不确定时资产组合中的风险资产比例；Δ_{21}、Δ_{32}分别代表均值参数和方差参数不确定性对资产组合中风险资产投资的影响。

表4-7 静态资产组合中风险资产的比例

λ	φ	样本1					样本2				
		w_1	w_2	w_3	Δ_{21}	Δ_{32}	w_1	w_2	w_3	Δ_{21}	Δ_{32}
2	3	26.04	10.42	5.41	−15.62%	−5.01%	38.46	15.38	6.02	−23.08%	−9.36%
	5		7.44	3.83	−18.60%	−3.61%		10.99	4.26	−27.47%	−6.73%
	7		5.78	3.10	−20.26%	−2.68%		8.55	3.44	−29.91%	−5.11%
	9		4.73	2.66	−21.31%	−2.07%		6.99	2.96	−31.47%	−4.03%
5	3	10.42	6.51	4.36	−3.91%	−2.15%	15.38	9.62	4.52	−5.76%	−5.10%
	5		5.21	2.91	−5.21%	−2.30%		7.69	2.94	−7.69%	−4.75%
	7		4.34	2.27	−6.08%	−2.07%		6.41	2.25	−8.97%	−4.16%
	9		3.72	1.91	−6.70%	−1.81%		5.49	2.12	−9.89%	−3.37%
8	3	6.51	4.73	4.05	−1.78%	−0.68%	9.62	6.99	4.52	−2.63%	−2.47%
	5		4.01	2.63	−2.50%	−1.38%		5.92	2.93	−3.70%	−2.99%
	7		3.47	2.02	−3.04%	−1.45%		5.13	2.24	−4.49%	−2.89%
	9		3.06	1.67	−3.45%	−1.39%		4.52	1.85	−5.10%	−2.67%
10	3	5.21	4.01	3.95	−1.20%	−0.06%	7.69	5.92	4.40	1.77%	−1.52%
	5		3.47	2.54	−1.74%	−0.93%		5.13	2.82	2.56%	−2.31%

续表

λ	φ	样本 1					样本 2				
		w_1	w_2	w_3	Δ_{21}	Δ_{32}	w_1	w_2	w_3	Δ_{21}	Δ_{32}
10	7	5.21	3.06	1.92	−2.15%	−1.14%	7.69	4.52	2.14	3.17%	−2.38%
	9		2.74	1.58	−2.47%	−1.16%		4.04	1.76	−3.65%	−2.28%

（三）结果分析与经济解释

（1）从表 4-7 中w_1、w_2、w_3的值可知，在λ、φ一定时，预测分布的参数存在不确定，投资者将降低风险资产的投资，而且相对均值单参数不确定的情况，均值和方差同时存在不确定时，其降低的程度更大。在λ一定时，随着φ的增大，投资者进一步降低风险资产的投资。这说明风险资产收益预测分布中的参数不确定性使得投资者降低风险资产投资，投资者的不确定性偏好程度越大，其降低的程度越大。这一结果与股票市场的投资实际是一致的，当市场走势不明显时，投资者认为描述股票价格特征的预测分布或模型的可靠性降低，存在不确定的情况，其将减少股票投资；当市场走势变得混乱时，不明显情况加剧，预测分布或模型的预测更加不可靠，此时投资者的不确定性偏好程度加大，即φ增大，其将进一步降低股票投资，甚至撤出股市；当市场走势得到一致认可时，投资者几乎不怀疑预测分布或模型的预测功能，故而决策越来越接近预测分布或模型中参数确定的情况。

（2）从表 4-7 中Δ_{21}、Δ_{32}的值可知，在λ、φ一定时，均值参数不确定性导致投资者降低风险资产投资比例的程度强于方差参数不确定性下的情况，这说明风险资产收益的正态预测分布中的均值参数不确定性对资产组合的影响强于方差参数不确定性。这与 Merton（1980）、Blanchard（1993）的研究结论一致，即股票收益一阶矩的预测要远远困难于二阶矩。同时，孟卫东和何朝林（2007a，2007b）从一阶矩和二阶矩的方差角度也进行了阐述。这反映的投资实践是，对特定风险规避型投资者而言，即使其存在对预测分布或模型的不确定性偏好，也认为相对股票的均值来说，方差的预测更为准确。

（3）从表 4-7 中基于样本 1 和样本 2 的Δ_{21}、Δ_{32}值的对比可知，在λ、φ一定时，无论均值还是方差，它们的不确定性对资产组合的影响是样本 2 强于样本 1。同时我们知道样本 2 所含历史数据少于样本 1，这说明信息量越少，统计推断的预测分布中的参数不确定性可能性越大，对资产组合的影响越强。这一结论实质上归结于估计风险问题。实践中，人们只能运用既得的数据或信息统计推断预测分布或模型，进而估计它们的相关参数，这时的估计存在风险，而且基于的历史数据或信息越少，估计风险就越大，因而对投资决策的影响就越大，从而说明了信息量越少，参数不确定性越高，对资产组合的影响越强。

（4）从表 4-7 可知，在φ一定时，λ越大，资产组合中风险资产的比例越小；在λ一定时，φ越大，资产组合中风险资产的比例越小。这在一定程度上说明投资者的风险规避程度和不确定性偏好程度具有等价性。这归结于参数不确定性在某种程度上以估计风险的形式表现，因而参数不确定性也是一种风险，对资产组合影响的特征类似于风险规避程度提高。

五、结束语

基于均值–方差模型研究了风险资产收益预测分布中的均值和方差两参数的不确定性对稳健资产组合构建的影响。借助相对熵测度风险资产收益的一阶矩和前两阶矩的不确定性对资产组合终期财富期望效用的影响，运用稳健控制方法获得稳健资产组合模型的最优解。根据最优解，以上证综合指数 1997 年 1 月至 2009 年 6 月的两个不同区间的收益数据为样本做实证研究。结果表明，参数不确定性导致资产组合中风险资产的比例降低，并随着投资者不确定偏好程度增加降低得越多；历史数据或信息越少，参数不确定性影响越强；均值不确定性的影响强于方差不确定性的影响；即使投资者完全不相信方差的预测功能，但仍在一定程度上相信均值的预测功能。研究进一步突出了参数不确定性在投资决策过程中的重要性。

本 章 小 结

基于随机扩散模型和均值–方差模型，从模型参数不确定性视角对比研究了资产收益模型具有结构不确定性时的资产组合构建问题，借以讨论此不确定性环境下投资者的资产组合特征及其相应的交易行为。按照由浅入深的研究思路，在讨论风险资产期望收益或其方差单参数不确定性下问题研究的基础上，延伸至资产组合中风险资产期望收益及其协方差皆不确定性下的资产组合构建问题。从风险角度运用贝叶斯分析框架讨论模型参数不确定性下的问题研究延伸至运用常数约束法和相对熵法测度下的模型参数不确定性问题研究，不但体现了投资者的心理变化，而且跳出传统问题研究局限于风险范畴的研究思路。研究不但指出模型参数不确定性特征影响投资者资产组合构建及其交易行为，而且指出资产价格的预测性（内生）和市场交易摩擦（外生）等变量与模型参数不确定性特征具有内在关联，皆影响模型参数不确定性时的投资者资产组合构建及其交易行为。

第五章　模型具有奈特不确定性下的资产组合构建

本章仍然采用第四章第一节中的随机扩散模型描述资产收益过程，并基于此研究该模型具有奈特不确定性的投资者资产组合构建及其交易行为。不同的是，前者运用贝叶斯分析法则，通过参数先验分布获得其后验分布研究模型参数不确定时的资产组合构建问题，本质上讲还是属于从风险范畴研究模型不确定性时的投资者资产组合构建问题。本章借助罚函数理论，突破风险范畴研究SV模型对资产未来价格描述具有奈特不确定性特征时的投资者资产组合构建问题。这不但触及金融市场不确定性的本质特征，而且很好地描述和解释了资产收益分布的偏向性与厚尾性特征，以及资产价格运动过程中的波动聚集性。

第一节　投资者行为模型

一、资产价格及投资者财富动态过程

设投资者投资的终期时刻为 T（$T>0$），终期前任一时刻记为 t，$t\in[0,T]$。无风险资产的收益率固定，设为 r，其价格 $P_0(t)$的运动过程可用微分方程表示为

$$\frac{\mathrm{d}P_0(t)}{P_0(t)}=r\mathrm{d}t \tag{5-1}$$

风险资产价格 $P_s(t)$是随机的，假设其动态过程遵循 Heston（1993）的 SV 模型，该模型假设股票无红利发放或红利再投资，其动态过程表示为随机微分方程：

$$\frac{\mathrm{d}P_s(t)}{P_s(t)}=(r+\eta V_t)\mathrm{d}t+\sqrt{V_t}\mathrm{d}Z_{1t} \tag{5-2}$$

同时假设风险资产收益的瞬时方差V_t满足均值–回复的平方根过程：

$$\mathrm{d}V_t=(\alpha-\beta V_t)\mathrm{d}t+\sigma\sqrt{V_t}\mathrm{d}Z_{2t} \tag{5-3}$$

其中，Z_{1t}、Z_{2t}为标准布朗运动。因存在两种风险源$\mathrm{d}Z_{1t}$、$\mathrm{d}Z_{2t}$，而只有一种风险资产，故市场是动态不完全的，设两布朗运动之间的相关系数为ρ，$\rho\in(-1,1)$，则：

$$E[\mathrm{d}Z_{1t},\mathrm{d}Z_{2t}]=\rho\mathrm{d}t \tag{5-4}$$

V_t为资产收益的瞬时方差，为模型中的潜在状态变量；$r+\eta V_t$为瞬时期望收益，η为固定的市场参数；瞬时期望收益为模型中状态变量V_t的仿射结构形式，瞬时期望收益的动态由瞬时方差的动态反映，因而该模型描述了风险资产期望收益及其方差的时变特征；相关系数ρ建立了瞬时期望收益方差的波动与风险资产收益波动间的关系，因而体现了状态变量对风险资产收益的预测性功能；ηV_t为风险溢价，表示对风险资产收益波动的补偿；$\sqrt{V_t}$为风险资产收益扩散系数；$\alpha-\beta V_t$为瞬时方差变化的期望，也表示V_t的仿射结构；β为均值–回复速度；α/β为方差的长期均值；σ为瞬时方差的标准差；$\sigma\sqrt{V_t}$为瞬时方差的扩散系数；α、β、σ为非负的市场参数，体现了风险资产收益分布的尖峰、厚尾特征；ρ体现了风险资产收益分布的非对称性，即杠杆效应，$\rho<0$，收益分布负偏，$\rho>0$，收益分布正偏。

SV 模型的扩散系数矩阵为$\begin{bmatrix} V_t & \rho\sigma V_t \\ \rho\sigma V_t & \sigma^2 V_t \end{bmatrix}$，它也表示$V_t$的仿射结构，因而 SV 模型将模型中的变量都描述成状态变量V_t的仿射结构，这种设定不但体现了风险资产收益过程的动态趋势特征，而且为接下来获得基于该 SV 模型的动态资产组合最优选择的封闭解提供了便利。

由于资产组合投资决策是在某一时点进行的，实践中，人们以在某个特定时点通过获得的风险资产价格数据设定描述其动态特征的模型（如 SV 模型），据此估计模型中的参数，并以此模型确定最优投资决策。但动态资产组合决策行为是多期的，投资者可以根据未来环境或状态的变化适时调整资产组合，使其处于特定投资目标下的最优状态，但是未来的状态又无法预知，对于一个新兴的金融市场更是如此，因而特定模型的设定存在偏误或者模型中的参数或参数估计值存在不确定性，这些都会导致模型描述的资产价格运动过程与其未来现实世界之间存在不确定性差异。这里特别强调的是，由于未来状态信息太不清楚，以致该不确定性差异的未来状态分布无法用当前信息估计，否则，理论上就可以用第四章的方法予以解决。本节尝试在所设定的 SV 模型中引入随机变量 u_t 测度该不确定性差异，因而风险资产价格 $P_s(t)$ 的未来运动过程由式（5-2）变为

$$\frac{\mathrm{d}P_s(t)}{P_s(t)}=(r+\eta V_t)\mathrm{d}t+\sqrt{V_t}\mathrm{d}Z_{1t}+u_t\mathrm{d}t \tag{5-5}$$

其中，u_t 以收益的形式测度了风险资产未来实际收益与设定模型描述之间的不确定性差异。当 u_t<0 时，表示实际收益低于模型的描述；当 u_t>0 时，表示实际收益高于模型的描述。Maenhout（2004）指出，若投资者是悲观的，其特别担心 u_t<0 的情况，只是对待该不确定差异的态度随着风险承受程度的不同而不同。我们知道该不确定性差异的未来状态，但不知道相应状态的概率，故此不确定性具有奈特不确定性特征。

因风险资产瞬时期望收益 $r+\eta V_t$ 是状态变量 V_t 的仿射函数，V_t 服从均值-回复的动态过程，同时 u_t 测度了资产收益实际运动过程与模型描述之间的不确定性差异，故此情景下的动态资产组合构建考虑了风险资产期望收益及其方差的时变性和模型的奈特不确定性特征。

假设 t 时刻投资者将财富 W_t 投资风险资产的比例为 w_t，投资无风险资产的比例为 $1-w_t$，则自融资下投资者资产组合财富的动态过程可用随机微分方程表示为

$$\mathrm{d}W_t=(1-w_t)W_t\mathrm{d}P_0(t)/P_0(t)+w_tW_t\mathrm{d}P_s(t)/P_s(t) \tag{5-6}$$

将式（5-1）、式（5-5）代入式（5-6），经整理得投资者财富的动态过程为

$$\mathrm{d}W_t=\left[r+(\eta V_t+u_t)w_t\right]W_t\mathrm{d}t+\sqrt{V_t}w_tW_t\mathrm{d}Z_{1t} \tag{5-7}$$

二、投资者行为概述

假设投资者决策定义是基于终期财富的期望幂效用最大，则在财富动态和投资机会集的约束下，理性投资者资产组合构建的优化行为可表示为

$$\begin{aligned}&\max.E_0\left[W_T^{1-\gamma}/(1-\gamma)\right]\\&\text{s.t.}\,\mathrm{d}W_t=\left[r+(\eta V_t+u_t)w_t\right]W_t\mathrm{d}t+\sqrt{V_t}w_tW_t\mathrm{d}Z_{1t}\\&\mathrm{d}V_t=(\alpha-\beta V_t)\mathrm{d}t+\sigma\sqrt{V_t}\mathrm{d}Z_2(t)\\&E\left[\mathrm{d}Z_{1t},\mathrm{d}Z_{2t}\right]=\rho\mathrm{d}t\\&W_0>0\end{aligned} \tag{5-8}$$

其中，W_0 为投资者拥有的初始财富。γ 为 CRRA 系数，$\gamma>0$ 且 $\gamma\neq1$。当 $\gamma=1$ 时，效用函数退化为对数效用函数。

时，效用函数退化为对数效用函数。

第二节　模型求解

因模型中的状态变量为W_t、V_t，控制变量为w_t，根据贝尔曼最优化原理引入投资者决策时刻t时的价值函数$J(W_t,V_t,t)$，它是投资者当前财富W_t、资产收益瞬时方差V_t和时刻t的函数。因此，投资者资产组合优化行为模型由式（5-8）等价转化为

$$J(W_t,V_t,t)=\max_{w_t}.E_t\left[W_T^{1-\gamma}/(1-\gamma)\right] \tag{5-9}$$

其中，除W_t不同于初始财富W_0外，其余约束条件与式（5-8）相同。同时，式（5-9）满足终值条件：

$$J(W_T,V_T,T)=W_T^{1-\gamma}/(1-\gamma) \tag{5-10}$$

投资者在决策过程中既面临投资机会集的可预测性又面临资产收益过程的奈特不确定性，故其决策原则就是既要抓住投资机会的可预测性，使其终期财富期望效用最大；又要对资产收益过程的不确定性进行规避，且规避支付的财富效用成本最小。因此，根据随机控制原理，运用稳健控制方法，式（5-9）所描述的优化问题要求投资者t时刻的价值函数必须满足HJB方程：

$$\max_{w_t}.\min_{u_t}.\left\{\begin{array}{l}J_t+J_W W_t\left[r+(\eta V_t+u_t)w_t\right]+0.5J_{WW}W_t^2w_t^2V_t+J_V(\alpha-\beta V_t)\\+0.5J_{VV}\sigma^2V_t+J_{WV}W_tw_t\rho\sigma V_t+u_t^2/\left(f(\theta)\sigma^2\right)\end{array}\right\} \tag{5-11}$$

其中，$J_.$为$J(W_t,V_t,t)$对相应的下标求偏导数；$u_t^2/\left(f(\theta)\sigma^2\right)$为二次罚函数项，视为$u_t$偏离 0 时投资者必须支付的财富效用成本；$f(\theta)$为不确定性规避状态函数，反映了投资者对风险资产收益过程不确定性的规避程度；θ为不确定性规避系数。同时，价值函数还必须满足终值条件式（5-10）。

$\theta=0$ 表示投资者对收益过程的不确定性不规避，换言之，投资者认为模型设定正确，模型中的参数为特定时点的估计值且固定，这类似于传统的基于 SV 模型探讨动态资产组合构建与时变投资机会集之间关系的研究。$\theta\neq0$表示投资者认为描述风险资产收益的 SV 模型存在不确定性，投资决策时要对收益过程的不确定性规避。θ越大，表示规避的程度越大。又由于决策过程为动态，投资者各阶段的财富效用以价值函数表示，资产收益过程的动态以潜在状态变量表示，那么在一般情况下，财富效用越大或收益的方差越小，投资者的不确定性规避程度就越小，反之，财富效用越小或收益的方差越大，投资者的不确定性规避程度就越大。因此，$f(\theta)$不仅是θ的函数，也是$J(W_t,V_t,t)$、V_t的函数。设：

$$f\left(\theta\right)=\frac{2\theta V_t}{\left(1-\gamma\right)J\left(W_t,V_t,t\right)} \tag{5-12}$$

鉴于幂效用函数形式及不同γ取值范围下投资者对待风险的态度，在罚函数项中当$\gamma>1$时，θ为非正数，当$0<\gamma<1$时，θ为非负数。为叙述方便，在$f\left(\theta\right)$的设定中引入$\left(1-\gamma\right)$项，统一式（5-12）中θ的取值范围为非负数，即$\theta\in\left[0,+\infty\right)$。

$f\left(\theta\right)$设定的合理性论证：衡量投资者不确定性规避的状态函数$f\left(\theta\right)$应是θ、γ、V_t的增函数。同时，当$\gamma>1$时，投资者对风险极为敏感，表现较为保守，$f\left(\theta\right)$应是W_t的增函数；当$0<\gamma<1$时，投资者偏好财富增加，对风险的敏感度较弱，$f\left(\theta\right)$应是W_t的减函数。根据下文价值函数的设定，可知式（5-12）中$f\left(\theta\right)$设定是合理的。

将式（5-12）代入式（5-11）并对u_t求一阶导数，由一阶条件获得u_t^*：

$$u_t^*=-\frac{J_W W_t w_t V_t \theta\sigma^2}{\left(1-\gamma\right)J} \tag{5-13}$$

其中，u_t^*唯一存在并使财富期望效用成本最小的条件是其二阶导数大于零，即$\left(1-\gamma\right)J\Big/\left(\sigma^2\theta V_t\right)>0$，由幂效用函数的特征易知该条件自然满足。

将式（5-12）、式（5-13）代入式（5-11）并对w_t求一阶导数，由一阶条件获得w_t^*：

$$w_t^*=\frac{\left(1-\gamma\right)J}{J_W^2 W_t^2\sigma^2\theta-\left(1-\gamma\right)JJ_{WW}W_t^2}\left(J_W W_t\eta+J_{WV}W_t\rho\sigma\right) \tag{5-14}$$

其中，w_t^*唯一存在并使终期财富期望效用最大的条件是其二阶导数小于零，即$J_{WW}W_t^2V_t-J_W^2W_t^2V_t\sigma^2\theta\Big/\left(\left(1-\gamma\right)J\right)<0$，同理，由幂效用函数的特征易知该条件也自然得到满足。

由式（5-14）可知，若解得价值函数，则获得w_t^*的封闭解。为此将式（5-12）、式（5-13）和式（5-14）代入式（5-11）获得一个非线性偏微分方程。求解该偏微分方程非常困难，但根据价值函数依赖的状态变量，猜测价值函数的形式，可将求解非线性偏微分方程转化为求解普通微分方程。设定价值函数的形式为

$$J\left(W_t,V_t,t\right)=\frac{W_t^{1-\gamma}}{1-\gamma}\exp\left(K_1\left(t\right)+K_2\left(t\right)V_t\right) \tag{5-15}$$

其中，$K_1\left(t\right)$、$K_2\left(t\right)$满足终值条件为$K_1\left(t\right)=K_2\left(t\right)=0$。

参照第四章描述，将式（5-15）代入非线性偏微分方程，并化简成V_t的方程为

$$\left[\dot{K}_1\left(t\right)+\alpha K_2\left(t\right)+\left(1-\gamma\right)r\right]+\left[\dot{K}_2\left(t\right)+cK_2^2\left(t\right)+bK_2\left(t\right)+a\right]V_t=0 \tag{5-16}$$

其中，$a=0.5(1-\gamma)\eta^2/(\gamma+\sigma^2\theta)$；$b=(1-\gamma)\eta\rho\sigma/(\gamma+\sigma^2\theta)-\beta$；$c=0.5\sigma^2+0.5(1-\gamma)\rho^2\sigma^2/(\gamma+\sigma^2\theta)$。同时满足终值条件为$K_1(T)=K_2(T)=0$。

要使式（5-16）对所有的V_t成立，则常数项和V_t的系数必须等于零，即

$$\dot{K}_1(t)+\alpha K_2(t)+(1-\gamma)r=0 \tag{5-17}$$

$$\dot{K}_2(t)+cK_2^2(t)+bK_2(t)+a=0 \tag{5-18}$$

其中，a、b、c 仅与模型中参数和γ、θ有关，则式（5-17）、式（5-18）为标准的系数为常数的 Riccati 型普通微分方程，这就将求解非线性偏微分方程转化为求解普通微分方程。根据终值条件：$K_1(t)=K_2(t)=0$，令剩余投资期为τ，$\tau=T-t$，同第四章一样，由式（5-18）解得$K_2(t)$，再由式（5-17）解得$K_1(t)$，从而解得价值函数$J(W_t,V_t,t)$的具体表达形式，将其代入式（5-14）获得资产组合的封闭解w_t^*：

$$w_t^*=\frac{\eta}{\gamma+\sigma^2\theta}+\frac{\rho\sigma}{\gamma+\sigma^2\theta}K_2(t) \tag{5-19}$$

由式（5-18）解得$K_2(t)$涉及判别式b^2-4ac的条件。c 为非负数，当$\gamma>1$时，a 为非正数，则判别式$b^2-4ac\geqslant 0$；当$0<\gamma<1$时，a 为非负数，化简判别式，参照Chacko和Viceira（2005）的研究数据，根据一般情况下模型中参数的取值范围，易知判别式仍然为非负数。如此，令$\varphi=\sqrt{b^2-4ac}$，解得$K_2(t)$：

$$K_2(t)=\frac{2a(1-\exp(-\varphi\tau))}{2\varphi-(b+\varphi)(1-\exp(-\varphi\tau))} \tag{5-20}$$

根据$K_2(t)$，通过式（5-17）运用 Maple 10.0 软件可以解得$K_1(t)$，由于动态资产组合中风险资产最优选择的封闭解不涉及$K_1(t)$，故这里省略其具体形式。至此，式（5-19）、式（5-20）为投资者在时变投资机会集并规避风险资产收益过程具有奈特不确定性下的动态最优资产组合的封闭解。

第三节 不确定性规避下的动态资产组合特征

（1）由最优解式（5-19）知，最优动态资产组合构建独立于状态变量W_t、V_t。独立于W_t是因为在 CRRA 的幂效用函数中投资者财富的同质性，独立于V_t是源于 SV 模型中漂移项、扩散系数矩阵是V_t的仿射结构，以及在此基础上，对资产收益过程不确定性规避状态函数的合理设定。

（2）最优解式（5-19）由两项构成，第一项与投资期和相关系数无关，第二项

则有关，体现了风险资产收益的可预测性，以及可预测性下资产组合构建与投资期的关系，故将第一项理解为动态短视行为，类似于单阶段静态资产组合构建，没有考虑未来投资机会的变化，第二项理解为投资者在动态决策过程中对资产组合构建的对冲需求，以此避免未来投资机会恶化导致其财富效用下降而对资产组合的一种保险或保值行为。若风险资产收益波动与其方差波动相互独立，则资产组合构建的动态行为等价于其静态行为，这隐含着此时的风险资产不可作为资产组合保险或保值的工具，主要是因为其风险性也无法预测。若投资决策的剩余投资期为零，情况一样，但同时隐含着资产组合动态决策只有在最后时刻才与静态决策相同。

（3）同第四章一样，投资者在动态决策过程中总是希望其财富期望效用随着状态变量V_t的变化而增大，即要求价值函数对方差的一阶导数大于零。由式（5-15）可知，$\partial J\left(W_t,V_t,t\right)/\partial V_t = W_t^{1-\gamma}\exp\left(K_1\left(t\right)+K_2\left(t\right)V_t\right)K_2\left(t\right)/\left(1-\gamma\right)$，故当$\gamma>1$时，$K_2\left(t\right)<0$；当$0<\gamma<1$时，$K_2\left(t\right)>0$。由式（5-20）通过不同$\gamma$取值范围下 a 值的正负性可得上述同样结论。同时进一步可知：当$\gamma>1$时，$K_2\left(t\right)$对投资期τ的一阶导数小于零，二阶导数大于零，因而随着τ增大，$K_2\left(t\right)$在减小，而且减小幅度越来越小，最终趋于稳定值；当$0<\gamma<1$时，情况相反，$K_2\left(t\right)$对投资期τ的一阶导数大于零，二阶导数小于零，因而随着τ增大，$K_2\left(t\right)$在增大，而且增大幅度越来越小，最终趋于稳定值。因此，当风险资产收益波动与状态变量V_t波动间的相关系数为负时，即$\rho\in\left(-1,0\right)$，当$\gamma>1$时，资产组合构建的对冲需求为正，即具有正投资期效应：随着τ增大，投资者增加风险资产投资，但增加幅度越来越小，最终趋于$2a\rho\sigma\Big/\left(\left(\gamma+\sigma^2\theta\right)\left(\varphi-b\right)\right)$的稳定值；当$0<\gamma<1$时，资产组合构建的对冲需求为负，即具有负投资期效应：随着τ增大，投资者减少风险资产投资，但减少幅度越来越小，最终趋于$-2a\rho\sigma\Big/\left(\left(\gamma+\sigma^2\theta\right)\left(\varphi-b\right)\right)$的稳定值。之所以表现为正或负的投资期效应，皆源于投资者对资产组合的对冲需求，投资者增加或减少风险资产投资是为了避免未来投资机会恶化对其资产组合财富的效用造成的不利影响，达到资产组合的保险或保值。当状态变量V_t在未来上升时，即有正波动的倾向，根据 SV 模型，此时资产收益存在负波动（即下降）；而资产期望超额收益的 SR$\eta\sqrt{V_t}$ 存在正波动（即上升）。那么当$\gamma>1$时，投资者对风险较为敏感，此时 SR 上升的效应强于收益下降的效应，故其对资产组合的对冲需求表现为正投资期效应；当$0<\gamma<1$时，投资者偏好财富增加，此时收益下降的效应强于 SR 上升的效应，故其对资产组合的对冲需求表现为负投资期效应。当风险资产收益波动与状态变量V_t波动间的相关系数为正时，即$\rho\in\left(0,1\right)$，情况与$\rho\in\left(-1,0\right)$下相反，当$\gamma>1$时，资产组合构建的对冲需求为负，即具有负投资期效应；当$0<\gamma<1$时，资产组合构建的对冲需求为正，即具有正投资期效

应。此时，当状态变量V_t在未来上升时，即有正波动的倾向，根据SV模型，此时资产收益存在正波动，即上升，两者合力使得收益的波动性较强，表现收益分布中的波动聚集性现象，此时资产的风险性较高；针对不同γ取值范围下投资者对待风险的态度。当$\gamma>1$时，投资者减少风险资产持有比例是为了防止未来不利投资机会下资产组合财富出现较大损失；当$0<\gamma<1$时，投资者增加风险资产持有比例是想抓住未来资产收益上升的机会创造更多的财富。最后指出，上述讨论基于模型中$K_2(t)$不等于零和$\gamma\neq1$的情况，否则，资产组合构建的动态行为等价于静态行为。

（4）大量对SV模型的实证研究表明，参数η值为正，那么在模型中$K_2(t)$不等于零和$\rho\in(-1,0)$的情况下，尽管在资产收益的方差上升的情况下，由于风险资产的期望超额收益的SR$\eta\sqrt{V_t}$也是上升的，因而投资者在资产组合决策过程中通常对风险资产的投资为正，并且随着γ的增大逐渐减少，最终趋于零。但在$0<\gamma<1$时，投资者对资产组合的对冲需求为负，根据最优解式（5-19）说明此时投资者对风险资产的投资可能为负。同样的结论也存在于假设资产风险溢价随机下的动态资产组合构建研究的文献中，如Kim和Omberg（1996）的研究文献。但Kim和Omberg（1996）的研究存在资产风险溢价为负的情况，因而不能清楚说明投资者对风险资产投资为负是因为资产风险溢价为负还是因为资产组合构建的动态行为。但在SV模型中参数η值为正，因而资产的风险溢价为正，说明投资者对风险资产投资为负是因为资产组合构建的动态行为，这从动态资产组合构建的角度解释了非市场参与之谜。因为当$0<\gamma<1$时，价值函数有下界而无上界，这意味着在有利的投资机会——SR上升资产收益也上升的情况下，投资者可获得极大的财富效用；在不利投资机会——SR下降资产收益也下降的情况下，投资者的财富效用损失有限，但在风险资产收益波动与状态变量V_t波动间的相关系数为负的情况下，SR上升资产收益下降，在较短的投资期内短视行为占主导地位，投资者买进风险资产；在较长投资期内对冲行为占主导地位，投资者卖空风险资产，期待好的投资机会出现再买进风险资产。因此，在较长投资期内，即使资产风险溢价为正，当γ较小时，资产组合中风险资产的比例可能为负，随着γ增大，该比例上升至最大值，继而逐渐下降趋于零。

（5）最优解式（5-19）直观显示，一旦存在模型不确定性及投资者对由模型不确定性而导致其描述的资产收益过程与未来资产真实收益过程之间的不确定性差异进行规避时，资产组合对风险资产的短视需求项和对冲需求项的分母中均出现$\sigma^2\theta$，说明投资者规避模型不确定性对动态资产组合构建具有整体影响性，这有别于时变投资机会仅对资产组合构建的对冲行为有影响。由于在不确定性规避状态函数中，增加$(1-\gamma)$项使得θ的取值范围统一为$\theta\in[0+\infty)$，$\theta=0$表示不规避；$\theta > 0$ 表示规避。在规避的情景下，因 $\sigma^2\theta > 0$，随着 θ 增大，即不确定规避程度增加，投资者持有风险资产的比例下降，这包含两层含义：一方面，本小节第（3）和（4）两点的讨论说明了投资者风险规避程度不同，其持有风险资产的比例可能为正或为负，但投资者一旦规避资产收益过程的不确定性差异，无论投资者原先对风险资产的投资处于长头寸还是短头寸，其必将减少风险资产在资产组合中的头寸，而且原先的头寸越大，减少得越多。另一方面，上述第（3）点的讨论说明了投资机会的时变性使得投资者在资产组合构建过程中不断增加或减少风险资产的头寸使组合处于最优状态，但一旦规避资产收益过程的不确定性，这种增加或减少的幅度皆降低，资产组合表现得相对较为稳定。总之，这说明了投资者在资产组合决策过程中对风险资产的最优持有除了与其风险规避程度有关，还要考虑模型不确定性问题。同时也说明了在不确定性规避下的资产组合中，其风险资产比例和调整的比例皆下降的事实，特别是风险资产的比例，这意味着此时的资产组合抗击外来风险和突发事件的能力增强，即资产组合的免疫功能增强。由于 $\theta \geqslant 0$，虽然 θ 不影响 $K_2(t)$ 取值的正负性，但 $\gamma + \sigma^2\theta > \gamma$，表示此情景下投资者的风险规避程度增强，从某种意义上说明不确定性规避类似于投资者风险规避程度的提高，即不确定规避系数 θ 与风险规避系数 γ 具有等价性。其实，一旦考虑模型不确定性问题，无论是模型设定的偏误还是参数估计或参数改变引起的偏误，虽然由此偏误而导致的未来风险资产收益过程不确定性差异的分布状态未知，但仍然使风险资产的风险性增强，特别是对风险规避型投资者而言，其必将减少风险资产投资，决策行为表现较为保守，其结果表现为投资者的风险规避程度相应提高。

第四节　实 证 研 究

运用SGMM估计SV模型中的参数，根据动态资产组合构建的最优解式（5-19）实证分析和对比投资者按季度调整资产组合时投资机会集的时变性 $(\theta = 0)$ 和同时规避模型不确定性 $(\theta \neq 0)$ 对动态资产组合中风险资产最优选择影响的量化结果。

一、研究样本选择

以上证综合指数为风险资产，其当日收盘指数为价格，价格序列记为 $\{P_s(t_n), n = 1,2,\cdots,N\}$。研究样本为上证综合指数1991年1月至2006年10月的每月第一个交易日收盘指数的自然对数，记为$s_{t_n}, s_{t_n} = \ln\left(P_s\left(t_n\right)\right)$，则 N=190，时间间隔Δt为月。上证综合指数的连续复合月收益为$\ln\left(P_s\left(t_{n+1}\right)/P_s\left(t_n\right)\right)$，则计算 2006 年 10 月的连续复合月收益时用到样本外数据，即 2006 年 11 月第一个交易日收盘指数的自然对数。数据由分析家软件（2006V6.0）提供。无风险资产取 2005 年凭证式（一期）国债，其持满 5 年以上的年利率为 3.81%，折算成连续复合季度收益率为 0.009 3，故取 r=0.009 3。

二、SV 模型参数估计

如何从离散取样数据中得到连续时间模型的有效参数估计一直都是学者们面临的最大难题，困难主要在于：关于离散转移密度的封闭形式不能获得，特别是存在不可观测和序列相关状态变量情况下，如本书中具有仿射结构的 SV 模型，其似然函数往往不知道。但是 Chacko 和 Viceira（2003）指出，SGMM 估计模型参数不需要知道随机过程的似然函数，仅需要知道过程的条件特征函数，继而积分出隐含状态变量获得仅依赖风险资产价格过程的条件特征函数，由此获得一组矩条件，从而运用熟知的广义矩法（generalized method of moments，GMM）估计。Chacko 和 Viceira（2003）同时论证了 SGMM 估计具有最大似然估计（maximum likelihood estimation，MLE）的有效性和一致性。下面参照 Chacko 和 Viceira（2003）的研究简述运用 SGMM 估计 SV 模型中参数的基本算法步骤。

步骤一：获得风险资产价格随机过程的条件特征函数。根据伊藤定理，将连续时间下风险资产收益的动态过程式（5-2）等价转化为离散时间下的表示式：

$$\mathrm{d}s_t = \left(r + \eta V_t - 0.5V_t\right)\mathrm{d}t + \sqrt{V_t}\,\mathrm{d}Z_{1t} \tag{5-21}$$

状态变量V_t服从式（5-3）的动态过程，两布朗运动间的关系由式（5-4）表示。风险资产价格对数的条件特征函数定义为

$$\psi\left(s_t, \Theta; \Delta t, \omega\right) = E\left[\exp\left\{i\omega s_{t+\Delta t}\right\}\middle| s_t\right] \tag{5-22}$$

其中，$\omega \in \mathbf{R}$；Θ 为参数集，$\Theta = \left(\eta, \alpha, \beta, \sigma, \rho\right)'$。条件特征函数必须满足 KBE（kolmogorov backward equation）方程：

$$-\psi_{\Delta t} + \psi_{s_t}\left(r + \eta V_t - 0.5V_t\right) + 0.5\psi_{s_t s_t} V_t + \psi_{V_t}\left(\alpha - \beta V_t\right) + 0.5\psi_{V_t V_t}\sigma^2 V_t + \psi_{s_t V_t}\rho\sigma V_t = 0 \tag{5-23}$$

其中，ψ表示对相应的下标求偏导数，并满足边界条件$\psi\left(s_t, 0; \Theta, \omega\right) = \exp\left(i\omega s_{t_N}\right)$。式（5-23）是一个偏微分方程，直接求解非常困难，这里设定解的形式为

$$\psi\left(s_t,V_t,\Theta;\Delta t,\omega\right)=\exp\left[i\omega s_t+A\left(\omega,\Delta t;\Theta\right)V_t+B\left(\omega,\Delta t;\Theta\right)\right] \quad (5\text{-}24)$$

将式（5-24）代入式（5-23）得到一普通微分方程，通过边界条件，参照 Duffie 等（2000）、Chacko 和 Das（2002）研究中的详细求解过程获得

$$A\left(\omega,\Delta t;\Theta\right)=2\sigma^{-2}\mu_1\mu_2\left(\exp\left(\mu_1\Delta t\right)-\exp\left(\mu_2\Delta t\right)\right)/\left(\mu_1\exp\left(\mu_2\Delta t\right)-\mu_2\exp\left(\mu_1\Delta t\right)\right)$$
$$B\left(\omega,\Delta t;\Theta\right)=ri\omega\Delta t+2\alpha\sigma^{-2}\ln\left(\left(\mu_2-\mu_1\right)/\left(\mu_2\exp\left(\mu_1\Delta t\right)-\mu_1\exp\left(\mu_2\Delta t\right)\right)\right)$$

其中，$\mu_1=0.5\left[\rho\sigma\omega i-\beta+\sqrt{\left(\rho\sigma\omega i-\beta\right)^2-\sigma^2\omega i\left(\omega i-1+2\eta\right)}\right]$； $\mu_2=0.5\left[\rho\sigma\omega i-\beta-\sqrt{\left(\rho\sigma\omega i-\beta\right)^2-\sigma^2\omega i\left(\omega i-1+2\eta\right)}\right]$。

由于条件特征函数中存在不可观察的潜在状态变量V_t，为了由样本的价格对数数据估计模型中参数，必须将状态变量V_t从条件特征函数中积分出来，获得仅依赖于资产价格对数的条件特征函数：

$$\begin{aligned}&\psi\left(s_t,\Theta;\Delta t,\omega\right)\\&=\int_0^\infty\psi\left(s_t,V_t,\Theta;\Delta t,\omega\right)\mathrm{d}V_t\\&=\exp\left[i\omega s_t+B\left(\omega,\Delta t;\Theta\right)\right]\int_0^\infty\exp\left[A\left(\omega,\Delta t;\Theta\right)\right]f\left(V_t\right)\mathrm{d}V_t\\&=\exp\left[i\omega s_t+B\left(\omega,\Delta t;\Theta\right)+\frac{2\alpha}{\sigma^2}\ln\left(\frac{2\beta}{2\beta-\sigma^2A\left(\omega,\Delta t;\Theta\right)}\right)\right]\end{aligned} \quad (5\text{-}25)$$

至此，获得条件特征函数的表达式（5-25），其定义了复杂随机变量$\exp\left(is_{t+\Delta t}\right)$各阶非中心矩。

步骤二：获得矩条件。式（5-22）隐含着一组矩条件为

$$E\left[H(s_t,t)\otimes\left(\exp\left\{i\omega s_{t+\Delta t}\right\}-\psi\left(s_t,\Delta t;\Theta,\omega\right)\right)\right]=0 \quad (5\text{-}26)$$

其中，$H(s_t,t)$为工具向量。取前五阶谱矩估计模型中的参数，即$\omega=1,2,\cdots,5$，则矩条件数与待估参数的个数相等，属于恰好识别的情况，此时$H(s_t,t)=1$。

步骤三：估计参数值。令$m(\Theta)$为式（5-26）的样本矩条件形式，由所选样本得

$$m\left(\Theta\right)=\frac{1}{N}\sum_{t=t_1}^{t_N}\exp\left(i\omega s_{t+\Delta t}\right)-\psi\left(s_t,\Delta t;\Theta,\omega\right) \quad (5\text{-}27)$$

SGMM 的核心是选择参数满足式（5-28）：

$$\hat{\Theta}_{\mathrm{SGMM}}=\arg\min.m\left(\Theta\right)'W\left(\Theta\right)m\left(\Theta\right) \quad (5\text{-}28)$$

其中，$W\left(\Theta\right)$为正定且对称的权重矩阵。因属于恰好识别情况，$W\left(\Theta\right)$可任意选择，这里选其为单位矩阵。因此，先求出矩条件的雅可比矩阵$\partial m\left(\Theta\right)/\partial\Theta=\tilde{M}\left(\Theta\right)$，将

式（5-28）等价转化为

$$\tilde{M}'(\Theta)W(\Theta)m(\Theta)=0 \tag{5-29}$$

根据上述步骤，结合选取的样本，编写复杂数计算程序和 GMM 运算程序，运用 Matlab 软件获得参数估计值。取 $\Delta t=1/3$，将其转化为季度估计值：$\eta=0.2337$，$\alpha=0.0211$，$\beta=0.4739$，$\sigma=0.2310$，$\rho=0.4875$。

三、实证结果

根据获得的参数估计值，由式（5-19）解得投资机会时变和不确定性规避下动态资产组合中最优风险资产的比例，结果见表 5-1，其中，τ 指投资期为多少季度，τ=0 或投资者的偏好结构为幂效用函数时的动态资产组合构建类似于静态资产组合构建；γ 为风险规避系数；θ 为不确定规避系数，$\theta=0$ 为基于 SV 模型的仅考虑投资机会时变下的最优动态资产组合构建。表 5-2 给出风险资产收益的可预测性和规避其收益过程不确定性对资产组合构建影响的百分比结果，$\theta=0$ 所在行表示在相应风险规避程度下，不同投资期下可预测性对资产组合构建影响的百分比，计算方法是用不同投资期下风险资产的最优比例与投资期为零时的风险资产最优比例的差除以投资期为零时的风险资产最优比例；$\theta\neq0$ 所在行表示在相应风险规避程度下，取消规避风险资产收益过程不确定性对资产组合构建影响的百分比，计算方法是用不同投资期下 $\theta\neq0$ 时的风险资产最优比例与相应投资期下 $\theta=0$ 时的风险资产最优比例的差除以相应投资期下 $\theta=0$ 时的风险资产最优比例。

表 5-1　投资机会时变和不确定性规避下资产组合中最优风险资产比例

τ		0	2	4	6	8	12	16	20
$\gamma=0.2$	$\theta=0$	116.85%	125.06%	129.91%	132.07%	133.17%	134.00%	134.22%	134.28%
	$\theta=5$	50.06%	51.58%	52.23%	52.51%	52.63%	52.71%	52.71%	52.72%
	$\theta=10$	31.86%	32.46%	32.71%	32.82%	32.86%	32.88%	32.89%	32.89%
$\gamma=0.8$	$\theta=0$	29.21%	29.34%	29.39%	29.41%	29.41%	29.42%	29.42%	29.42%
	$\theta=5$	21.91%	21.98%	22.00%	22.01%	22.02%	22.02%	22.02%	22.02%
	$\theta=10$	17.52%	17.57%	17.59%	17.59%	17.60%	17.60%	17.60%	17.60%
$\gamma=2$	$\theta=0$	11.69%	11.59%	11.55%	11.54%	11.53%	11.53%	11.53%	11.53%
	$\theta=5$	10.31%	10.23%	10.20%	10.19%	10.19%	10.19%	10.19%	10.19%
	$\theta=10$	9.22%	9.16%	9.14%	9.13%	9.13%	9.13%	9.13%	9.13%

续表

τ		0	2	4	6	8	12	16	20
$\gamma=8$	$\theta=0$	2.92%	2.87%	2.84%	2.84%	2.83%	2.83%	2.83%	2.83%
	$\theta=5$	2.83%	2.79%	2.77%	2.77%	2.76%	2.76%	2.76%	2.76%
	$\theta=10$	2.74%	2.70%	2.69%	2.69%	2.68%	2.68%	2.68%	2.68%

表 5-2　不确定性规避和收益可预测性对最优资产组合构建影响的百分比

τ		0	2	4	6	8	12	16	20
$\gamma=0.2$	$\theta=0$	0	7.49%	11.18%	13.03%	16.32%	14.68%	14.87%	14.91%
	$\theta=5$	−57.16%	−58.93%	−59.80%	−60.24%	−60.48%	−60.66%	−60.73%	−60.74%
	$\theta=10$	−72.73%	−74.16%	−74.82%	−75.15%	−75.32%	−75.46%	−75.50%	−75.51%
$\gamma=0.8$	$\theta=0$	0	0.45%	0.62%	0.68%	0.68%	0.72%	0.72%	0.72%
	$\theta=5$	−24.99%	−25.09%	−25.14%	−25.16%	−25.13%	−25.15%	−25.15%	−25.15%
	$\theta=10$	−40.02%	−40.12%	−40.15%	−40.19%	−40.16%	−40.18%	−40.18%	−40.18%
$\gamma=2$	$\theta=0$	0	−0.86%	−1.20%	−1.28%	−1.37%	−1.37%	−1.37%	−1.37%
	$\theta=5$	−11.80%	−11.73%	−11.69%	−11.69%	−11.62%	−11.62%	−11.62%	−11.62%
	$\theta=10$	−21.13%	−20.96%	−20.87%	−20.86%	−20.82%	−20.82%	−20.82%	−20.82%
$\gamma=8$	$\theta=0$	0	−1.71%	−2.74%	−2.74%	−3.08%	−3.08%	−3.08%	−3.08%
	$\theta=5$	−3.08%	−2.79%	−2.48%	−2.48%	−2.47%	−2.47%	−2.47%	−2.47%
	$\theta=10$	−6.16%	−5.92%	−5.32%	−5.32%	−5.30%	−5.30%	−5.30%	−5.30%

四、结果分析

（1）表 5-1 和表 5-2 中 $\theta=0$ 所在行显示，在时变投资机会集下，风险资产收益的可预测性导致风险规避程度大于对数效用的投资者减少风险资产投资，投资期效应表现为负的资产组合对冲需求，而风险规避程度小于对数效用的投资者增加风险资产投资，投资期效应表现为正的资产组合对冲需求，这是因为上证综合指数的收益波动和其方差波动间的相关系数为正。进一步可以发现，风险资产可预测性下的投资期效应随着投资期变长虽然在增强或减弱，存在递增或递减的趋势，但变化的差异越来越不明显。就选择的研究样本而言，当风险规避程度小于对数效用时，投资期效应在三年以上基本达到稳定，当风险规避程度大于对数效用时，投资期效应在两年以上就基本达到稳定，这是因为上证综合指数的收益波动和其方差波动间的正相关关系较弱。当风险规避程度小于对数效用时，风险资产收益的可预测性导致资产组合正的对冲需求随着风险规避程度的增加逐渐减弱。表 5-2 中的百分比显示，当 $\gamma=0.2$ 时，增加幅度在 7%以上，而当 $\gamma=0.8$

时，增加幅度不超过 1%，当风险规避程度大于对数效用时，风险资产收益的可预测性导致资产组合负的对冲需求随着风险规避程度的增加逐渐增强；表 5-2 中的百分比显示，当$\gamma=2$时，减少幅度最大为 1.37%，而当$\gamma=8$时，减少幅度最小也有 1.71%，这仍然归结为上证综合指数的收益波动和其方差波动间的正相关关系，表现为风险性相对增强，只有在风险规避程度相当小和相当大的情况下资产组合正的和负的对冲需求才较为明显。

（2）表 5-1 中$\theta\neq0$所在行的实际结果与$\theta=0$所在行的实际结果对比及表 5-2 中$\theta\neq0$所在行的百分比皆显示，模型不确定性导致风险资产收益过程的不确定性，一旦投资者对收益过程的不确定性进行规避，其必将减少风险资产投资，而且随着不确定性规避程度的增大，其减少的绝对量和幅度皆变大，其中的原因是显然的。从表 5-2 中百分比可以看出，风险规避程度小于对数效用时减少的幅度皆高于风险规避程度大于对数效用时减少的幅度，这是因为风险规避程度的增加，投资者本身就减少了风险资产的投资，从某种意义上隐含了对未来不确定性的规避，从而说明了风险规避程度和不确定性规避程度具有一定的等价性，但由于在特定的不确定性规避程度下，不确定性规避对资产组合构建的影响又与投资期存在一定关系，这也反映了它们之间的不完全等价性，从而说明了在动态资产组合构建过程中，对风险资产的最优选择不仅与投资者的风险规避程度有关，还与风险资产未来收益的不确定性有关。无论投资者的风险规避程度如何，对风险资产收益过程的不确定性规避导致投资者总体上减少风险资产在资产组合的比例，使得资产组合在不确定性环境中抵御突发事件或重大不利消息等外来风险的能力增强，即资产组合的免疫功能增强。

（3）表 5-2 中的结果显示，在投资者的风险规避程度小于对数效用的情况下，收益过程的可预测性导致投资者增加风险资产投资，且随着投资期变长，增加的幅度越来越大。同时在特定的不确定性规避程度下，投资者减少风险资产投资，特别是减少的幅度随着投资期变长也在增大。而且在风险规避程度增加的情况下，可预测性效应随着投资期变长增加不明显时，不确定性规避效应随着投资期变长减少也不明显，这一切都说明了可预测性和不确定性规避在资产组合构建过程中的孪生关系，两者的合力对资产组合构建起到缓冲作用，使得资产组合的稳定性增强。这种孪生关系也体现在投资者的风险规避程度大于对数效用的情况，此时可预测性导致投资者减少风险资产投资，随着投资期变长，减少的幅度在增大，虽然不确定性规避也减少风险资产投资，但随着投资期变长，减少的幅度在减小，故两者的合力对资产组合也起到缓冲作用。鉴于不确定性规避和风险规避的关系，可以说，在动态资产组合构建过程中，可预测性、不确定性规避和风险规避之间存在内在的必然联系。

（4）就本章选择的样本而言，风险资产收益过程可预测性的表现及其对资产组合构建的影响与国外同类问题的实证结果比较存在明显不同：第一，本章中基于 SV 模型用上证综合指数连续复合月收益样本估计其参数，结果显示，上证综合指数的收益波动和其方差波动间的相关系数为正，而国外基于同样的模型运用股票市场成分指数连续复合月收益样本（样本容量比本章选取的样本容量大）估计出的相关系数为负，这种不同说明了上证综合指数收益分布具有正偏现象，而国外的股票市场成分指数收益分布具有负偏现象，出现这种差异的原因何在？除去样本容量大小不同外，要么是 SV 模型并不能描述上证综合指数的运动趋势，要么是上证综合指数的运动规律与国外股票市场成分指数的运动规律不同。沈根祥（2003）的研究表明，SV 模型比广义自回归条件异方差（generalized autoregressive conditional heteroskedasticity，GARCH）模型更能刻画上证综合指数收益的波动规律，因此，可以将此不同归结为上证综合指数的运动规律与国外股票市场成分指数的运动规律不同，即上证综合指数的收益分布具有正偏现象，其指数具有持续向上运动的特征，这和本章的研究结果一致。第二，可预测性对资产组合构建的影响量或程度与国外同类问题的研究结果相比显得较低，借助本章的研究结果可知，这可能是因为虽然上证综合指数具有持续向上的运动特征，但由此而承载的风险更大，如果将以上上证综合指数为样本的研究结果推广到在上海证券交易所交易的股票，一方面可说明运用在上海证券交易所的股票对冲资产组合达到财富的保险或保值功能并不十分有效，另一方面说明在上海证券交易所的股票投资更适合风险容忍度较高的投资者。

（5）在（4）部分，当 $\rho \in (-1,0)$，$0<\gamma<1$ 时，从效用函数特征的角度指出动态资产组合构建可解释股票市场上的非市场参与之谜。但是以上证综合指数为样本的实证结果表明，上证综合指数的收益波动和其方差波动间的相关系数为正，即 $\rho \in (0,1)$，这就说明上海证券交易所的非市场参与现象并不能从动态资产组合构建角度解释，可能要从其他角度究其根源，但从本章的研究过程来看，一个直观的感觉就是上海证券市场的波动性太大，即风险性较强。

（6）与第四章的研究结果相比，可以看出模型不确定性对资产组合构建具有整体影响，而投资机会集的参数不确定性仅影响资产组合的对冲需求；模型不确定性的影响能缓冲资产组合的对冲需求，即对正的对冲需求，其影响比例随投资期变长而增大，对负的对冲需求，其影响比例随投资期变长而降低。

本章小结

模型不确定性导致风险资产收益的未来真实运动过程与模型描述的理论运动

过程之间存在不确定性差异，该差异具有奈特不确定性特征。差异的存在，特别是在差异的发生使投资者处于不利状态的情景下，要求投资者在资产组合构建过程中必须对此进行规避。本章在 Heston（1993）SV 模型中引入一个新的随机变量，用以测度这种不确定性差异，研究了投资者面对时变投资机会和规避该不确定性差异下的动态资产组合构建问题。运用随机控制方法，借助稳健控制方法中的最大-最小化期望效用推导出最优动态资产组合选择的封闭解，使投资者终期财富期望幂效用最大，规避不确定性差异的财富效用成本最小。

理论分析表明，风险资产收益过程的可预测性导致投资者对资产组合存在对冲需求，对冲需求的正负取决于投资者的风险规避程度和风险资产收益波动与其方差波动间相关系数的正负性，且随着投资期变长，对冲需求表现的投资期效应逐渐减弱，并趋于稳定。规避风险资产收益过程的不确定性差异导致投资者减少风险资产投资，且不确定规避程度越大，减少得越多，说明了投资风险资产不仅仅与投资者的风险规避程度有关，也说明此时的资产组合抗击外来风险的能力增强，即资产组合的免疫功能增强。

实证分析表明，资产组合对冲需求的投资期效应与投资者的风险规避程度有关，在较小和较大风险规避程度表现得较为明显；规避收益过程不确定性对资产组合选择的影响随着风险规避程度的上升而减弱，说明了不确定性规避与风险规避具有一定程度的等价性；资产组合对冲需求的投资期效应和不确定性规避的投资期效应的合力使得资产组合在动态决策过程中的稳定性增强；虽然理论上能够说明动态资产组合选择行为可作为股票市场上非市场参与现象的一种解释，但上证综合指数收益波动与其方差波动间的正相关关系说明，上海证券交易所的非市场参与现象并不能由动态资产组合选择行为解释，并且指出这种正相关关系和资产组合对冲需求的投资期效应与国外以股票市场成分指数为样本的同类研究的结果不同，这在一定程度上说明上海证券市场的风险性较大，运用市场上的股票对冲资产组合达到资产组合财富的保险或保值功能并不十分有效，也说明在上海证券交易所的股票投资更适合风险容忍度较高的投资者。

第六章　模型具有一般不确定性下的资产组合构建

当投资者对资产收益模型描述的资产收益未来状态及其概率都不知道时，我们称模型具有一般不确定性特征。本章基于均值-方差模型分析框架，引入模型信任程度这一随机变量测度均值-方差模型的一般不确定性特征，研究二次效用投资者在均值-方差模型具有一般不确定性下的最优资产组合构建问题。首先，基于资本市场线理论构建均值-方差模型具有一般不确定性下的最优资产组合选择是模型信任程度和基于均值-方差模型的传统资产组合选择的线性函数。其次，分两步求解模型：第一步，基于均值-方差模型获得任何时点的传统资产组合构建；第二步，在记忆系数和无差异系数的不同组合下，运用基于事例推理的方法求解任何时点的投资者最优模型信任程度。基于事例推理的一般不确定性投资者的决策行为主要取决于投资者的经验、过去的资产组合业绩、当前状态与过去状态相似性的判断。这些主要由表征模型信任程度的记忆系数和无差异系数体现，记忆系数反映了投资者根据可获得的信息对资产组合财富期望收益效用满意水平的适时调整；无差异系数反映了投资者对当前状态与过去状态相似性的心理判断。最后，以上证综合指数为样本予以实证研究，获得相关结论并予以分析。

第一节　一般不确定性下的资产组合模型

一、传统资产组合构建

假设投资者的效用函数为二次效用函数，其拥有正的初始财富（为便于计算，设其为 1），可投资两种资产：一种为无风险资产，其收益率固定，记为

r_f；另一种为风险资产，其收益率为随机变量，记为 r，假设其服从均值为 u，方差为 σ^2 的正态分布，即 $r \sim \mathrm{N}\left(u, \sigma^2\right)$。进一步假设投资者在 t 时刻将其初始财富投资风险资产的比例为 w_t，则投资无风险资产的比例为 $1-w_t$。假设市场无交易摩擦，则投资者在 t 时刻的预期资产组合收益 $R_{p,t}$ 为

$$R_{p,t} = w_t u + \left(1 - w_t\right) r_f \tag{6-1}$$

其中，u 为风险资产的期望收益。二次效用投资者基于均值–方差模型，通过最大化预期资产组合财富收益效用获得资产组合中风险资产权重，即

$$\max_{w_t} . \left[E\left(R_{p,t}\right) - 0.5\gamma \mathrm{Var}\left(R_{p,t}\right) \right] \tag{6-2}$$

其中，γ 为投资者的风险规避系数。

事实上，投资者并不知道风险资产收益率 r 的真实分布特征，实践中，假设其服从正态分布，并以其历史数据为样本，以样本估计值 $\left(\hat{u}, \hat{\sigma}^2\right)$ 代替真实值 $\left(u, \sigma^2\right)$ 描述其分布特征。因此，根据式（6-2）获得基于均值–方差模型的传统资产组合构建 $\hat{w}_t$：

$$\hat{w}_t = \left(\hat{u} - r_f\right) / \left(\gamma \hat{\sigma}^2\right) \tag{6-3}$$

源于估计风险，式（6-3）的应用结果往往难以令人满意。本章我们从均值–方差模型具有一般不确定性的视角研究资产组合构建问题。

二、一般不确定性下的最优资产组合模型

一般不确定性投资者认为很难真实知道与投资决策相关的所有未来状态及其概率，对上述基于均值–方差模型的传统资产组合能够创造超额期望财富收益效用持怀疑态度，因而对传统资产组合构建所基于的均值–方差模型存在模型信任程度问题。投资者在任何时刻将根据自身的经验、此类资产组合过去的业绩表现及当前状态与过去状态相似性的心理判断调整其对均值–方差模型的信任程度。以随机变量 θ_t 测度投资者在任何时点的模型信任程度，$\theta_t \in [0,1]$，$\theta_t = 1$ 代表投资者对预先的均值–方差模型完全信任，$\theta_t = 0$ 代表投资者对预先的均值–方差模型完全不信任。进而，基于资本市场线理论构建均值–方差模型具有一般不确定性下的最优资产组合选择 $\hat{v}_t$ 是模型信任程度 θ_t 和均值–方差模型下的传统资产组合选择 $\hat{w}_t$ 的线性函数，即

$$\hat{v}_t = \theta_t \hat{w}_t \tag{6-4}$$

该建模思想主要基于资本市场线理论，当投资者的模型信任程度下降时，投资者将沿着资本市场线降低资产组合中风险资产的比例，相应地增加无风险

资产的比例。

第二节　模型信任程度求解

基于 Gilboa 和 Schmeidler（2001）提出的基于事例的推理理论，我们采用基于事例推理的方法求解投资者的最优模型信任程度θ_t^*：

$$\theta_t^* = \arg\max . Q(\theta_t), \theta_t \in [0,1] \tag{6-5}$$

其中，$Q(\theta_t) = \int_0^1 (U(\theta_t) - H_t) s(\theta_t, \theta) \mathrm{d}\theta$，$U(\theta_t)$表示某一时刻在任一给定模型信任程度下的资产组合财富收益效用，H_t表示投资者在该时刻对资产组合财富收益效用的满意水平，$s(\theta_t, \theta)$表示资产组合行为决策的相似函数，$(U(\theta_t) - H_t)$表示超额效用。

基于式（6-1），对于任一给定的模型信任程度θ_t，一般不确定性下的资产组合收益$R_{p,i}(\theta_t)(i = 1,2,\cdots,t)$为

$$R_{p,i}(\theta_t) = \theta_t \hat{w}_{i-1} \hat{u} + (1 - \theta_t \hat{w}_{i-1}) r_f = \theta_t (R_{p,i} - r_f) + r_f \tag{6-6}$$

其中，$\hat{w}_{i-1}$代表$i-1$时刻传统资产组合构建；$R_{p,i}$代表i时刻已实现的传统资产组合收益。

基于式（6-2），获得二次效用投资者某一时刻在任一给定模型信任程度下的资产组合财富收益效用$U(\theta_t)$：

$$U(\theta_t) = \theta_t E(R_p) + (1 - \theta_t) r_f - 0.5\gamma \theta_t^2 \mathrm{Var}(R_p) \tag{6-7}$$

其中，$E(R_p)$和$\mathrm{Var}(R_p)$通过已实现的传统资产组合收益$R_{p,i}$历史数据估计获得。

H_t测度了投资者的满意水平，是投资者进行资产组合决策的基准，选择的资产组合财富收益效用应高于投资者的满意水平。一般不确定性下的资产组合决策者将基于其认知或学习过程适时调整其满意水平，故我们基于指数平滑法构建满意水平函数H_t：

$$H_t = (1 - \lambda) H_{t-1} + \lambda \mu_t \tag{6-8}$$

其中，λ（$\lambda \in [0,1]$）为平滑系数，我们称为记忆系数，反映了投资者的认知或学习过程。记忆系数λ越接近 1，记忆强度越弱，说明资本市场的预测性功能下降；越接近 0，记忆强度越强，说明资本市场的预测性功能上升。同时，定义$\mu_t = R_{p,t}(\theta_{t-1}^*) - 0.5\gamma R_{p,t}^2(\theta_{t-1}^*)$，则式（6-8）可转换为

$$H_t = H_0 + \lambda \sum_{i=1}^{t} (1-\lambda)^{t-i} R_{p,i}\left(\theta_{i-1}^*\right) - 0.5\gamma\lambda \sum_{i=1}^{t} (1-\lambda) R_{p,i}^2\left(\theta_{t-1}^*\right) \tag{6-9}$$

其中，H_0 为初始满意水平；$R_{p,i}\left(\theta_{i-1}^*\right)$ 为已实现的一般不确定性下的最优资产组合财富收益。

$s(\theta,\theta_t)$ 是投资者在最优模型信任程度 θ_t^* 下的资产组合财富收益效用与任一模型信任程度 θ 下资产组合财富收益效用差异的一种惩罚，选择的当前最优模型信任程度 θ_t^* 下的资产组合财富收益效用应最好，至少高于资产组合财富效用较差的情形。我们采用模函数形式构建相似函数，即

$$s\left(\theta_i,\theta_j\right) = 1 - \left|\theta_i - \theta_j\right|^{\kappa} \tag{6-10}$$

其中，i、$j = 1,2,\cdots,t$，$i \neq j$；κ（$\kappa \in (0,+\infty)$）为无差异系数，决定着相似函数的形式，$\kappa < 1$、$\kappa = 1$、$\kappa > 1$ 对应的相似函数分别是凸性形式、线性形式和凹性形式。无差异系数 κ 越小，表明过去和现在即使非常相近的资产组合，其财富收益效用对投资者的差异也非常大，这主要取决于投资者经验和当前自身状态的心理判断。

基于给定的资产组合财富收益的效用函数式（6-7）、满意水平函数式（6-9）和相似函数式（6-10），参照 Gilboa 和 Schmeidler（2001）的研究可获得式（6-5）中目标函数 $Q(\theta_t)$ 的显性表达式：

$$\begin{aligned}
&Q(\theta_t) = \left(r_f - H_t\right) \cdot c_1 + \left(E\left(R_p\right) - r_f\right) \cdot c_2 - 0.5\,\mathrm{Var}\left(R_p\right) \cdot c_3 \\
&c_1 = 1 - \frac{\theta_t^{\kappa+1} + \left(1-\theta_t\right)^{\kappa+1}}{\kappa+1} \\
&c_2 = \frac{1}{2} - \frac{\theta_t^{\kappa+2} + \left(1-\theta_t\right)^{\kappa+1}\left(1+\kappa+\theta_t\right)}{(\kappa+1)(\kappa+2)} \\
&c_3 = \frac{1}{3} - \frac{2\theta_t^{\kappa+3} + \left(1-\theta_t\right)^{\kappa+1}\left[(1+\kappa)\left(1-\theta_t\right) + \left(1+\kappa+\theta_t\right)\left(1+\kappa+2\theta_t\right)\right]}{(\kappa+1)(\kappa+2)(\kappa+3)}
\end{aligned} \tag{6-11}$$

一般不确定性投资者的最优模型信任程度求解与投资者的经验、过去的资产组合业绩、当前状态与过去状态相似性的判断密切相关，而这些主要由表征模型信任程度的记忆系数和无差异系数体现。因此，在记忆系数 λ 和无差异系数 κ 的不同组合下，基于相关历史数据，根据式（6-11），并基于式（6-5）可获得投资者在任何时刻的最优模型信任程度 θ_t^*。实证部分将给出代表性结果，并由此形成均值–方差模型具有一般不确定性下的最优资产组合。

第三节　实 证 研 究

记忆系数λ（$\lambda \in [0,1]$）测度了投资者对资产组合财富收益效用满意水平的调整速度，反映了投资者的认知或学习过程，体现了资本市场的预测性功能，记忆系数越大，表明资本市场的记忆性越弱。因此，选择代表性的λ，λ= 0.1,0.5,0.9，分别代表资本市场的记忆强度好、一般、差。无差异系数κ（$\kappa \in (0,+\infty)$）测度了过去和现在即使配置相同或相近的资产组合，投资者对资产组合财富收益效用的差异性判断，反映了投资者的经验及自身状态的心理判断差异。无差异系数越小，表明过去和现在即使非常相近的资产组合，其财富收益效用对投资者的差异也非常大。因此，选择代表性的κ，κ=0.2,1,3，分别代表凸性、线性和凹性形式的相似函数。最后，假定二次效用投资者是风险规避型，其风险规避系数为γ，γ=2,5,10，分别代表较低、一般、较高的风险规避程度。

一、研究样本选择

风险资产以上证综合指数为代表，研究区间为其 1997 年 1 月至 2010 年 9 月（共 165 个样本观察值）的月度连续复合超额收益率数据。为便于比较，选择两个研究样本：研究样本 1 的研究区间较远较长，包含 1997 年 1 月至 2010 年 8 月的月度收益数据；研究样本 2 的研究区间较近较短，包含 2010 年 1 月至 2014 年 8 月的月度收益数据。上证综合指数当月的月度连续复合超额收益率为r_n，$r_n = \ln(P_{n+1}/P_n)$，$n = 1,2,\cdots,t$，P_n为每月第一个交易日上证综合指数的收盘指数。1997 年前，中国股票市场处于初始发展状态，规模小、法律法规不健全。1996 年 12 月 16 日起实施涨跌幅限制可能导致股市结构大的变化。张兵和李晓明（2003）认为以 1997 年为界研究中国股票市场，可以更细致地理解和说明其总体运动规律，避免量化分析中样本区间和数据选择缺乏依据和一致性。因此，我们选择 1997 年 1 月后的数据为研究样本，原始数据来源于 Wind 数据库。无风险资产以 2009 年（第一期）三年期凭证式国债为代表，其年度收益率为 3.73%，月度收益率$r_f = (\ln(1+3.73\%))/12 = 0.0031$。

二、实证结果

基于研究样本 1，假设二次效用投资者在 2010 年 1 月第一个交易日结束之际基于 1997 年 1 月至 2009 年 12 月的上证综合指数月度连续复合超额收益率数据选择最优模型信任程度形成均值–方差模型具有一般不确定性下的最优资产组合配置。接着，在 2010 年 2 月第一个交易日结束之际基于 1997 年 1 月至 2010 年 1 月的上证综合指数月度连续复合超额收益率数据选择最优模型信任程度形成均值–方差模型具有一般不确定性下的最优资产组合配置。以此类推，2010 年 9 月第一个交易日结束之际基于 1997 年 1 月至 2010 年 8 月的上证综合指数月度连续复合超额收益率数据选择最优模型信任程度形成均值–方差模型具有一般不确定性下的最优资产组合配置，至此，决策结束。进一步假设二次效用投资者对资产组合财富收益效用的初始满意水平等于无风险资产的月度收益率，即 $H_0 = r_f = 0.0031$。那么，给定投资者风险规避系数 γ，$\gamma = 2,5,10$，基于代表性记忆系数和无差异系数的不同组合（表 6-1），通过式（6-11）获得目标函数，由式（6-5）求解投资者在不同决策时点的最优模型信任程度 θ_t^*，$t = 1,2,3,4,5,6,7,8,9$，结果见表 6-1。为便于对比，表 6-2 给出了基于式（6-3）的传统资产组合中的风险资产最优配置 $\hat{w}_t$，$t = 1,2,3,4,5,6,7,8,9$ 和基于式（6-4）的均值–方差模型具有一般不确定性下资产组合中的风险资产最优配置 $\hat{v}_t$，$t = 1,2,3,4,5,6,7,8,9$，结果见表 6-2。同理，基于研究样本 6-2，假设二次效用投资者在 2014 年 1 月第一个交易日结束之际基于 2010 年 1 月至 2013 年 12 月的上证综合指数月度连续复合超额收益率数据选择最优模型信任程度形成均值–方差模型具有一般不确定性下的最优资产组合配置。以此类推，2014 年 9 月第一个交易日结束之际基于 2010 年 1 月至 2014 年 8 月的上证综合指数月度连续复合超额收益率数据选择最优模型信任程度形成均值–方差模型具有一般不确定性下的最优资产组合配置，至此，决策结束，最优资产组合配置结果见表 6-3。计算过程与结果借助 Matlab 7.0 平台实现。

表 6-1　不同决策时点的投资者最优模型信任程度

γ	λ	κ	θ_1^*	θ_2^*	θ_3^*	θ_4^*	θ_5^*	θ_6^*	θ_7^*	θ_8^*	θ_9^*
2	0.1	0.2	0.926 2	0.928 3	0.928 6	0.918 7	0.910 0	0.936 3	0.925 1	0.920 1	0.946 1
		1	0.964 1	0.961 8	0.965 7	0.954 6	0.945 1	0.948 9	0.951 7	0.955 4	0.955 6
		3	0.987 3	0.993 1	0.991 1	0.992 6	0.987 0	0.980 7	0.986 3	0.986 4	0.990 1
	0.5	0.2	0.894 2	0.916 1	0.901 9	0.868 9	0.856 5	0.864 8	0.880 2	0.853 8	0.873 1
		1	0.945 5	0.951 2	0.929 0	0.928 6	0.905 5	0.918 3	0.916 7	0.923 4	0.908 0
		3	0.979 1	0.988 9	0.972 6	0.952 4	0.954 1	0.947 3	0.951 7	0.958 0	0.951 2

续表

γ	λ	κ	θ_1^*	θ_2^*	θ_3^*	θ_4^*	θ_5^*	θ_6^*	θ_7^*	θ_8^*	θ_9^*
2	0.9	0.2	0.856 3	0.873 3	0.862 0	0.827 4	0.816 5	0.826 3	0.845 6	0.810 3	0.830 6
		1	0.926 6	0.914 9	0.901 1	0.902 7	0.870 0	0.864 8	0.898 5	0.892 8	0.869 9
		3	0.966 0	0.954 6	0.964 1	0.910 0	0.938 4	0.930 5	0.922 1	0.933 0	0.912 3
5	0.1	0.2	0.806 9	0.855 0	0.807 3	0.846 5	0.785 2	0.820 2	0.846 0	0.828 7	0.814 9
		1	0.892 9	0.890 3	0.894 0	0.877 8	0.818 9	0.910 6	0.888 8	0.890 4	0.896 5
		3	0.972 0	0.964 7	0.932 4	0.961 1	0.899 9	0.977 4	0.962 9	0.942 9	0.973 1
	0.5	0.2	0.770 3	0.763 4	0.709 4	0.745 9	0.662 5	0.764 2	0.746 2	0.734 8	0.784 1
		1	0.806 0	0.846 4	0.808 3	0.806 5	0.714 3	0.815 3	0.830 8	0.775 3	0.808 0
		3	0.956 6	0.941 8	0.844 6	0.863 8	0.794 2	0.885 1	0.891 6	0.919 9	0.884 6
	0.9	0.2	0.674 7	0.679 4	0.616 5	0.647 6	0.562 4	0.676 8	0.664 4	0.644 6	0.683 6
		1	0.760 6	0.766 2	0.709 4	0.743 8	0.586 1	0.761 3	0.764 3	0.722 8	0.709 5
		3	0.871 6	0.860 7	0.804 2	0.766 5	0.700 8	0.819 3	0.799 4	0.835 2	0.797 0
10	0.1	0.2	0.768 3	0.769 1	0.731 9	0.697 0	0.676 4	0.613 0	0.804 2	0.756 9	0.599 6
		1	0.816 6	0.822 5	0.802 4	0.861 5	0.851 7	0.783 9	0.849 8	0.900 6	0.774 9
		3	0.947 9	0.952 3	0.856 9	0.898 3	0.903 4	0.860 5	0.952 5	0.941 1	0.862 5
	0.5	0.2	0.625 5	0.742 4	0.604 8	0.632 0	0.575 3	0.611 0	0.762 4	0.758 7	0.635 5
		1	0.774 1	0.784 4	0.713 7	0.675 3	0.676 4	0.719 1	0.808 0	0.799 3	0.739 0
		3	0.922 8	0.921 8	0.806 5	0.842 0	0.813 5	0.821 2	0.939 2	0.919 0	0.816 7
	0.9	0.2	0.577 2	0.593 5	0.550 4	0.478 4	0.449 4	0.559 9	0.673 0	0.721 9	0.553 8
		1	0.729 7	0.753 8	0.645 2	0.625 5	0.528 1	0.652 3	0.760 5	0.745 9	0.647 4
		3	0.820 5	0.824 4	0.768 1	0.751 1	0.676 4	0.781 9	0.842 2	0.847 1	0.764 9

表 6-2　不同决策时点的资产组合中风险资产的最优配置（一）

γ	$\hat{w}_1$	$\hat{w}_2$	$\hat{w}_3$	$\hat{w}_4$	$\hat{w}_5$	$\hat{w}_6$	$\hat{w}_7$	$\hat{w}_8$	$\hat{w}_9$		
2	25.89%	26.21%	24.78%	23.12%	22.23%	25.45%	26.30%	27.15%	25.21%		
5	10.36%	10.48%	9.91%	9.25%	8.89%	10.18%	10.52%	10.86%	10.05%		
10	5.18%	5.24%	4.96%	4.62%	4.45%	5.09%	5.26%	5.43%	5.02%		
2	λ	κ	$\hat{v}_1$	$\hat{v}_2$	$\hat{v}_3$	$\hat{v}_4$	$\hat{v}_5$	$\hat{v}_6$	$\hat{v}_7$	$\hat{v}_8$	$\hat{v}_9$
	0.1	0.2	23.98%	24.33%	23.01%	21.24%	20.23%	23.83%	24.33%	24.98%	23.85%
		1	24.96%	25.21%	23.93%	22.07%	21.01%	24.15%	25.03%	25.94%	24.09%
		3	25.56%	26.03%	24.56%	22.95%	21.94%	24.96%	25.94%	26.78%	24.96%
	0.5	0.2	23.15%	24.01%	22.35%	20.09%	19.04%	22.01%	23.15%	23.18%	22.01%
		1	24.48%	24.93%	23.02%	21.47%	20.13%	23.37%	24.11%	25.07%	22.89%
		3	25.35%	25.92%	24.10%	22.02%	21.21%	24.11%	25.03%	26.01%	23.98%
	0.9	0.2	22.17%	22.89%	21.36%	19.13%	18.15%	21.03%	22.24%	22.00%	20.94%

续表

γ	λ	κ	$\hat{v}_1$	$\hat{v}_2$	$\hat{v}_3$	$\hat{v}_4$	$\hat{v}_5$	$\hat{v}_6$	$\hat{v}_7$	$\hat{v}_8$	$\hat{v}_9$
2	0.9	1	23.99%	23.98%	22.33%	20.87%	19.34%	22.01%	23.63%	24.24%	21.93%
		3	25.01%	25.02%	23.89%	21.04%	20.86%	23.68%	24.25%	25.33%	23.00%
5	0.1	0.2	8.36%	8.96%	8.00%	7.83%	6.98%	8.35%	8.90%	9.00%	8.19%
		1	9.25%	9.33%	8.86%	8.12%	7.28%	9.27%	9.35%	9.67%	9.01%
		3	10.07%	10.11%	9.24%	8.89%	8.00%	9.95%	10.13%	10.24%	9.78%
	0.5	0.2	7.98%	8.00%	7.03%	6.90%	5.89%	7.78%	7.85%	7.98%	7.88%
		1	8.35%	8.87%	8.01%	7.46%	6.35%	8.30%	8.74%	8.42%	8.12%
		3	9.91%	9.87%	8.37%	7.99%	7.06%	9.01%	9.38%	9.99%	8.89%
	0.9	0.2	6.99%	7.12%	6.11%	5.99%	5.00%	6.89%	6.99%	7.00%	6.87%
		1	7.88%	8.03%	7.03%	6.88%	5.21%	7.75%	8.04%	7.85%	7.13%
		3	9.03%	9.02%	7.97%	7.09%	6.23%	8.34%	8.41%	9.07%	8.01%
10	0.1	0.2	3.98%	4.03%	3.63%	3.22%	3.01%	3.12%	4.23%	4.11%	3.01%
		1	4.23%	4.31%	3.98%	3.98%	3.79%	3.99%	4.47%	4.89%	3.89%
		3	4.91%	4.99%	4.25%	4.15%	4.02%	4.38%	5.01%	5.11%	4.33%
	0.5	0.2	3.24%	3.89%	3.00%	2.92%	2.56%	3.11%	4.01%	4.12%	3.19%
		1	4.01%	4.11%	3.54%	3.12%	3.01%	3.66%	4.25%	4.34%	3.71%
		3	4.78%	4.83%	4.00%	3.89%	3.62%	4.18%	4.94%	4.99%	4.10%
	0.9	0.2	2.99%	3.11%	2.73%	2.21%	2.00%	2.85%	3.54%	3.92%	2.78%
		1	3.78%	3.95%	3.20%	2.89%	2.35%	3.32%	4.00%	4.05%	3.25%
		3	4.25%	4.32%	3.81%	3.47%	3.01%	3.98%	4.43%	4.60%	3.84%

表 6-3 不同决策时点的资产组合中风险资产的最优配置（二）

γ	$\hat{w}_1$	$\hat{w}_2$	$\hat{w}_3$	$\hat{w}_4$	$\hat{w}_5$	$\hat{w}_6$	$\hat{w}_7$	$\hat{w}_8$	$\hat{w}_9$		
2	−151.40%	−160.00%	−156.50%	−160.90%	−164.30%	−163.60%	−162.80%	−143.20%	−137.60%		
5	−60.57%	−64.02%	−62.62%	−64.36%	−65.74%	−65.45%	−65.11%	−57.27%	−55.05%		
10	−30.28%	−32.01%	−31.31%	−32.18%	−32.87%	−32.73%	−32.56%	−28.64%	−27.53%		
	λ	κ	$\hat{v}_1$	$\hat{v}_2$	$\hat{v}_3$	$\hat{v}_4$	$\hat{v}_5$	$\hat{v}_6$	$\hat{v}_7$	$\hat{v}_8$	$\hat{v}_9$
2	0.1	0.2	−125.80%	−134.30%	−132.80%	−135.20%	−137.00%	−136.20%	−135.10%	−123.40%	−119.90%
		1	−139.50%	−147.20%	−142.60%	−148.10%	−149.80%	−148.70%	−147.50%	−131.90%	−126.70%
		3	−148.10%	−154.50%	−151.90%	−154.80%	−155.30%	−154.90%	−153.10%	−138.50%	−131.50%
	0.5	0.2	−121.10%	−129.20%	−127.90%	−128.90%	−131.50%	−128.90%	−128.70%	−119.80%	−115.10%
		1	−136.20%	−141.80%	−138.50%	−141.60%	−142.30%	−142.80%	−140.90%	−126.50%	−120.50%
		3	−145.90%	−149.80%	−146.50%	−147.90%	−148.90%	−149.10%	−146.80%	−132.60%	−127.50%
	0.9	0.2	−118.90%	−120.10%	−118.90%	−119.20%	−121.90%	−123.10%	−120.20%	−113.50%	−110.10%
		1	−130.90%	−136.80%	−131.50%	−136.00%	−136.50%	−137.80%	−132.10%	−120.10%	−115.60%

续表

γ	λ	κ	$\hat{v}_1$	$\hat{v}_2$	$\hat{v}_3$	$\hat{v}_4$	$\hat{v}_5$	$\hat{v}_6$	$\hat{v}_7$	$\hat{v}_8$	$\hat{v}_9$
2	0.9	3	−141.10%	−145.10%	−141.90%	−144.90%	−145.00%	−145.60%	−142.00%	−128.50%	−121.90%
5	0.1	0.2	−49.89%	−52.89%	−39.98%	−53.98%	−57.49%	−52.89%	−52.01%	−44.21%	−41.36%
		1	−53.29%	−57.01%	−44.02%	−57.01%	−62.01%	−57.01%	−56.89%	−48.89%	−46.98%
		3	−57.21%	−61.23%	−48.89%	−60.32%	−65.98%	−61.59%	−61.09%	−53.21%	−51.00%
	0.5	0.2	−45.56%	−48.54%	−36.65%	−49.99%	−53.21%	−48.01%	−47.89%	−40.01%	−37.29%
		1	−49.91%	−53.39%	−40.15%	−53.22%	−57.99%	−52.89%	−52.56%	−44.38%	−42.08%
		3	−53.60%	−57.30%	−44.56%	−55.98%	−61.85%	−57.23%	−56.99%	−49.56%	−46.99%
	0.9	0.2	−41.35%	−44.98%	−32.23%	−46.33%	−49.89%	−44.25%	−44.98%	−36.98%	−34.56%
		1	−45.78%	−49.78%	−36.98%	−50.01%	−54.00%	−48.99%	−48.78%	−41.25%	−39.89%
		3	−49.98%	−53.56%	−39.89%	−52.00%	−58.09%	−53.46%	−53.01%	−46.36%	−43.12%
10	0.1	0.2	−21.99%	−23.15%	−23.11%	−23.65%	−24.89%	−24.67%	−24.41%	−20.01%	−18.99%
		1	−24.09%	−26.25%	−25.98%	−26.40%	−27.21%	−27.15%	−27.01%	−22.56%	−22.15%
		3	−27.15%	−29.12%	−28.89%	−29.32%	−30.01%	−29.89%	−29.31%	−25.71%	−25.02%
	0.5	0.2	−19.25%	−20.98%	−20.12%	−21.13%	−21.81%	−21.19%	−21.79%	−17.11%	−17.00%
		1	−22.21%	−23.40%	−23.00%	−23.49%	−24.15%	−23.53%	−23.45%	−19.78%	−19.45%
		3	24.45%	−26.32%	−25.98%	−26.41%	−27.09%	−26.44%	−26.40%	−22.86%	−22.39%
	0.9	0.2	−17.09%	−18.78%	−18.01%	−18.81%	−19.67%	−18.87%	−18.77%	−14.80%	−14.31%
		1	−20.03%	−21.28%	−20.85%	−21.30%	−21.98%	−21.33%	−21.27%	−17.29%	−16.77%
		3	−22.25%	−24.15%	−23.78%	−24.18%	−24.89%	−24.19%	−24.17%	−20.38%	−19.89%

三、结果分析

（1）在风险规避系数γ和无差异系数κ一定的情况下，随着记忆系数λ增大，投资者的模型信任程度不断降低，相应降低了风险资产投资。因为记忆系数λ增大，表明股票市场的预测性功能下降，基于均值–方差模型的传统资产组合即使在过去能获得超额财富收益效用，投资者对传统资产组合的信任程度也会下降，根据当前可获得的信息调整自身满意水平，且记忆系数λ越大，模型信任程度和资产组合调整幅度越大。在风险规避系数γ和记忆系数λ一定的情况下，随着无差异系数κ降低，投资者的模型信任程度不断降低，相应降低了风险资产投资，因为无差异系数κ降低，表明基于均值–方差模型的传统资产组合当前与过去的配置即使相同，但其财富收益效用对投资者的差异性增大，源于投资者心理，无差异系数κ越小，这种差异性就越大，其模型信任程度和资产组合调整幅度也越大。在记忆系数λ和无差异系数κ一定的情况下，随着风险规避系数γ增大，投资者的模型信任程度不断降低，相应降低了风险资产投资，因为投资者是风险规避型的，随着风险规避系数γ增大，投资者对资产组合财富收益效用损失的敏感性越来越强于资产组合财富收益效用增加的敏感性，其风险规避系数γ越大，该敏感性越强，模型信任程度和资产组合调整幅度越大。

（2）在风险规避系数γ一定的情况下，随着记忆系数λ增大和无差异系数κ降低，投资者的模型信任程度迅速调整，相应的资产组合调整幅度增大。这主要源于投资者的代表性行为偏差和可获得性行为偏差。一方面，投资者根据当前可获得的信息迅速调整自身的满意水平，继而调整当前模型信任程度和资产组合配置；另一方面，投资者自信心增强，认为当前即使采用过去配置最优的资产组合，其财富收益效用对其差异也非常大，继而根据自身判断调整当前模型信任程度和资产组合配置。反之，投资者的模型信任程度渐进调整，相应的资产组合调整幅度减小，这主要源于投资者的锚定行为偏差和保守行为偏差。一方面，投资者认为过去表现好的资产组合在未来也能表现出较好的业绩；另一方面，投资者对过去配置最优资产组合的财富收益效用对其当前效用的差异性难以判断。进一步，表 6-1 和表 6-2 还表明，具有较大风险规避系数的投资者，在较大记忆系数λ和较小无差异系数κ下，其代表性行为偏差和可获得性行为偏差表现更强烈，其对均值–方差模型的信任程度调整更迅速，相应的资产组合调整幅度更大，表现出积极的资产组合策略。反之，具有较小风险规避系数的投资者，在较小记忆系数λ和较大无差异系数κ下，其锚定行为偏差和保守行为偏差表现也更强烈，其对均值–方差模型的信任程度调整更渐进，相应的资产组合调整幅度更小，表现出消极的资产组合策略。这主要归因于投资者的风险容忍程度，投资者很难知道与决策相关的所有未来状态及其概率，因而对基于均值–方差模型的传统资产组合在未来能否获得满意的财富收益效用也很难坚定确信，加之二次效用投资者对资产组合财富收益效用损失的敏感性强于资产组合财富收益效用增加的敏感性，而较大风险规避系数的投资者，其风险容忍度低，进一步加剧了其对均值–方差模型的不信任，相应的资产组合调整幅度就更大，但较小风险规避系数的投资者，其风险容忍度高，进一步缓解了其对均值–方差模型的不信任，相应的资产组合调整幅度就更小。

（3）表6-2和表6-3的结果表明，无论是较远较长研究区间（研究样本1），还是较近较短研究区间（研究样本 2），均值–方差模型的一般不确定性对最优资产组合配置的影响具有相同特征，说明在资产组合选择过程中应考虑模型的一般不确定性特征。资产组合配置的最大调整幅度说明股票市场记忆性对最优资产组合配置的影响虽不及均值–方差模型一般不确定性的影响，但较远较长研究区间的记忆性对最优资产组合配置的影响弱于较近较短研究区间的记忆性影响，且随风险规避系数增大表现更为明显。无差异系数κ反映了投资者的经验及其自身状态的心理判断，故在相似函数为线性（κ=1）的情景下考察记忆系数的变化导致最优资产组合配置相对于传统资产组合配置的最大调整幅度，表 6-2 显示，在风险规避系数γ（$\gamma = 2,5,10$）下不同决策时点的最大调整幅度的平均值分别为 10.65%、27.51%、32.35%；表6-3显示，在风险规避系数γ（$\gamma = 2,5,10$）下不同决策时点的最大调整幅度的平均值分别为 8.43%、13.84%、18.39%。显然，源于股票市场记忆性的历史减弱规律，较远较长的股票市场历史信息很难反映当前市场特征，对当前资产组合决策影响减弱，投资者选择资产组合更依赖最近最新信息，故相对研究样本 2，基于研究样本 1 的最优资产组合配置的最大调整幅度的平均值高。源于投资者的风险容忍度，最大调整幅度的平均值随风险规避系数增加而增大。因模型一般不确定性特征还考虑了无差异系数，而无差异系数反映了投资者的经验及自身状态的心理判断，那么投资者对距当前较远较长历史信息下的资产组合财富收益效用的心理判断差异就较大，表现为最优资产组合配置的调整幅度就较大，故股票市场记忆性对最优资产组合配置的影响不及均值-方差模型一般不确定性的影响。

本 章 小 结

投资者往往很难知道与资产组合构建相关的所有未来状态及其概率，从而对资产组合在未来能获得超额财富效用持怀疑态度，实践中表现出对资产组合构建所基于的资产收益模型和（或）模型假设的有效性持怀疑态度。本章引入以记忆系数和无差异系数表征的随机变量测度均值-方差模型的一般不确定性特征，反映投资者的模型信任程度，研究均值-方差模型具有一般不确定性下的最优资产组合构建问题。基于资本市场线理论，构建最优资产组合选择是模型信任程度和基于均值-方差模型的传统资产组合构建的线性函数；基于记忆系数和无差异系数的不同组合，运用基于事例推理的方法求解二次效用投资者的最优模型信任程度，获得均值-方差模型具有一般不确定性下的最优资产组合，并以上证综合指数 1997 年 1 月至 2010 年 8 月的月度收益数据予以实证研究并将结果予以对比。结果表明，较大风险规避投资者，在较大记忆系数和较小无差异系数下，其模型信任程度调整较快、资产组合调整幅度大，表现出可获得性和代表性行为偏差，通常采取积极资产组合策略。反之，其模型信任程度调整渐进、资产组合调整幅度小，表现出锚定性和保守性行为偏差，通常采取消极资产组合策略。模型一般不确定性对最优资产组合选择的影响强于股票市场记忆性的影响。研究体现了投资者的有限理性，将传统的资产组合选择问题延伸至行为金融学领域。

第七章　不确定环境下的资产均衡价格区间

既然不确定性是金融市场的基本特征之一，那其必然影响投资者交易行为。前述研究已充分说明，投资者交易行为与资产价格动态（资产收益模型及其模型不确定性）密切相关，那么首先就要洞悉不确定性环境下的资产价格行为特征。传统金融学假设投资者是理性的，研究不确定性环境下的资产定价问题，开创了 CAPM、三因子模型和 B-S 模型。这里的不确定性是指未来事件具有明确概率的不确定性，即传统意义上的风险，资产存在某一确定的均衡价格。20 世纪，Knight（1921）针对 Ellsberg（1961）的悖论，提出除传统风险外真正的不确定性还应包括未来事件无明确概率的不确定性，并将之定义为奈特不确定性。继而，奈特不确定性环境下的资产定价问题成为学术界研究的焦点。实质上，奈特不确定性环境下的资产定价问题研究还能阐释传统金融学中信息和流动性等风险与资产定价的关系，进一步刻画投资者行为。因此，本章基于 B-S 模型，放宽不确定性条件研究奈特不确定性下的欧式期权定价问题，提出均衡价格区间的概念。

关于资产均衡价格区间的研究已突破传统意义上的风险范畴，奈特不确定性更能客观反映金融市场的不确定性特征，有助于揭示资产定价规律、阐释投资者行为。但目前研究至少有两点还需进一步深入或完善：一是较多研究将资产收益中风险溢价之外的部分笼统归结为噪音，将奈特不确定性与噪音等价。随着微观结构理论的发展，除风险溢价之外的信息溢价和流动性溢价也以风险因子形式逐渐被引入资产定价模型。实质上，奈特不确定性主要归结于投资者信息集的噪音及其引起投资者态度或情绪的变化。二是源于奈特不确定性难以测度，较多研究停留在理论层面，应用数学语言描述奈特不确定性与资产定价的关系。因此，本章研究的创新点：一是将奈特不确定性从资产收益的噪音中单独列出，并以一等级参数予以测度；二是量化奈特不确定性程度，实证研究奈特不确定性强弱、期权标的资产当前价格、期权到期时间与期权定价的关系；三是对比发现，奈特不确定性的客观存在导致资产的均衡价格不再是某一确定值，而是某一定价区间，定价区间的存在，降低了市场流动性，进而为投资者决策提供相关建议。

第一节　奈特不确定性下的资产均衡定价区间

一、奈特不确定性测度及其对偶测度

为描述金融市场上的奈特不确定性特征，我们引入一个可行控制集合：$\Theta=\left\{(\theta_t)_{0\leqslant t\leqslant T}\,||\theta_t|\leqslant\alpha,t\in[0,\mathrm{T}]\right\}$，并将$\Theta$中的变量$\alpha\left[\alpha\in(0,+\infty)\right]$定义为奈特不确定性测度，即测度金融市场上奈特不确定性程度的等级参数。当$\alpha\to 0$时，表明金融市场上的奈特不确定性程度较弱，最终收敛于传统意义上的风险，即资产未来收益具有明确概率分布；反之，则表明金融市场上的奈特不确定性程度越来越强，即资产未来收益的概率分布越来越模糊。基于此，借助可行域上的容度概念获得奈特不确定性对偶测度。

定义 7-1: 若μ是可行域(X,Σ)上的一个测度，则对于$\forall A\in\Sigma$，μ的对偶测度为μ'：$\mu'=1-\mu\left(A^C\right)$，$A^C=\Sigma-A$，$\mu'$与$\mu$凸凹性相反。

定义 7-2: 若μ是可行域上的$\alpha-$概率测度，则μ'是可行域上的α^*-概率测度，$\alpha^*=-\dfrac{\alpha}{1+\alpha}$，$\alpha^*$称为$\alpha$的对偶测度。

因此，奈特不确定性对偶测度为α^*，$\alpha^*\in(-1,0)$。

二、奈特不确定性下的欧式期权定价

根据欧式期权定义，参照张慧和聂秀山（2007）基于 B-S 模型的欧式看涨和看跌期权的回报分别为

$$(S_T-K)^+=\max.(S_T-K,0) \tag{7-1}$$

$$(K-S_T)^+=\max.(K-S_T,0) \tag{7-2}$$

其中，T为到期日；K为执行价格；S_T为期权到期时标的资产的价格。

由 Epstein 和 Wang（1994）的研究可知，在奈特不确定性环境下，资产的均衡价格可能不再是传统风险意义上的某一确定值，而是某一区间。因此，基于奈特不确定性测度α及其对偶测度α^*（$-1<\alpha^*<0<\alpha<+\infty$），并结合式（7-1）

和式（7-2），奈特不确定性下欧式看涨期权和看跌期权的定价可表达为

$$\left[C^{\alpha},C^{\alpha^*}\right]=\left[\min.\left\{E^{Q^{\theta}}\left[\mathrm{e}^{-rT}\left(S_T-K\right)^+\right]\right\},\max.\left\{E^{Q^{\theta}}\left[\mathrm{e}^{-rT}\left(S_T-K\right)^+\right]\right\}\right] \quad (7\text{-}3)$$

$$\left[P^{\alpha},P^{\alpha^*}\right]=\left[\min.\left\{E^{Q^{\theta}}\left[\mathrm{e}^{-rT}\left(K-S_T\right)^+\right]\right\},\max.\left\{E^{Q^{\theta}}\left[\mathrm{e}^{-rT}\left(K-S_T\right)^+\right]\right\}\right] \quad (7\text{-}4)$$

其中，C^{α}、C^{α^*}分别为欧式看涨期权的最小和最大定价；P^{α}、P^{α^*}分别为欧式看跌期权的最小和最大定价。接下来，以欧式看涨期权和看跌期权的最小定价为例予以求解，即

$$C^{\alpha}=\min.\left\{E^{Q^{\theta}}\left[\mathrm{e}^{-rT}\left(S_T-K\right)^+\right]\right\} \quad (7\text{-}5)$$

$$P^{\alpha}=\min.\left\{E^{Q^{\theta}}\left[\mathrm{e}^{-rT}\left(K-S_T\right)^+\right]\right\} \quad (7\text{-}6)$$

引理 7-1：存在$\left(\theta_t^1\right)_{0\leqslant t\leqslant T}\in\Theta$，$\left(\theta_t^2\right)_{0\leqslant t\leqslant T}\in\Theta$分别满足

$$C^{\alpha}=E^{Q^{\theta^1}}\left[\mathrm{e}^{-rT}\left(S_T-K\right)^+\right] \quad (7\text{-}7)$$

$$P^{\alpha}=E^{Q^{\theta^2}}\left[\mathrm{e}^{-rT}\left(K-S_T\right)^+\right] \quad (7\text{-}8)$$

证明：对$\forall\left(\theta_t^1\right)_{0\leqslant t\leqslant T}\in\Theta$：

$$C^{\alpha}=\min.\left\{E^{Q^{\theta}}\left[\mathrm{e}^{-rT}\left(S_T-K\right)^+\right]\right\}=E^{Q^{\theta^1}}\left[\mathrm{e}^{-rT}\left(S_T-K\right)^+\right] \quad (7\text{-}9)$$

其中，$\left(\theta_t^1\right)_{0\leqslant t\leqslant T}=\left[\alpha\circ\mathrm{sgn}\left(z_t^{\theta^1}\right)\right]_{0\leqslant t\leqslant T}\in\Theta$；$\left(y_t^{\theta^1},z_t^{\theta^1}\right)_{0\leqslant t\leqslant T}$为倒向随机微分方程式（7-10）的解（王春峰等，2015）。

$$\begin{cases}-\mathrm{d}y_t^{\theta^1}=\left(-ry_t^{\theta^1}-\alpha\left|z_t^{\theta^1}\right|\right)\mathrm{d}t-z_t^{\theta^1}\mathrm{d}W_t^Q\\ y_T^{\theta^1}=\left(S_T-K\right)^+\end{cases} \quad (7\text{-}10)$$

同理可得，对$\forall\left(\theta_t^2\right)_{0\leqslant t\leqslant T}\in\Theta$：

$$P^{\alpha}=\min.\left\{E^{Q^{\theta}}\left[\mathrm{e}^{-rT}\left(K-S_T\right)^+\right]\right\}=E^{Q^{\theta^2}}\left[\mathrm{e}^{-rT}\left(K-S_T\right)^+\right] \quad (7\text{-}11)$$

其中，$\left(\theta_t^2\right)_{0\leqslant t\leqslant T}=\left[\alpha\circ\mathrm{sgn}\left(z_t^{\theta^2}\right)\right]_{0\leqslant t\leqslant T}\in\Theta$；$\left(y_t^{\theta^2},z_t^{\theta^2}\right)_{0\leqslant t\leqslant T}$为倒向随机微分方程式（7-12）的解。

$$\begin{cases}-\mathrm{d}y_t^{\theta^2}=\left(-ry_t^{\theta^2}-\alpha\left|z_t^{\theta^2}\right|\right)\mathrm{d}t-z_t^{\theta^2}\mathrm{d}W_t^Q\\ y_T^{\theta^2}=\left(K-S_T\right)^+\end{cases} \quad (7\text{-}12)$$

引理 7-1 证毕。

引理 7-1 表明式（7-5）和式（7-6）存在唯一解。为引入奈特不确定性测度参数α，提出引理 7-2。

引理 7-2： 若令引理 7-1 中$\left(\theta_t^1\right)_{0\leqslant t\leqslant T}\equiv\alpha$，$\left(\theta_t^2\right)_{0\leqslant t\leqslant T}\equiv-\alpha$，则欧式看涨期权和看跌期权的最小定价进一步转化为

$$C^{\alpha}=E^{Q^{(\alpha)}}\left[\mathrm{e}^{-rT}\left(S_T-K\right)^{+}\right] \tag{7-13}$$

$$P^{\alpha}=E^{Q^{(-\alpha)}}\left[\mathrm{e}^{-rT}\left(K-S_T\right)^{+}\right] \tag{7-14}$$

其中，由集合Θ生成一个概率测度集合与集合Θ等价（Chen and Epstein，2002）：$\left.\dfrac{\mathrm{d}Q^{(\alpha)}}{\mathrm{d}Q}\right|_{F_T}:=\exp\left\{-\alpha W_T^Q-\dfrac{1}{2}\alpha^2T\right\}$，$\left.\dfrac{\mathrm{d}Q^{(-\alpha)}}{\mathrm{d}Q}\right|_{F_T}:=\exp\left\{\alpha W_T^Q-\dfrac{1}{2}\alpha^2T\right\}$。

证明：(Σ,F,P)是一个完备概率空间，假设$\Phi(x)$是$\mathbf{R}$上的连续函数，满足$\Phi(x)\in L^2(\Sigma,F,P)$，且$\left(y^{t,x},z^{t,x}\right)$是倒向随机微分方程式（7-15）的解：

$$y_s^{t,x}=\Phi(x)+\int_s^T h\left(y_w^{t,x},z_w^{t,x},v\right)\mathrm{d}w-\int_s^T z_w^{t,x}\mathrm{d}B_w,\quad s\in[t,T] \tag{7-15}$$

张慧和聂秀山（2007）指出，如果函数$\Phi(x)$是单调递增的，那么$\partial x\left(y_s^{t,x}\right)\geqslant 0$，则$\left(z_s^{t,x}\right)_{0\leqslant s\leqslant T}$和$\left[\sigma\left(s,X_s^{t,x}\right)\right]_{0\leqslant s\leqslant T}$的正负相同。同理，若函数$\Phi(x)$是单调递减的，则$\left(z_s^{t,x}\right)_{0\leqslant s\leqslant T}$和$\left[\sigma\left(s,X_s^{t,x}\right)\right]_{0\leqslant s\leqslant T}$的正负相反。由于偏微分方程式（7-10）中$\left(S_T,K\right)^{+}$关于$S_T$单调递增，所以过程$\left(z_t^{\theta^1}\right)_{0\leqslant t\leqslant T}$的正负与$\sigma\left(t,X_t\right)_{0\leqslant t\leqslant T}$正负相同，结合引理 7-1 可得$\left(\theta_t^1\right)_{0\leqslant t\leqslant T}\equiv\alpha$。同理可得$\left(\theta_t^2\right)_{0\leqslant t\leqslant T}\equiv-\alpha$。

引理 7-2 证毕。

因此，基于引理 7-1 和引理 7-2 可得命题 7-1。

命题 7-1： 在可行控制集合Θ下，奈特不确定性测度参数α满足$0<\alpha<+\infty$，欧式看涨期权和看跌期权的最小定价为

$$C^{\alpha}=s\mathrm{e}^{-\alpha\sigma T}N\left(d_1\right)-K\mathrm{e}^{-rT}N\left(d_2\right) \tag{7-16}$$

$$P^{\alpha}=K\mathrm{e}^{-rT}N\left(-d_6\right)-s\mathrm{e}^{\alpha\sigma T}N\left(-d_5\right) \tag{7-17}$$

其中，s为标的资产当前价格；T为到期日；r为$[0,T]$内无风险资产利率；σ为认购权证的波动率；$d_2=\dfrac{\ln\dfrac{s}{K}+\left(r-\alpha\sigma-\dfrac{1}{2}\sigma^2\right)T}{\sigma\sqrt{T}}$，$d_1=d_2+\sigma\sqrt{T}$；$d_6=\dfrac{\ln\dfrac{s}{K}+\left(r+\alpha\sigma-\dfrac{1}{2}\sigma^2\right)T}{\sigma\sqrt{T}}$，$d_5=d_6+\sigma\sqrt{T}$；$N(\bullet)$为标准正态的累积概率分布函数，$N(x)=\int_{-\infty}^{x}\dfrac{1}{\sqrt{2\pi}}\mathrm{e}^{-\frac{t^2}{2}}\mathrm{d}t$。

证明：式（7-13）求解得

$$\begin{aligned} C^{\alpha} &= E^{Q^{(\alpha)}}\left[\mathrm{e}^{-rT}\left(S_T-K\right)^{+}\right]=E^{Q^{(\alpha)}}\left[\mathrm{e}^{-rT}\left(S_T-K\right)1_{\{S_T\geqslant K\}}\right] \\ &= \mathrm{e}^{-rT}E^{Q^{(\alpha)}}\left(S_T 1_{\{S_T\geqslant K\}}\right)-K\mathrm{e}^{-rT}E^{Q^{(\alpha)}}\left(1_{\{S_T\geqslant K\}}\right) \\ &\triangleq \Delta_1-\Delta_2 \end{aligned} \tag{7-18}$$

接下来，分别求解 Δ_1、Δ_2：

$\Delta_1=\mathrm{e}^{-rT}E^{Q^{(\alpha)}}\left(S_T 1_{\{S_T\geqslant K\}}\right)$，由引理 7-2 可得，当 $0\leqslant t\leqslant T$ 时，

$$S_t=s\exp\left\{\left(r-\alpha\sigma-\frac{1}{2}\sigma^2\right)t+\sigma W_t^{Q(\alpha)}\right\} \tag{7-19}$$

其中，$W_t^{Q^{(\alpha)}}$ 为概率测度 Q^{α} 下的布朗运动；令 $N_t=\exp\left(-\frac{1}{2}\sigma^2+\sigma W_t^{Q^{(\alpha)}}\right)$，$0\leqslant t\leqslant T$，$\left.\frac{\mathrm{d}\dot{Q}}{\mathrm{d}Q^{(\alpha)}}\right|_{F_T}:=N_T$，$W_t=W_t^{Q(\alpha)}-\sigma t$，则 $\dot{Q}$ 为概率测度；$\{W_t\}$ 为 $\dot{Q}$ 下的布朗运动。因此，$\ln S_T$ 在概率测度 $\dot{Q}$ 下服从正态分布 $\mathrm{N}\left(\ln s+\left(r-\alpha\sigma+\frac{1}{2}\sigma^2\right)T,\sigma^2 T\right)$，即

$$\dot{Q}\{S_T\geqslant K\}=N\left(d_1\right)=N\left\{\frac{\ln\frac{s}{K}+\left(r-\alpha\sigma+\frac{1}{2}\sigma^2\right)T}{\sigma\sqrt{T}}\right\} \tag{7-20}$$

将式（7-19）和式（7-20）代入 Δ_1 可得

$$\begin{aligned} \Delta_1 &= \mathrm{e}^{-rT}E^{Q^{(\alpha)}}\left\{s\exp\left[\left(r-\alpha\sigma-\frac{1}{2}\sigma^2\right)T+\sigma W_T^{Q^{(\alpha)}}\right]1_{\{S_T\geqslant K\}}\right\} \\ &= \mathrm{e}^{-rT}s\exp\left[\left(r-\alpha\sigma\right)T\right]N\left(d_1\right) \\ &= s\mathrm{e}^{-\alpha\sigma T}N\left(d_1\right) \end{aligned} \tag{7-21}$$

类似于上述过程，化简可得

$$\begin{aligned} \Delta_2 &= K\mathrm{e}^{-rT}E^{Q^{(\alpha)}}\left(1_{\{S_T\geqslant K\}}\right)=K\mathrm{e}^{-rT}Q^{(\alpha)}\left\{S_T\geqslant K\right\} \\ &= K\mathrm{e}^{-rT}N\left[\frac{\ln\frac{s}{K}+\left(r-\alpha\sigma-\frac{1}{2}\sigma^2 T\right)}{\sigma\sqrt{T}}\right]=K\mathrm{e}^{-rT}N\left(d_2\right) \end{aligned} \tag{7-22}$$

将式（7-21）和式（7-22）代入式（7-18）得

$$C^{\alpha}=\Delta_1-\Delta_2=s\mathrm{e}^{-\alpha\sigma T}N\left(d_1\right)-K\mathrm{e}^{-rT}N\left(d_2\right) \tag{7-23}$$

因此，式（7-16）成立。同理，可证得式（7-17）成立。

命题 7-1 证毕。

同理，引入奈特不确定性对偶测度 α^*，得命题 7-2。

命题 7-2：在可行控制集合 Θ 下，奈特不确定性测度参数 α 及其对偶测度参数 α^* 满足 $-1<\alpha^*<0<\alpha<+\infty$，欧式看涨期权和看跌期权的最大定价为

$$C^{\alpha^*}=s\mathrm{e}^{[\alpha/(1+\alpha)]\sigma T}N(d_3)-K\mathrm{e}^{-rT}N(d_4) \tag{7-24}$$

$$P^{\alpha^*}=K\mathrm{e}^{-rT}N(-d_8)-s\mathrm{e}^{[-\alpha/(1+\alpha)]\sigma T}N(-d_7) \tag{7-25}$$

其中，s 为标的资产当前价格；T 为到期日；r 为 $[0,T]$ 内无风险资产利率；σ 为认购权证的波动率，$d_4=\dfrac{\ln\dfrac{s}{K}+\left\{r+[\alpha/(1+\alpha)]\sigma-\dfrac{1}{2}\sigma^2\right\}T}{\sigma\sqrt{T}}$，$d_3=d_4+\sigma\sqrt{T}$；$d_8=\dfrac{\ln\dfrac{s}{K}+\left\{r-[\alpha/(1+\alpha)]\sigma-\dfrac{1}{2}\sigma^2\right\}T}{\sigma\sqrt{T}}$，$d_7=d_8+\sigma\sqrt{T}$；$N(\cdot)$ 为标准正态的累积概率分布函数，$N(x)=\int_{-\infty}^{x}\dfrac{1}{\sqrt{2\pi}}\mathrm{e}^{-\frac{t^2}{2}}\mathrm{d}t$。

证明：基于式（7-16）及定义 7-2 中 $\alpha^*=-\dfrac{\alpha}{1+\alpha}$，奈特不确定性下的欧式看涨期权的最大定价为

$$\begin{aligned}C^{\alpha^*}&=s\mathrm{e}^{-\alpha^*\sigma T}N(d_3)-K\mathrm{e}^{-rT}N(d_4)\\&=s\mathrm{e}^{(\alpha/(1+\alpha))\sigma T}N(d_3)-K\mathrm{e}^{-rT}N(d_4)\end{aligned} \tag{7-26}$$

即式（7-24）成立。同理，可证得式（7-25）成立。

结合命题 7-1 和命题 7-2，可获得结论 7-1。

结论 7-1：假设投资者为理性，若以等级参数 α 测度金融市场上的奈特不确定性程度，则奈特不确定性环境下欧式看涨期权和看跌期权的定价为某一区间，称为定价区间：

$$\left[C^{\alpha},C^{\alpha^*}\right]=\left[s\mathrm{e}^{-\alpha\sigma T}N(d_1)-K\mathrm{e}^{-rT}N(d_2),s\mathrm{e}^{[\alpha/(1+\alpha)]\sigma T}N(d_3)-K\mathrm{e}^{-rT}N(d_4)\right] \tag{7-27}$$

$$\left[P^{\alpha},P^{\alpha^*}\right]=\left[K\mathrm{e}^{-rT}N(-d_6)-s\mathrm{e}^{\alpha\sigma T}N(-d_5),K\mathrm{e}^{-rT}N(-d_8)-s\mathrm{e}^{[-\alpha/(1+\alpha)]\sigma T}N(-d_7)\right] \tag{7-28}$$

进一步，以欧式看涨期权为例，基于式（7-27）讨论定价区间与期权标的资产当前价格、期权到期时间和奈特不确定性程度的关系，获得相应推论。

令 l 为定价区间长度，则欧式看涨期权的定价区间长度可表达为 $l_C=C^{\alpha^*}-C^{\alpha}$。因此，

$$\frac{\partial l_C}{\partial s}=\mathrm{e}^{\frac{\alpha}{1+\alpha}\sigma T}N(d_3)+s\mathrm{e}^{\frac{\alpha}{1+\alpha}\sigma T}\frac{\partial N(d_3)}{\partial d_3}\frac{\partial d_3}{\partial s}-K\mathrm{e}^{-rT}\frac{\partial N(d_4)}{\partial d_4}\frac{\partial d_4}{\partial s}$$
$$-\left(\mathrm{e}^{-\alpha\sigma T}N(d_1)+s\mathrm{e}^{-\alpha\sigma T}\frac{\partial N(d_1)}{\partial d_1}\frac{\partial d_1}{\partial s}-K\mathrm{e}^{-rT}\frac{\partial N(d_2)}{\partial d_2}\frac{\partial d_2}{\partial s}\right)$$

$\because d_1=d_2+\sigma\sqrt{T},d_3=d_4+\sigma\sqrt{T}\ \therefore\frac{\partial d_1}{\partial s}=\frac{\partial d_2}{\partial s},\frac{\partial d_3}{\partial s}=\frac{\partial d_4}{\partial s}$，则：

$$\begin{aligned}K\mathrm{e}^{-rT}\frac{\partial N\left(d_2\right)}{\partial d_2}&=K\mathrm{e}^{-rT}\frac{1}{\sqrt{2\pi}}\mathrm{e}^{-\frac{d_2^2}{2}}=K\mathrm{e}^{-rT}\frac{1}{\sqrt{2\pi}}\mathrm{e}^{-\frac{1}{2}\left(d_1^2-2\sigma\sqrt{T}d_1+\sigma^2T\right)}\\&=K\mathrm{e}^{-rT}\frac{\partial N\left(d_1\right)}{\partial d_1}\mathrm{e}^{\ln\frac{s}{K}+\left(r-\alpha\sigma-\frac{1}{2}\sigma^2\right)T+\sigma^2T-\frac{1}{2}\sigma^2T}\\&=K\mathrm{e}^{-rT}\frac{\partial N\left(d_1\right)}{\partial d_1}\frac{s}{K}\mathrm{e}^{rT}\mathrm{e}^{-\alpha\sigma T}\\&=s\mathrm{e}^{-\alpha\sigma T}\frac{\partial N\left(d_1\right)}{\partial d_1}\end{aligned}\tag{7-29}$$

同理可得 $s\mathrm{e}^{\frac{\alpha}{1+\alpha}\sigma T}\frac{\partial N\left(d_3\right)}{\partial d_3}=K\mathrm{e}^{-rT}\frac{\partial N\left(d_4\right)}{\partial d_4}$。所以，$\frac{\partial l_C}{\partial s}=\mathrm{e}^{\frac{\alpha}{1+\alpha}\sigma T}N\left(d_3\right)-\mathrm{e}^{-\alpha\sigma T}N\left(d_1\right)$。

$\because d_3>d_1$，$\frac{\alpha}{1+\alpha}\sigma T>-\alpha\sigma T\ \therefore N(d_3)>N(d_1),\mathrm{e}^{\frac{\alpha}{1+\alpha}\sigma T}>\mathrm{e}^{-\alpha\sigma T}$，故$\frac{\partial l_C}{\partial s}>0$。

因此，欧式看涨期权的定价区间与其标的资产当前价格同方向变动，呈正相关关系。

欧式期权必须在到期日才能执行，故欧式期权的到期时间是固定值，但不同资产的欧式期权到期日并不相同，因而可以将到期时间 T 看成连续性变量。因此，

$$\frac{\partial l_C}{\partial T}=s\mathrm{e}^{\frac{\alpha}{1+\alpha}\sigma T}N\left(d_3\right)\frac{\alpha}{1+\alpha}\sigma+s\mathrm{e}^{\frac{\alpha}{1+\alpha}\sigma T}\frac{\partial N\left(d_3\right)}{\partial d_3}\frac{\partial d_3}{\partial T}+rK\mathrm{e}^{-rT}N\left(d_4\right)-K\mathrm{e}^{-rT}\frac{\partial N\left(d_4\right)}{\partial d_4}\frac{\partial d_4}{\partial T}$$
$$-\left(s\mathrm{e}^{-\alpha\sigma T}N\left(d_1\right)(-\alpha\sigma)+s\mathrm{e}^{-\alpha\sigma T}\frac{\partial N\left(d_1\right)}{\partial d_1}\frac{\partial d_1}{\partial T}+rK\mathrm{e}^{-rT}N\left(d_2\right)-K\mathrm{e}^{-rT}\frac{\partial N\left(d_2\right)}{\partial d_2}\frac{\partial d_2}{\partial T}\right)$$

$\because d_1=d_2+\sigma\sqrt{T},d_3=d_4+\sigma\sqrt{T}$，并结合式（7-29）可得

$$\frac{\partial l_C}{\partial T}=s\mathrm{e}^{\frac{\alpha}{1+\alpha}\sigma T}N\left(d_3\right)\frac{\alpha}{1+\alpha}\sigma+s\alpha\sigma\mathrm{e}^{-\alpha\sigma T}N\left(d_1\right)+rK\mathrm{e}^{-rT}N\left(d_4\right)-rK\mathrm{e}^{-rT}N\left(d_2\right)$$
$$+s\mathrm{e}^{\frac{\alpha}{1+\alpha}\sigma T}\frac{\partial N\left(d_3\right)}{\partial d_3}\frac{\sigma}{2\sqrt{T}}-s\mathrm{e}^{-\alpha\sigma T}\frac{\partial N\left(d_1\right)}{\partial d_1}\frac{\sigma}{2\sqrt{T}}$$

$\because N(d_3)>N(d_1), N(d_4)>N(d_2)$ ， $\dfrac{\alpha}{1+\alpha}\sigma T>-\alpha\sigma T$ $\therefore \dfrac{\partial N(d_3)}{\partial d_3}>\dfrac{\partial N(d_1)}{\partial d_1}$ ，$rK\mathrm{e}^{-rT}N(d_4)-rK\mathrm{e}^{-rT}N(d_2)>0$ ， $\mathrm{e}^{\frac{\alpha}{1+\alpha}\sigma T}>\mathrm{e}^{-\alpha\sigma T}$ 。又 $\because s\mathrm{e}^{\frac{\alpha}{1+\alpha}\sigma T}\dfrac{\partial N(d_3)}{\partial d_3}\dfrac{\sigma}{2\sqrt{T}}-s\mathrm{e}^{-\alpha\sigma T}\dfrac{\partial N(d_1)}{\partial d_1}\dfrac{\sigma}{2\sqrt{T}}>0$ 。故 $\dfrac{\partial l_C}{\partial T}>0$ 。

因此，欧式看涨期权的定价区间与其到期时间同方向变动，呈正相关关系。

最后，分别讨论定价区间的下界和上界与奈特不确定性程度的关系。

$$\frac{\partial C^{\alpha}}{\partial\alpha}=s\mathrm{e}^{-\alpha\sigma T}(-\sigma T)N(d_1)+s\mathrm{e}^{-\alpha\sigma T}\frac{\partial N(d_1)}{\partial d_1}\frac{\partial d_1}{\partial\alpha}-K\mathrm{e}^{-rT}\frac{\partial N(d_2)}{\partial d_2}\frac{\partial d_2}{\partial\alpha}$$

$\because d_1=d_2+\sigma\sqrt{T}$ $\therefore \dfrac{\partial d_1}{\partial\alpha}=\dfrac{\partial d_2}{\partial\alpha}$ ，并结合式（7-29），得 $\dfrac{\partial C^{\alpha}}{\partial\alpha}=s\mathrm{e}^{-\alpha\sigma T}(-\sigma T)N(d_1)<0$ 。

同理可得

$$\begin{aligned}\frac{\partial C^{\alpha^*}}{\partial\alpha}&=\frac{1}{(1+\alpha)^2}\sigma Ts\mathrm{e}^{\frac{\alpha}{1+\alpha}\sigma T}N(d_3)+s\mathrm{e}^{\frac{\alpha}{1+\alpha}\sigma T}\frac{\partial N(d_3)}{\partial d_3}\frac{\partial d_3}{\partial\alpha}-K\mathrm{e}^{-rT}\frac{\partial N(d_4)}{\partial d_4}\frac{\partial d_4}{\partial\alpha}\\&=\frac{1}{(1+\alpha)^2}\sigma Ts\mathrm{e}^{\frac{\alpha}{1+\alpha}\sigma T}N(d_3)>0\end{aligned}$$

因此，欧式期权的最小定价是奈特不确定性程度的减函数，最大定价是奈特不确定性程度的增函数。故定价区间随着奈特不确定性程度的增大而变大（若采用类似的定价区间长度分析法，同样可获得此结果）。

综上分析，可获得推论 7-1。

推论 7-1：在奈特不确定性环境下，欧式期权标的资产价格越高，到期时间越长，金融市场的奈特不确定性程度越强，欧式期权的定价区间越大。

第二节　实 证 研 究

基于结论 7-1 中的式（7-27）和式（7-28），以中国期权市场上的上证 50ETF①期权为对象，实证研究奈特不确定性程度、期权标的资产当前价格及期权到期时间与期权定价区间的关系，并与传统风险意义（B-S 模型，即本章中 $\alpha=0$ 的情形）下的期权定价特征对比，获得相关结论。

① ETF：exchange traded funds，指数股票型基金。

一、研究样本选择

无风险利率选取 2016 年凭证式（一期）国债，持满三年以上的年利率为 4.00%，其日收益率为 r，$r=\left(\ln\left(1+4.00\%\right)\right)/365=0.000107$。风险资产选取 2015 年 2 月 9 日正式上市交易的上证 50ETF 期权（510050），其行权日为 2016 年 9 月 28 日，故研究样本区间为 2015 年 2 月 9 日至 2016 年 9 月 28 日。以行权日前 90 天标的资产的对数收益率样本标准差作为波动率的估计，波动率 σ 按一年 240 个交易日计算，即 $\sigma=\sigma_i\sqrt{240}$，其中 σ_i 为上证 50ETF 期权到期日前 90 日的日收益率标准差。上证 50ETF 期权以收盘价靠档价作为行权价推出一个平值期权合约，并以此确定行权间距，按行权价格区间推出两个实值和两个虚值。同时，为反映奈特不确定性程度的变化与上证 50ETF 期权定价区间的关系，选择表征奈特不确定性程度较强和强的两个等级参数，即 $\alpha=0.5$，$\alpha=3$。为与传统风险意义下基于 B-S 模型的上证 50ETF 期权定价特征对比，本章也给出 $\alpha=0$ 情形下的 50ETF 期权定价特征。因此，基于上证 50ETF 期权的原始数据（原始数据来源于 Wind 数据库）可获得奈特不确定性环境下上证 50ETF 期权定价的相关参数，结果见表 7-1。

表 7-1　奈特不确定性下上证 50ETF 期权定价的相关参数

期权名称	上证 50ETF
行权日	2016 年 9 月 28 日
无风险利率	0.000 107
波动率	0.124 905
奈特不确定性等级参数	0，0.5，3

二、实证结果与分析

（一）实证结果

基于式（7-27）和式（7-28）及表 7-1 中的相关参数，在 Matlab 7.0 平台下获得传统风险意义（$\alpha=0$）下上证 50ETF 期权的看涨定价和看跌定价变化特征（图 7-1 和图 7-2），以及不同奈特不确定性程度（$\alpha=0.5$，$\alpha=3$）下的上证 50ETF 期权的看涨定价区间变化特征（图 7-3 和图 7-4）和看跌定价区间变化特征（图 7-5 和图 7-6）。

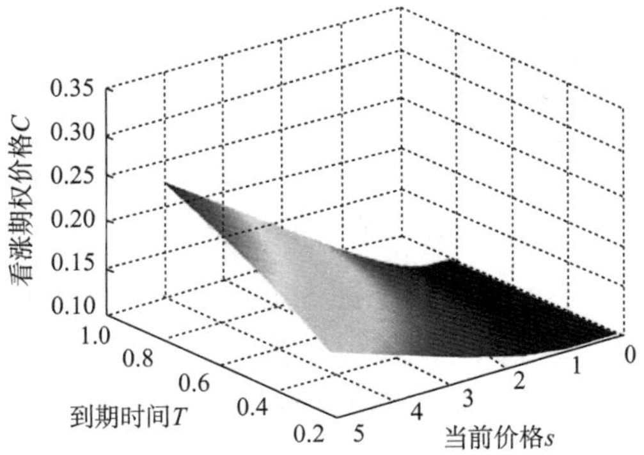

图 7-1　当 $\alpha=0$ 时上证 50ETF 期权的看涨定价

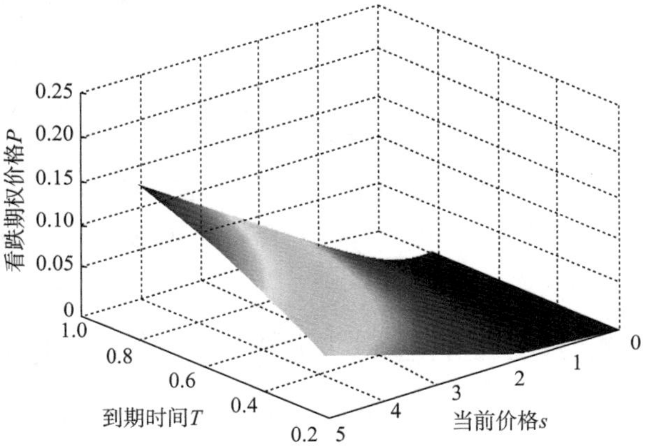

图 7-2　当 $\alpha=0$ 时上证 50ETF 期权的看跌定价

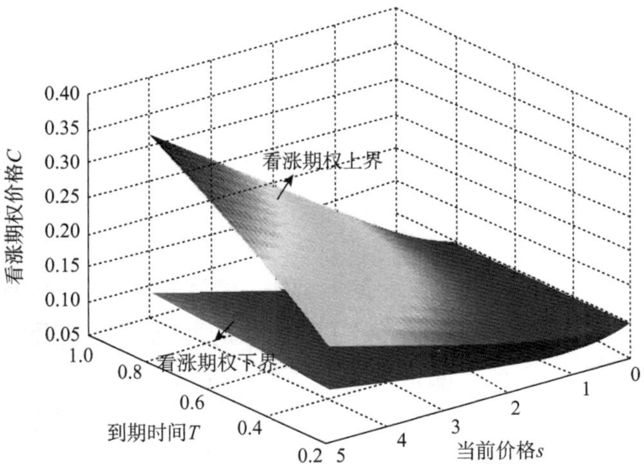

图 7-3　当 $\alpha=0.5$ 时上证 50ETF 期权的看涨定价区间

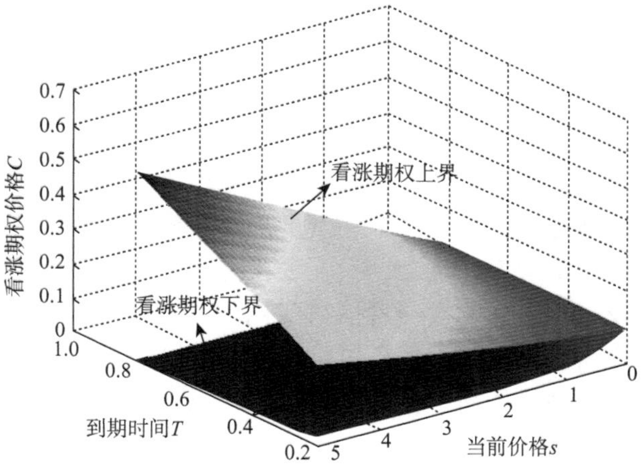

图 7-4　当 $\alpha=3$ 时上证 50ETF 期权的看涨定价区间

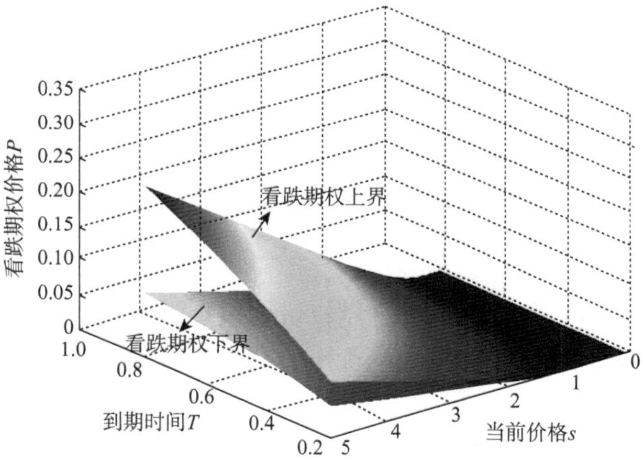

图 7-5　当 $\alpha=0.5$ 时上证 50ETF 期权的看跌定价区间

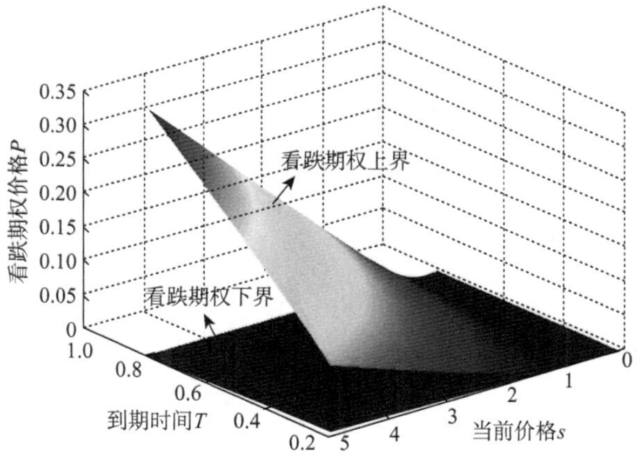

图 7-6　当 $\alpha=3$ 时上证 50ETF 期权的看跌定价区间

（二）结果分析

（1）图 7-6 与图 7-2 对比显示：奈特不确定性环境下欧式期权的均衡价格不再是某一确定值，而是某一区间。资产定价的本质是无套利定价，基于 B-S 模型的欧式期权定价是在严格市场条件假设下仅考虑传统风险溢价的资产均衡价格，且为某一确定值，即完全市场条件下的资产均衡价格；当资产的市场价格高于均衡价格时，投资者卖出资产，反之，投资者买进资产。事实上，市场的信息风险和流动性风险等及由此引起的投资者情绪变化（本书将此归结于奈特不确定性）显著影响资产的均衡价格。源于信息风险和流动性风险等的客观存在，投资者需要风险补偿，故而资产的均衡价格为某一区间，只有当资产的市场价格高于定价区间时，投资者才会卖出资产，当低于定价区间时，投资者才会买进资产。也就是说，若资产的市场价格落在定价区间内，资产处于无交易状态，资产的流动性降低。因此，奈特不确定性导致资产均衡价格为某一定价区间，进而降低了市场流动性。

（2）图 7-6 显示：定价区间与标的资产当前价格呈同方向变动。这表明，当标的资产价格不断上升时，期权的交易价格增高，定价区间随之也增大。此外，当标的资产当前价格较小时，定价区间的上界和下界曲线较为平缓，说明此时其对定价区间影响较弱；当标的资产当前价格上升到一定程度后，定价区间的上界和下界曲线变得陡峭，接近直线变化。这说明当标的资产价格达到投资者承受程度时，投资者会停止期权购买行为，期权价格呈直线上升趋势。这源于投资者的奈特不确定性规避心理，当标的资产价格上升到较高或很高时，投资风险的加大迫使他们放弃对该期权的投资；从投资者效应视角而言，当期权定价区间增大时，期权的流动性降低，导致投资收益率降低，进而影响投资者决策。

（3）图 7-6 显示：定价区间与期权到期时间呈正相关关系。这表明，期权到期时间越长，期权定价区间越大。这一方面源于传统意义上的风险，期权到期时间越长，投资决策的期望收益率要求越高；另一方面，期权到期时间越长，投资者越难以获得真实信息，信息质量越低，未来投资收益概率的明确性越模糊，即奈特不确定性对投资者的影响越大，投资者期望更高的奈特不确定性溢价，这不但类似于近年来在传统风险含义的基础上引入信息风险研究资产定价问题，而且与 Epstein 和 Schneider（2008）的研究结论一致：当信息质量降低时，奈特不确定性规避者寻求更高的奈特不确定性溢价。结合（2）中的分析，期权标的资产当前价格和期权到期时间均与期权的定价区间呈正相关关系，故而研究期权定价问题更应考虑金融市场上的奈特不确定性特征。同时，传统风险之外的信息风险和流动性风险可以归结于奈特不确定性问题研究。

（4）图 7-6 显示：无论是看涨期权还是看跌期权，随着奈特不确定性程度的增大，定价区间随之变大。这既符合第一部分的理论分析：期权最大定价是奈特不确定性程度的增函数，期权最小定价是奈特不确定性程度的减函数，又说明奈特不确定性程度越高，未来偶或收益的不确定性越大，风险规避型投资者不但表现出奈特不确定性厌恶心理，在较高的奈特不确定下可能选择不进入市场，从而降低了市场的流动性，也期望越高的奈特不确定性溢价，表现出较大的定价区间。这与 Easley 和 O'Hara（2010）的研究结论一致：当投资者面临很大奈特不确定性程度时会选择不进入市场，价差的增大和流动性的降低均会改变资产均衡价格。此外，我们发现，在某一奈特不确定性测度下，看涨期权的定价区间大于看跌期权的定价区间，这一方面源于看涨看跌期权的性质，另一方面源于投资者的奈特不确定性规避心理，更担心期权标的资产未来价格下跌，倾向交易看跌期权。综上，在充满不确定性的金融市场上，奈特不确定性越大，资产流动性越弱；看涨期权的流动性弱于看跌期权。

第三节　结论与启示

奈特不确定性不但能客观描述金融市场的不确定性特征，而且显著影响资本资产定价，进而影响资本市场流动性和投资者交易行为。研究结果表明，奈特不确定性的客观存在导致期权的均衡价格不再是某一确定值，而是某一定价区间，且该定价区间随着奈特不确定性程度的增强而变大，随着期权标的资产当前价格的上升而变大，随着期权到期时间的变长而变大，并由此获得相关启示。

（1）内生解释了证券市场上的非市场参与之谜。奈特不确定性是证券市场的基本特征之一，其客观存在导致资产的均衡价格为某一定价区间，且奈特不确定性程度越强，该定价区间越大，资产未被交易的可能性越大，进而市场流动性下降。这不但解释了现实证券市场上经常出现一些风险资产在几分钟或更长时间内未被交易的现象，而且从奈特不确定性视角解释了非市场参与的经济现象。

（2）外生说明了证券市场上的"有限市场参与"特征。大部分投资者属于奈特不确定性规避型。奈特不确定性程度反映了投资者获取市场信息量的程度，因投资者获取信息的渠道、数量和质量的差异，他们对证券市场的奈特不确定性程度认知存在差异。同时，即使获取同等的市场信息数量和质量，投资者对信息的加工处理方式也不同，导致他们对证券市场的奈特不确定性程度认知存在差异。证券市场的奈特不确定性特征能解释非市场参与之谜，但因投资者行为的异质性，尽管资产市场价格落在其定价区间内，投资者在实际交易中也存在差异，故证券市场上的交易往往是"有限市场参与"。

（3）奈特不确定性特征影响中国证券市场的流动性和稳定性。中国证券市场是新兴市场，且中国经济社会正处于转型阶段，奈特不确定性特征在中国证券市场上表现更为明显，因而风险资产的定价区间相对较大，内生影响市场的流动性。同时，中国投资者存在明显的羊群效应，降低了投资者异质性程度，外生影响市场的稳定性。因此，在市场层面应推进体制机制改革、加强市场监管、提升信息披露数量和质量、防止资产价格骤然上升等降低证券市场的奈特不确定性程度。加强金融创新产品市场的宏观管理，如近年来发展起来的绿色金融，因其发展时间短、处于探索发展阶段，社会对其缺乏认识或获取信息的渠道有限等，政府一方面要完善绿色金融财税政策，另一方面要建立公益性环境信息系统和企业环保社会责任规范等降低绿色金融市场的奈特不确定性程度，保持其稳定、可持续发展。在投资者层面应重视奈特不确定性下的个体决策行为和群体决策行为研究，提升投资者决策的科学性。奈特不确定性下的均衡定价区间可以更好地满足个体投资者的投资需求和投资过程风险防控，个体投资者可以根据自身投资满意隶属度及其变化从均衡定价区间内选择满意价格作为参考，进而制定科学投资决策。

本章小结

本章在 B-S 模型中引入一等级参数测度金融市场上的奈特不确定性程度，研究奈特不确定性下的欧式期权定价问题，提出资产均衡价格区间概念，讨论投资者交易行为和金融市场流动性。设置可行控制集合定义等级参数为奈特不确定性测度，借助可行域上的容度获得奈特不确定性对偶测度，基于 B-S 模型构建欧式看涨看跌期权的定价区间；运用倒向随机微分方程获得定价区间的表达式；最后，以 2015 年 2 月 9 日上市的上证 50ETF 期权的日收益数据为样本予以实证，并与 B-S 期权定价特征对比。结果表明，奈特不确定性环境下的欧式期权均衡价格不再是某一确定值，而是某一定价区间；期权标的资产当前价格越高，定价区间越大；期权到期时间越长，定价区间越大；定价区间随着奈特不确定性程度的增强而不断变大。研究指出，奈特不确定性的客观存在降低了市场流动性，内生解释了非市场参与之谜，外生说明了“有限市场参与”特征，进而为投资者决策提出相关建议。

这里仅对奈特不确定性下的欧式期权定价区间进行了初步研究，简要讨论了定价区间对投资者交易行为的影响及与市场流动性的关系。接下来，进一步挖掘均衡定价区间与交易行为的内涵和实质，深刻揭示金融市场的特征，为投资决策和市场监管提供建议措施。

第八章　不确定环境下投资者资产交易的惰性区间

金融市场的不确定性特征改变了资产价格行为，进而影响投资者资产交易行为。标准期望效用理论认为投资者具有唯一的资产执行价格，当市场价格高于执行价格时，投资者出售资产；反之，则会购进。然而，在现实金融市场中，经常出现一些资产在几分钟甚至更长时间内没有被交易或定价的现象，即保持原有头寸，我们称为资产交易惰性区间。资产交易惰性区间的存在既不是因为这些资产的价格骤然上升而不被定价，也不是因为这些资产的价格骤然下降而不被交易，主要源于金融市场的不确定性特征，进而表现在投资者信念上。因此，本章从金融市场不确定性的视角研究投资者资产交易惰性区间，探析其内在机理。

当前研究主要从概率测度和实验的角度探讨奈特不确定性与资产定价、资产组合及市场流动性的关系，而且将奈特不确定性归为资产收益的噪音。本章基于容度期望效用模型，研究金融市场不确定性程度与资产交易惰性区间的关系，并在实证研究的基础上，指出金融市场不确定性特征客观导致投资者资产交易存在惰性区间，进而影响市场的流动性。金融市场不确定性特征可以解释非市场参与之谜和“特质波动率”之谜，并能说明金融市场具有“有限市场参与”的特征。

第一节　投资者信念和行为

由于奈特不确定性下的信息数量、质量及相互冲突等限制，投资者对未来市场的主观评估难以用一个精确的概率测度，通常采用一簇概率测度（多先验期望效用理论）或非可加测度（容度期望效用理论）描述。假定投资者以其终期财富容度期望效用最大为决策目标，那么投资者信念则由非可加性测度描述，Choquet 积分代表其行为偏好。因此，本节基于可行域上的容度描述奈特不确定性下的投资者信念，获得投资者行为偏好，引入测度奈特不确定性程度的等级参数。

一、投资者信念

容度期望效用理论中容度的凸凹性描述了投资者是奈特不确定性规避者还是奈特不确定性追求者。假设投资者是奈特不确定性规避者，根据 Gilboa 和 Schmeidler（1989）提出的容度测度概念，基于以下定义用凸容度描述投资者信念。

定义 8-1： 在可行域 (S,Σ) 上，存在一个函数 μ 满足：

（1）$\mu(\varnothing)=0$，$\mu(S)=1$；

（2）单调性，任意 $E,F\in\Sigma$，$E\subset F\Rightarrow\mu(E)\leqslant\mu(F)$；

（3）任意 E、$F\in\Sigma$ 满足 $\mu(E\cup F)+\mu(E\cap F)\geqslant\mu(E)+\mu(F)$；

则 μ 是可行域上的凸容度，且不满足可加性。

定义 8-2： 当 $\Sigma\to[0,1]$ 时，对任意 $A\in\Sigma$，函数 μ 的对偶测度 μ'：$\mu'=1-\mu\left(A^C\right)$，其中，$A^C=\Sigma-A$，$\mu'$ 与 μ 凸凹性相反。

定义 8-3： 令 $X\in B(S,R)$，$B(S,R)$ 为 $S\to R$ 上的有界函数空间，则可行域 (S,Σ) 上凸容度 μ 的 Choquet 积分为

$$\int X(s)\mu(\mathrm{d}s)=\int_0^{\infty}\mu\left(\left\{s\in S\mid X(s)\geqslant\beta\right\}\right)\mathrm{d}\beta+\int_{-\infty}^{0}\left[\mu\left(\left\{s\in S\mid X(s)\geqslant\beta\right\}\right)-1\right]\mathrm{d}\beta \tag{8-1}$$

其中，$\beta\in(-\infty,\infty)$，式（8-1）的右端是一种黎曼积分。

定义 8-4： M 是 (S,Σ) 上的一簇概率测度，对任意 $A\in\Sigma$，凸容度 μ 的上核 $\overline{\mathrm{core}}(\mu)$ 和下核 $\underline{\mathrm{core}}(\mu)$ 分别为

$$\overline{\mathrm{core}}(\mu)=\left\{Q\in M\mid(\forall A\in\Sigma)Q(A)\geqslant\mu(A)\right\}$$

$$\underline{\mathrm{core}}(\mu)=\left\{Q\in M\mid(\forall A\in\Sigma)Q(A)\leqslant\mu(A)\right\}$$

二、投资者行为

容度期望效用是最大最小化期望效用的特殊形式（Chateauneuf，1991），即奈特不确定性规避者先从每个选择的一簇概率测度中计算出最小值，然后再在这些最小值中取最大值进行决策。根据定义 8-3，设 P 为在 (S,Σ) 的一簇概率测

度，α 为测度奈特不确定性程度的等级参数，则投资者行为特征可表达为

$$\int X(s)P^{\alpha}(\mathrm{d}s) \tag{8-2}$$

因假定投资者是奈特不确定性规避型，故 $\alpha>0$（$\alpha<0$ 表明投资者是奈特不确定性喜好型，$\alpha=0$ 表明投资者是奈特不确定性中性），对于任意 $\alpha>0$，P^{α} 是凸面非可加性测度，即容度期望效用理论中的凸容度 μ。基于 Dow 和 Werlang（1992）研究的延伸，当 $0<\alpha_1<\alpha_2$ 时，凸面非可加性测度 P^{α_2} 对应的投资者对奈特不确定性规避的程度高于凸面非可加性测度 P^{α_1} 对应的投资者对奈特不确定性规避的程度。因此，结合定义 8-4 可得以下引理：

引理 8-1：如果 $0<\alpha_1\leqslant\alpha_2$，那么 $\overline{\mathrm{core}}\left(P^{\alpha_1}\right)\subseteq\overline{\mathrm{core}}\left(P^{\alpha_2}\right)$。

引理 8-2：当 P^{∞} 是一个非可加性测度，对 $\forall A\in\Sigma$，都有 $P^{\infty}(A)=\lim\limits_{\alpha\to\infty}P^{\alpha}(A)$，则 $\overline{\mathrm{core}}\left(P^{0}\right)=\{P\}$，$\overline{\mathrm{core}}\left(P^{\infty}\right)=M$。

引理 8-3：对凸容度 μ，存在 $\overline{\mathrm{core}}(\mu)=\underline{\mathrm{core}}(\mu')$，且 $\overline{\mathrm{core}}(\mu)$ 和 $\underline{\mathrm{core}}(\mu')$ 皆非空。

基于引理 8-1 和引理 8-2 可知，$\overline{\mathrm{core}}\left(P^{\alpha}\right)$ 集是随奈特不确定性等级参数 α 单调递增的。基于引理 8-3，投资者行为特征表达式（8-2）可等价转化为

$$\int X(s)\mu(\mathrm{d}s)=\min.\left\{\int X(s)Q(\mathrm{d}s)\mid Q\in\overline{\mathrm{core}}(\mu)\right\},$$

$$\int X(s)\mu'(\mathrm{d}s)=\max.\left\{\int X(s)Q(\mathrm{d}s)\mid Q\in\underline{\mathrm{core}}(\mu')\right\}。$$

第二节　投资者资产交易的惰性区间

基于投资者行为描述，在概率测度空间上结合测度奈特不确定性程度的等级参数，利用对偶测度分析投资者资产交易行为，构建资产交易的惰性区间，剖析其与奈特不确定性程度的关系。

命题 8-1：假设一个没有原子的概率测度空间 (S,Σ,P)，P 是 (S,Σ) 上的概率测度，$0<\alpha_1\leqslant\alpha_2$，则：

（1）$(\forall X\in B(S,\Sigma))\int X(s)\left(P^{\alpha_2}\right)'(\mathrm{d}s)-\int X(s)P^{\alpha_2}(\mathrm{d}s)\geqslant\int X(s)\left(P^{\alpha_1}\right)'(\mathrm{d}s)-\int X(s)P^{\alpha_1}(\mathrm{d}s)$。

（2）$(\forall A\in\Sigma)\left(P^{\alpha_2}\right)'(A)-\left(P^{\alpha_2}\right)(A)\geqslant\left(P^{\alpha_1}\right)'(A)-\left(P^{\alpha_1}\right)(A)$

其中，$\left(P^{\alpha}\right)'$ 与 P^{α} 为共轭关系。

（1）式证明：由引理 8-1 与引理 8-3 可得，当$0<\alpha_1\leqslant\alpha_2$时，不等式

$$\int X(s)P^{\alpha_1}(\mathrm{d}s)\geqslant\int X(s)P^{\alpha_2}(\mathrm{d}s) \tag{8-3}$$

成立，进而当$0<\alpha_1\leqslant\alpha_2$时，

$$\begin{aligned}&\int X(s)\left(P^{\alpha_2}\right)'(\mathrm{d}s)-\int X(s)\left(P^{\alpha_1}\right)'(\mathrm{d}s)\\&=\max.\left\{\int X(s)Q(\mathrm{d}s)\mid Q\in\underline{\mathrm{core}}\left(\left(P^{\alpha_2}\right)'\right)\right\}-\max.\left\{\int X(s)Q(\mathrm{d}s)\mid Q\in\underline{\mathrm{core}}\left(\left(P^{\alpha_1}\right)'\right)\right\}\\&=\max.\left\{\int X(s)Q(\mathrm{d}s)\mid Q\in\overline{\mathrm{core}}\left(P^{\alpha_2}\right)\right\}-\max.\left\{\int X(s)Q(\mathrm{d}s)\mid Q\in\overline{\mathrm{core}}\left(P^{\alpha_1}\right)\right\}\geqslant0\end{aligned}$$

即$\int X(s)\left(p^{\alpha_2}\right)'(\mathrm{d}s)\geqslant\int X(s)\left(p^{\alpha_1}\right)'(\mathrm{d}s)$。结合式（8-3）可得

$$\int X(s)\left(P^{\alpha_2}\right)'(\mathrm{d}s)-\int X(s)P^{\alpha_2}(\mathrm{d}s)\geqslant\int X(s)\left(P^{\alpha_1}\right)'(\mathrm{d}s)-\int X(s)P^{\alpha_1}(\mathrm{d}s)$$

（2）式证明：结合式（8-1）、式（8-2）对（1）式变形可得

$$\begin{aligned}&\int X(s)\left(P^{\alpha_2}\right)'(\mathrm{d}s)-\int X(s)\left(P^{\alpha_2}\right)(\mathrm{d}s)\\&=\int_0^{\infty}\left(P^{\alpha_2}\right)'\left(\left\{s\in S\mid X(s)\geqslant\beta\right\}\right)\mathrm{d}\beta+\int_{-\infty}^{0}\left[\left(P^{\alpha_2}\right)'\left(\left\{s\in S\mid X(s)\geqslant\beta\right\}\right)-1\right]\mathrm{d}\beta\\&\quad-\int_0^{+\infty}P^{\alpha_2}\left(\left\{s\in S\mid X(s)\geqslant\beta\right\}\right)\mathrm{d}\beta-\int_{-\infty}^{0}\left[P^{\alpha_2}\left(\left\{s\in S\mid X(s)\geqslant\beta\right\}\right)-1\right]\mathrm{d}\beta\\&=\int_0^{\infty}\left[\left(P^{\alpha_2}\right)'-P^{\alpha_2}\right]\left(\left\{s\in S\mid X(s)\geqslant\beta\right\}\right)\mathrm{d}\beta\\&\quad+\int_{-\infty}^{0}\left\{\left[\left(P^{\alpha_2}\right)'-P^{\alpha_2}\right]\left(\left\{s\in S\mid X(s)\geqslant\beta\right\}-1\right)\right\}\mathrm{d}\beta\\&=\int X(s)\left[\left(P^{\alpha_2}\right)'-P^{\alpha_2}\right](\mathrm{d}s)\end{aligned}$$

同理：$\int X(s)\left(P^{\alpha_1}\right)'(\mathrm{d}s)-\int X(s)\left(P^{\alpha_1}\right)(\mathrm{d}s)=\int X(s)\left[\left(P^{\alpha_1}\right)'-P^{\alpha_1}\right](\mathrm{d}s)$。

因$X\in B(S,R)$，结合定义 8-3 和定义 8-4 可得

$$(\forall A\in\Sigma)\left(P^{\alpha_2}\right)'(A)-\left(P^{\alpha_2}\right)(A)\geqslant\left(P^{\alpha_1}\right)'(A)-\left(P^{\alpha_1}\right)(A)$$

证毕。

基于命题 8-1，结合定义 8-2，奈特不确定性规避型投资者（$\alpha>0$）买卖资产的行为特征如下：当资产价格小于等于$\int X(s)P^{\alpha}(\mathrm{d}s)$时，投资者做出买进资产的行为决策；当资产价格大于等于$\int X(s)\left(P^{\alpha}\right)'(\mathrm{d}s)$时，投资者做出卖出资产的行为决策。Epstein 和 Wang（1994）指出，在奈特不确定环境下，资产的均衡价

格或交易价格并非确定值而是一个区间。由此说明，当资产价格处于$\int X(s)P^{\alpha}(\mathrm{d}s)$和$\int X(s)\left(P^{\alpha}\right)'(\mathrm{d}s)$之间时，投资者既不买进又不卖出资产，即在此价格区间，投资者对资产无交易行为，保持该资产的原始头寸，我们将此价格区间称为资产交易的惰性区间。因此，针对奈特不确定性规避型投资者，金融市场上资产交易的惰性区间为

$$\left(\int X(s)P^{\alpha}(\mathrm{d}s),\int X(s)\left(P^{\alpha}\right)'(\mathrm{d}s)\right) \tag{8-4}$$

引理 8-1 和引理 8-2 已说明$\overline{\mathrm{core}}\left(P^{\alpha}\right)$集随奈特不确定性等级参数$\alpha$单调递增。基于引理 8-3 可知，投资者做出卖出资产的行为决策时，其最低价格$\int X(s)\left(P^{\alpha}\right)'(\mathrm{d}s)$可表达为

$$\begin{aligned}\int X(s)\left(P^{\alpha}\right)'(\mathrm{d}s)&=\max.\left\{\int X(s)Q(\mathrm{d}s)\mid Q\in\underline{\mathrm{core}}\left(\left(P^{\alpha}\right)'\right)\right\}\\&=\max.\left\{\int X(s)Q(\mathrm{d}s)\mid Q\in\overline{\mathrm{core}}\left(P^{\alpha}\right)\right\}\end{aligned}$$

由此说明$\int X(s)\left(P^{\alpha}\right)'(\mathrm{d}s)$是关于等级参数$\alpha$的增函数。同理，基于引理 8-3 可知，投资者做出买进资产的行为决策时，其最高价格$\int X(s)P^{\alpha}(\mathrm{d}s)$可表达为

$$\int X(s)P^{\alpha}(\mathrm{d}s)=\min.\left\{\int X(s)Q(\mathrm{d}s)\mid Q\in\overline{\mathrm{core}}\left(P^{\alpha}\right)\right\}$$

由此也说明$\int X(s)P^{\alpha}(\mathrm{d}s)$是关于等级参数$\alpha$的减函数。因此，针对奈特不确定性规避型投资者，随着金融市场奈特不确定性程度增强（等级参数α增大），资产交易惰性区间的上限变大、下限变小，则惰性区间扩大。反之，随着金融市场奈特不确定性程度减弱（等级参数α减小），资产交易惰性区间的上限变小、下限变大，则惰性区间缩小。由此可获结论 8-1。

结论 8-1：假设投资者是奈特不确定性规避型，随着金融市场奈特不确定性程度的不断增强（减弱），资产交易惰性区间不断扩大（缩小）。

资产交易价格落在惰性区间内，投资者既不买进也不卖出该资产，故可获推论 8-1。

推论 8-1：随着金融市场奈特不确定性程度的增强（减弱），市场流动性上升（下降）。

结论 8-1 和推论 8-1 进一步洞悉了金融市场上经济现象和特征。

（1）内生解释了金融市场上的非市场参与之谜。奈特不确定性是金融市场的基本特征之一，它的客观存在导致资产交易存在惰性区间，而且奈特不确定性程度越强，惰性区间越大，资产未被交易的可能性越大，市场流动性下降，从而

出现非市场参与的经济现象，这与资产价格骤然上升或下降无关。

（2）外生说明了金融市场上的“有限市场参与”特征。大多数投资者具有不确定性规避型特征。奈特不确定性程度反映了投资者获取市场信息量的程度，因获取信息的渠道、数量和质量的差异，他们对金融市场的奈特不确定性程度认知存在差异。同时，即使获取同等的市场信息数量和质量，信息加工及处理方式也不同，同样也导致他们对金融市场的奈特不确定性程度认知存在差异。因此，资产交易惰性区间对不同投资者存在差异，实际表现出金融市场上的“有限市场参与”特征。

第三节　实 证 研 究

以江铜 CWB1（580026）与长虹 CWB1（580027）两只认购权证为研究对象，基于 B-S 模型，在欧式期权定价模型中引入奈特不确定性等级参数α，以惰性区间下界为例实证研究奈特不确定性与投资者资产交易惰性区间的关系。

一、研究样本选择

无风险资产选取 2009 年凭证式（一期）国债，持满 5 年以上年利率是 4.00%，其日收益率r，$r=\left(\ln\left(1+4.00\%\right)\right)/365=0.000107$。由于目前我国尚未开放期权，也没有实体的期权交易所，故选取以江西铜业（600362）和四川长虹（600839）为标的存续期在 2008 年 10 月至 2011 年 8 月的江铜认购权证与长虹认购权证为风险资产，其当日收盘价为其价格。由于两只认购权证的存续期终止日不同，以其 2009 年 11 月 3 日的收盘价格为当前价格，取 2009 年 11 月 3 日至存续期终止日的天数与一年的天数（一年以 365 天计算）的比例为各自到期日T；选取到期日前 90 天标的资产的对数收益率的样本标准差作为波动率σ的估计，波动率按一年 240 个交易日计算，即$\sigma=\sigma_i\sqrt{240}$，其中$\sigma_i$为所选风险资产到期日前 90 日的日收益率标准差；资产及其组合中江铜认购权证与长虹认购权证的比例分别为1：0、3：7、4：6、6：4和7：3。因此，基于两只认购权证的原始数据（原始数据来源于新浪财经网）可获得表 8-1 以 2009 年 11 月 3 日为时点的资产及其组合的相关参数。

表 8-1　以 2009 年 11 月 3 日为时点的资产及其组合的相关参数

项目	江西铜业	四川长虹	1：0	3：7	4：6	6：4	7：3
到期日	2010/10/9	2011/8/18	—				
收盘价/元	39.710	5.460	39.710	15.735	19.160	26.010	29.435
执行价/元	15.330	3.480	15.330	7.035	8.220	10.590	11.775
到期日 T	0.931	1.789	0.931	1.532	1.446	1.274	1.189
波动率 σ	0.431%	0.027%	0.431%	0.149%	0.189%	0.269%	0.310%

二、认购权证定价

欧式看涨期权和看跌期权价格分别为 $C_T = \max.\{S_T - K, 0\}$ 和 $P_T = \max.\{K - S_T, 0\}$，其中，$T$ 是到期日；K 是期权执行价格；S_T 是期权到期时标的资产的价格。基于 B-S 模型，参照张慧和聂秀山（2007）关于欧式股票期权的定价研究，引入奈特不确定性特征后认购权证及其组合的惰性区间下界可表达为

$$C(S_T, K) = s\mathrm{e}^{-\alpha\sigma T} N(d_1) - K\mathrm{e}^{-rT} N(d_2) \tag{8-5}$$

$$P(S_T, K) = K\mathrm{e}^{-rT} N(-d_4) - s\mathrm{e}^{-\alpha\sigma T} N(-d_3) \tag{8-6}$$

其中，α 为测度奈特不确定性程度的等级参数；s 为认购权证的当前价格；σ 为认购权证的波动率；r 为 $[0,T]$ 内无风险资产利率；$d_2 = \dfrac{\ln\dfrac{s}{K} + \left(r - \alpha\sigma - \dfrac{1}{2}\sigma^2\right)T}{\sigma\sqrt{T}}$，$d_1 = d_2 + \sigma\sqrt{T}$，$d_4 = \dfrac{\ln\dfrac{s}{K} + \left(r + \alpha\sigma - \dfrac{1}{2}\sigma^2\right)T}{\sigma\sqrt{T}}$，$d_3 = d_4 + \sigma\sqrt{T}$；$N(\bullet)$ 为标准正态累积概率分布函数，$N(x) = \int_{-\infty}^{x} \dfrac{1}{\sqrt{2\pi}} \mathrm{e}^{-\frac{t^2}{2}} \mathrm{d}t$。当式（8-5）和式（8-6）中 $\alpha = 0$ 时，结果等同 B-S 模型。

三、实证结果与分析

（一）实证结果

基于式（8-5）、式（8-6）和表 8-1 中的相关数据，选取奈特不确定性等级参

数α，$\alpha \in [0,6]$，在 Matlab 7.0 平台下获得欧式看涨期权下资产及其组合的惰性区间下界与奈特不确定性程度的关系，结果如图 8-1 和图 8-2 所示。同理，欧式看跌期权下的结果如图 8-3 和图 8-4 所示。

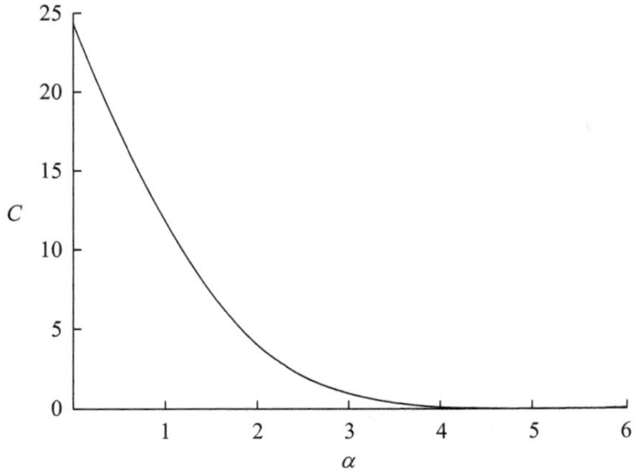

图 8-1　看涨期权下江铜认购权证惰性区间下界与奈特不确定性程度的关系

α表示奈特不确定性程度；C 表示认购权证惰性区间下界

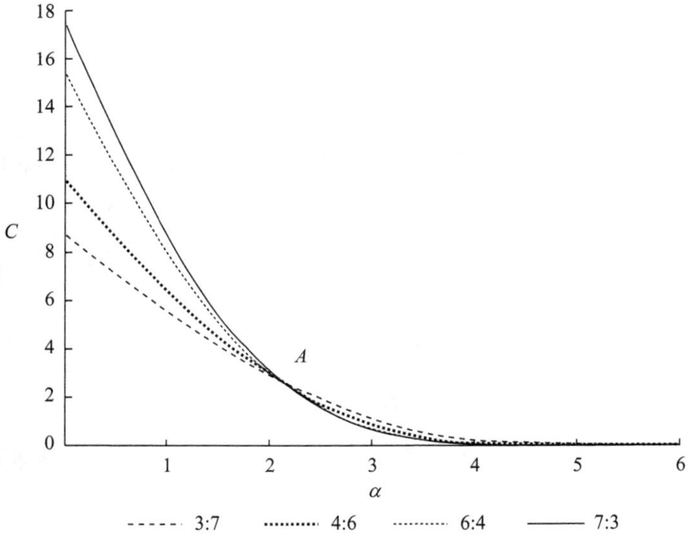

图 8-2　看涨期权下认购权证组合惰性区间下界与奈特不确定性程度的关系

α表示奈特不确定性程度；C 表示认购权证组合惰性区间下界；A 表示不确定性规避型投资者的心理承受点

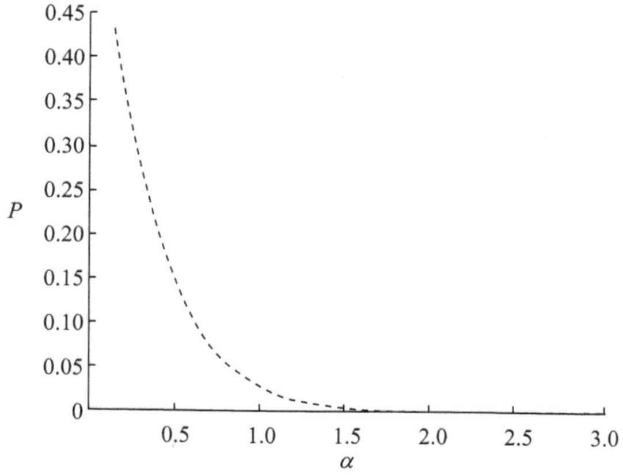

图 8-3　看跌期权下江铜认购权证惰性区间下界与奈特不确定性程度的关系

α表示奈特不确定性程度；P 表示认购权证惰性区间下界

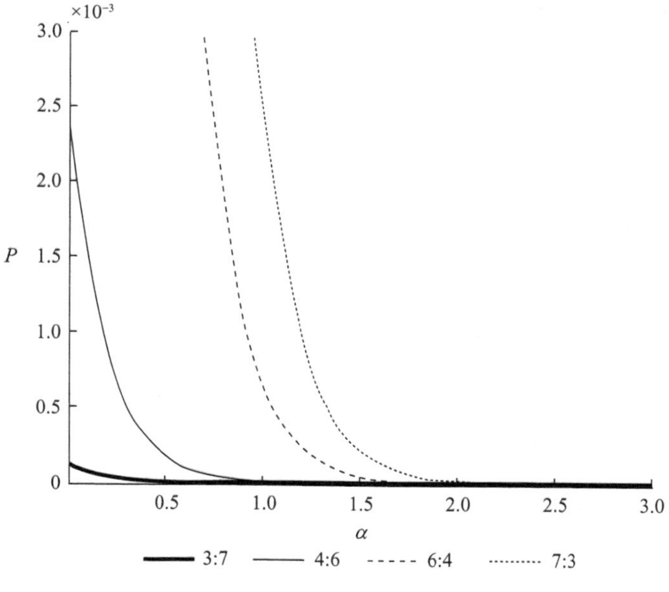

图 8-4　看跌期权下认购权证组合惰性区间下界与奈特不确定性程度的关系

α表示奈特不确定性程度；P 表示认购权证组合惰性区间下界

（二）结果分析

（1）图 8-1~图 8-4 显示：无论是看涨期权下还是看跌期权下，无论是单资产还是资产组合，随着奈特不确定性程度的不断增强，其惰性区间的下界不断变小。事实上，此时其惰性区间的上界也不断变大（为表述简洁、避免重复，我们仅给出惰性区间下界与奈特不确定性程度的实证结果）。这一结果表明，随着奈特不确定性程度的不断增强，投资者买进资产的最高价格变小，卖出资产的最低价格变大，即资产及其组合的惰性区间变大，市场流动性下降。反之，随着奈特不确定性程度的不断减弱，资产及其组合的惰性区间变小，市场流动性上升。这验证了结论 8-1。同时，随着奈特不确定性程度的不断增强，资产及其组合的惰性区间不断变大，呈边际递减趋势，边际增量逐渐趋于零，符合边际递减规律。这一方面源于高风险高收益的特征，即随着奈特不确定性程度不断增强，资产投资的风险不断变大，内生要求其卖出和买进的价差就越大；另一方面源于不确定性规避型投资者的心理，当市场的不确定性程度较大或很大时，他们基本不再从事资产交易，即出现有场无市现象。

（2）图 8-2 和图 8-4 显示：随着奈特不确定性程度增强，江铜认购权证与长虹认购权证比例为 3∶7、4∶6、6∶4 和 7∶3 的资产组合的惰性区间下界下降速度越来越快。这一结果表明，随着奈特不确定性程度增强，不同资产组合惰性区间下界的下降速度不同。这一方面源于标的资产的价格、波动率及其在组合中的比例，随着江铜认购权证在资产组合中比例的不断变大，加之其标的资产江西铜业也具有较高的价格及波动率，那么资产组合的价格及波动率也随之上升。同时，就不确定性规避型投资者而言，随着奈特不确定性程度增强其买进资产的最高价格降低幅度随之变大，因而此时资产组合惰性区间下界下降的速度也变快。另一方面源于资产组合到期日的不同，表 8-1 已表明随着江铜认购权证在资产组合中比例的不断变大，资产组合的到期日越近，此时面对高波动率的资产组合到期日越短，风险规避型投资者买进资产的最高价就越低，因而此时资产组合惰性区间下界下降的速度也变快。

（3）图 8-2 进一步显示：随着奈特不确定性程度增强，虽然看涨期权下不同资产组合惰性区间的下界以不同速度下降最终趋于零（上述的有场无市现象），但在下降过程中它们的下界都会交于 A 点（源于期权性质，看跌期权无此交点），A 点以前高波动率的资产组合（如江铜认购权证与长虹认购权证比例为 7∶3 的资产组合）惰性区间较小；A 点以后低波动率的资产组合（如江铜认购权证与长虹认购权证比例为 3∶7 的资产组合）惰性区间较小，我们将此点称之为不确定性规避型投资者的心理承受点。这一结果说明，奈特不确定性影响投资者的交易行为，在适度的奈特不确定性程度范围内，投资者偏爱高波动率资产，此时它们的惰性区间相对较小，交易相对活跃；反之，当奈特不确定性程度超过某一适度范围时，投资者偏爱低波动率资产，此时它们的惰性区间相对较小，交易相对活跃。这主要源于金融市场中的“特质波动率”现象，在适度的奈特不确定性程度范围内，高波动率资产的价格由低到高或由高到低都会给投资者带来乐观的心理暗示，未来会继续上涨至更高价格又或许会“触底反弹”，因而交易相对活跃。但是，当奈特不确定性程度超过某一适度范围时，源于投资者的不确定性规避特征和金融市场中的羊群效应现象，高波动率资产在未来却表现出低收益特征，即波动率与预期收益呈反向关系，此时投资者转向偏爱低波动率资产，从而低波动率资产交易相对活跃。

本章小结

金融市场不确定特征客观影响资产定价和投资者交易行为。目前，众多研究集中于风险（有概率分布的不确定性）规避程度，也有研究涉及奈特不确定性（没有客观概率分布的不确定性）规避，但将其归为资产收益的噪音，且未对其程度等级化。本章假定投资者是不确定性规避型，基于可行域上的容度，引入测度奈特不确定性程度的等级参数，研究奈特不确定性下的资产及其组合的惰性区间。基于容度期望效用模型，利用容度代替概率测度表征投资者预期效用，提出奈特不确定性下投资者决策行为的偏好表达式；基于对偶测度构建资产交易的惰性区间，分析奈特不确定性程度与惰性区间的关系；基于 B-S 模型，选择存续期为 2008 年 10 月至 2011 年 8 月的江铜认购权证和长虹认购权证为研究对象，以其单资产及不同比例资产组合的日收益数据为样本予以实证。结果表明：随着奈特不确定性程度的不断增强（减弱），资产及其组合的惰性区间不断扩大（缩小），市场流动性随之下降（上升）；随着奈特不确定性程度的增强，高价格、高波动率的资产及其组合的惰性区间变化更为明显；在适度的奈特不确定性程度范围内，高波动率的资产及其组合的交易相对活跃。研究解释了金融市场上的非市场参与之谜和“特质波动率”之谜，说明了金融市场上的“有限市场参与”特征。

第九章　动态均值-方差资产组合构建及其有效性验证

一直以来，均值-方差模型都被广泛运用于资产组合管理和优化问题的研究。尽管资产组合收益的方差并不是一个理想的风险测度，但因均值-方差模型提供了一个简洁、实用的概念基准，其在实践中也成为资产组合优化和风险管理的基石。Cochrane（2014）指出，单阶段均值-方差分析框架有效刻画了最优资产组合的特征，应该被广泛应用于实践中。Markowitz（2014）也详细阐述了均值-方差模型的相对优势与广泛应用。然而，在动态情境下，基于均值-方差分析框架的动态资产组合管理和优化策略的有效性受到质疑：一是在投资者偏好描述中，假设控制资产组合终期财富期望与其方差权衡关系的风险规避系数为一常数，这与事实不符。在动态资产组合优化过程中，体现投资者风险容忍度的风险规避系数应该是时变的状态依赖变量。二是投资者偏好描述不属于动态情境下的HARA或CRRA等主流效用函数族，这也引起人们对动态均值-方差资产组合策略和业绩的怀疑。因此，本章从时变风险容忍度视角研究动态均值-方差资产组合的策略和业绩，并与主流效用函数框架下的动态资产组合对比，验证其有效性。

第一节　动态均值-方差资产组合构建

假设（Ω,F,P）是完备概率空间，Ω 是状态空间；F 是可衡量事件的 σ-域流；P 是历史概率测度，定义在（Ω,F,P）上的 N 维布朗运动 B_t 产生的 σ-域流记为 $\{F_t\}_{t\in[0,T]}$。

假设投资者投资的终期时刻为 $T\,(T>0)$，终期前的任一决策时刻记为 t，

$t \in [0,T]$。投资者可投资两种资产，一种为无风险资产，其收益率固定，设为 r；另一种为风险资产，其价格服从随机扩散过程，瞬时收益率可用微分方程表示为（投资期内无红利支付）

$$\frac{\mathrm{d}S_t}{S_t} = (r + \mu_t)\mathrm{d}t + \sigma_t \mathrm{d}B_t \tag{9-1}$$

其中，S_t 为风险资产的瞬时价格；μ_t 为瞬时超额收益率；σ_t 为瞬时波动率；B_t 为标准布朗运动。

假设 x_t 为瞬时超额收益率 μ_t 的预测值，参照 Kim 和 Omberg（1996）、Wachter（2002）、Brennan 和 Xia（2010）的文献，假设 μ_t 与 x_t 线性相关，得

$$\mu_t = \alpha + \beta x_t \tag{9-2}$$

其中，α 、β 为参数。进一步假设 x_t 服从奥斯坦–乌伦贝克均值回复过程：

$$\mathrm{d}x_t = \phi(\overline{x} - x_t)\mathrm{d}t + \sigma_x\left[\rho \mathrm{d}B_{s,t} + \sqrt{1-\rho^2}\mathrm{d}B_{x,t}\right] \tag{9-3}$$

其中，$\overline{x}$ 为 x_t 的均值；$\phi(\phi > 0)$ 为均值回复速度；σ_x 为扩散系数；$\mathrm{d}B_{s,t}$ 为市场风险；$\mathrm{d}B_{x,t}$ 为预测风险；ρ 为布朗运动 $B_{s,t}$ 和 $B_{x,t}$ 间的相关系数，因市场的不完全性，故 $\rho \in (-1,1)$。

设 t 时刻投资者将财富 W_t 投资风险资产的比例为 ω_t，投资无风险资产的比例为 $(1-\omega_t)$。进一步假设市场无交易摩擦，则自融资模式下投资者财富的运动过程可表示为

$$\frac{\mathrm{d}W_t}{W_t} = \omega_t \frac{\mathrm{d}S_t}{S_t} + (1-\omega_t) r\mathrm{d}t \tag{9-4}$$

将式（9-1）代入式（9-4）得

$$\frac{\mathrm{d}W_t}{W_t} = (r_t + \omega_t \mu_t)\mathrm{d}t + \sigma_t \omega_t \mathrm{d}B_t \tag{9-5}$$

引入贴现因子 K_t，K_t 处于历史概率 P 下，因超额收益率存在预测风险，假设贴现因子服从随机过程：

$$\frac{\mathrm{d}K_t}{K_t} = -r\mathrm{d}t - \varphi_{s,t}\mathrm{d}B_{s,t} - \varphi_{x,t}\mathrm{d}B_{x,t} \tag{9-6}$$

其中，$\varphi_{s,t}$ 为市场的风险价格；$\varphi_{x,t}$ 为预测的风险价格。

则基于均值–方差模型的动态资产组合优化问题可表达为

$$\begin{cases} \max\limits_{W_T}. \quad E_0^P[W_T] - \dfrac{\gamma}{2}\mathrm{Var}_0^P[W_T] \\ \text{s.t.} \qquad E_0^P[K_T W_T] = W_0 \end{cases} \tag{9-7}$$

其中，$\gamma(\gamma > 0)$ 为风险规避系数；W_0 为初始财富；K_T 为终期财富贴现因子。

正如引言所述，众多基于均值–方差模型的动态资产组合管理和优化问题的

研究都将式（9-7）中体现投资者风险容忍度（以$1/\gamma$测度）的风险规避系数γ设为常数，这与事实不符。在动态资产组合优化过程中，投资者的风险容忍度应该是时变的，是状态依赖变量。最为直观的经济意义是，资产组合投资期越长，获得同等财富收益的风险就越大，投资者的风险容忍度随之也应增大，即长投资期投资者的风险容忍度大于短投资期投资者，这符合实际。同时，对于相同投资期的资产组合，投资者对资产组合的期望收益率要求越高，承担的风险就越高，其风险容忍度随之增大，这也符合实际。因此，假设投资者风险容忍度是时变的状态依赖变量，是资产组合投资期与投资者期望收益率的函数，故设投资者风险容忍度表达式为

$$\frac{1}{\gamma}=W_0\mathrm{e}^{LT}\text{，}\quad L>r \tag{9-8}$$

其中，L为投资者希望其资产组合能获得的期望收益率，该期望收益率大于无风险资产的收益率，否则投资者不进行风险资产投资，这符合实际。

基于式（9-7），结合式（9-8）获得时变风险容忍度下的动态均值–方差资产组合优化问题表达式：

$$\begin{cases}\max\limits_{W_T}. \quad E_0^P\left[W_T\right]-\dfrac{1}{2W_0\mathrm{e}^{LT}}\mathrm{Var}_0^P\left[W_T\right] \\ \text{s.t.} \qquad\qquad E_0^P\left[K_TW_T\right]=W_0\end{cases} \tag{9-9}$$

式（9-9）对应的拉格朗日函数为

$$E_0^P\left[W_T\right]-\frac{1}{2W_0\mathrm{e}^{LT}}\mathrm{Var}_0^P\left[W_T\right]-\lambda E_0^P\left[K_TW_T\right]-\lambda W_0 \tag{9-10}$$

基于式（9-10），由一阶条件获得最优终期财富W_T^*：

$$W_T^*=E_0^P\left[W_T^*\right]+W_0\mathrm{e}^{LT}\left(1-\frac{K_T}{E_0^P\left[K_T\right]}\right) \tag{9-11}$$

因t时刻最优财富为W_t^*，$W_t^*=E_t^P\left[K_TW_T^*\right]/K_t$，结合式（9-11）获得

$$W_t^*=E_t^P\left[\frac{K_T}{K_t}E_0^P\left[W_T^*\right]\right]+W_0\mathrm{e}^{LT}\left(E_t^P\left[\frac{K_T}{K_t}\right]-\frac{1}{E_0^P\left[K_T\right]}K_tE_t^P\left[\frac{K_T^2}{K_t^2}\right]\right) \tag{9-12}$$

由式（9-6）进一步假设：

$$E_t^P\left[\frac{K_T^2}{K_t^2}\right]=\mathrm{e}^{-2r(T-t)}G\left(t,T,x_t\right) \tag{9-13}$$

其中，$\mathrm{e}^{-2r(T-t)}$为无风险贴现的期望；$G\left(t,T,x_t\right)$为风险贴现的期望。

基于式（9-12），结合式（9-3）、式（9-6）和式（9-13）由伊藤定理得

$$\frac{\mathrm{d}W_t^*}{W_t^*}=\left(\frac{rE_0^P\left[W_T^*\right]\mathrm{e}^{-r(T-t)}+W_0\mathrm{e}^{LT}\mathrm{e}^{-r(T-t)}r}{W_t^*}+\frac{E_0^P\left[W_T^*\right]\mathrm{e}^{-r(T-t)}+W_0\mathrm{e}^{LT}\mathrm{e}^{-r(T-t)}-W_t^*}{W_t^*}\right.$$
$$\left.\times\left(-r+\frac{1}{G(t,T,x_t)}\frac{\partial G(t,T,x_t)}{\partial t}\right)\right)\mathrm{d}t+\left(\frac{E_0^P\left[W_T^*\right]\mathrm{e}^{-r(T-t)}+W_0\mathrm{e}^{LT}\mathrm{e}^{-r(T-t)}-W_t^*}{W_t^*}\right)$$
$$\times\left(\varphi_{s,t}-\frac{1}{G(t,T,x_t)}\frac{\partial G(t,T,x_t)}{\partial x_t}\sigma_x\rho\right)\mathrm{d}B_{s,t}$$
$$+\left(\frac{E_0^P\left[W_T^*\right]\mathrm{e}^{-r(T-t)}+W_0\mathrm{e}^{LT}\mathrm{e}^{-r(T-t)}-W_t^*}{W_t^*}\right)$$
$$\times\left(\varphi_{x,t}-\frac{1}{G(t,T,x_t)}\frac{\partial G(t,T,x_t)}{\partial x_t}\sigma_x\sqrt{1-\rho^2}\right)\mathrm{d}B_{x,t}$$
（9-14）

因资产组合不能对冲与预测变量有关的风险，故式（9-14）中的

$$\varphi_{x,t}-\frac{1}{G(t,T,x_t)}\frac{\partial G(t,T,x_t)}{\partial x_t}\sigma_x\sqrt{1-\rho^2}=0 \tag{9-15}$$

又因 K_tS_t 是完备概率空间（Ω,F,P）上的鞅，基于式（9-6），由伊藤定理得

$$E_t\left[\frac{\mathrm{d}S_t}{S_t}\right]-r\mathrm{d}t=-\mathrm{cov}_t\left(\frac{\mathrm{d}K_t}{K_t};\frac{\mathrm{d}S_t}{S_t}\right)=\varphi_{s,t}\sigma_s\mathrm{d}t \tag{9-16}$$

由式（9-1）和式（9-16）得

$$\varphi_{s,t}=\frac{\alpha+\beta x_t}{\sigma_s} \tag{9-17}$$

进一步假设式（9-13）中风险期望贴现形式为

$$G(t,T,x_t)=\mathrm{e}^{A(T-t)+B(T-t)x_t+\frac{1}{2}C(T-t)x_t^2} \tag{9-18}$$

K_tW_t 是处于历史概率测度 P 下的等价鞅，对 K_tW_t 采用伊藤定理并化简整理得到三个偏微分方程：

$$\frac{\partial A(T-t)}{\partial(T-t)}=\frac{1}{2}C(T-t)\sigma_x^2+\frac{\alpha^2}{\sigma_s^2}+B(T-t)^2\sigma_x^2\left(-\frac{1}{2}+\rho^2\right)+B(T-t)\left(\phi\overline{x}-2\frac{\sigma_{x\rho}}{\sigma_s}\alpha\right)$$

$$\frac{\partial B(T-t)}{\partial(T-t)}=-\left(\phi+2\frac{\sigma_x\rho}{\sigma_s}\beta\right)B(T-t)+\left(\phi\overline{x}-2\frac{\sigma_x\rho}{\sigma_s}\alpha\right)C(T-t)$$
$$+\frac{2\alpha\beta}{\sigma_s^2}+2B(T-t)C(T-t)\sigma_x^2\left(-\frac{1}{2}+\rho^2\right)$$

$$\frac{\partial C(T-t)}{\partial(T-t)}=2C(T-t)^2\sigma_x^2\left(-\frac{1}{2}+\rho^2\right)-\left(4\frac{\sigma_x\rho}{\sigma_s}\beta+2\phi\right)C(T-t)+2\frac{\beta^2}{\sigma_s^2}$$

由终值条件 $C(0)=B(0)=A(0)=0$ ，参照文献（Kim and Omberg，1996；Xia，2001；Lioui and Poncet，2016）可知：

$$q=\left[-\left(4\frac{\sigma_x\rho}{\sigma_s}\beta+2\phi\right)\right]^2-4\times 2\sigma_x^2\left(-\frac{1}{2}+\rho^2\right)\times 2\frac{\beta^2}{\sigma_s^2}>0$$

令 $\eta=\sqrt{q}$ ，则：

$$C(T-t)=\frac{4\frac{\beta^2}{\sigma_s^2}\left(1-\mathrm{e}^{-\eta(T-t)}\right)}{2\eta-\left(\eta-4\frac{\sigma_x\rho}{\sigma_s}\beta-2\phi\right)\left(1-\mathrm{e}^{-\eta(T-t)}\right)}$$

$$B(T-t)=\frac{8\frac{\beta^2}{\sigma_s^2}\left(\phi\overline{x}-2\frac{\sigma_x\rho}{\sigma_s}\alpha\right)\left(1-\mathrm{e}^{\frac{-\eta(T-t)}{2}}\right)^2}{\eta\left[2\eta-\left(\eta-4\frac{\sigma_x\rho}{\sigma_s}\beta-2\phi\right)\left(1-\mathrm{e}^{-\eta(T-t)}\right)\right]}$$

$$A(T-t)=2\frac{\beta^2}{\sigma_s^2}\left(\frac{2\left(\phi\overline{x}-2\frac{\sigma_x\rho}{\sigma_s}\alpha\right)^2}{\eta^2}+\frac{\sigma_x^2}{\eta+4\frac{\sigma_x\rho}{\sigma_s}\beta+2\phi}\right)(T-t)$$

$$+\frac{4\frac{\beta^2}{\sigma_s^2}\phi^2\overline{x}^2\left(\eta-8\frac{\sigma_x\rho}{\sigma_s}\beta-4\phi\right)\mathrm{e}^{-\eta(T-t)}}{\eta^3\left[2\eta-\left(\eta-4\frac{\sigma_x\rho}{\sigma_s}\beta-2\phi\right)\left(1-\mathrm{e}^{-\eta(T-t)}\right)\right]}$$

$$+\frac{4\frac{\beta^2}{\sigma_s^2}\phi^2\overline{x}^2\left[-\left(-8\phi-16\frac{\sigma_x\rho}{\sigma_s}\beta\right)\mathrm{e}^{\frac{-\eta(T-t)}{2}}+\left(4\phi-8\frac{\sigma_x\rho}{\sigma_s}\beta\right)-\eta\right]}{\eta^3\left[2\eta-\left(\eta-4\frac{\sigma_x\rho}{\sigma_s}\beta-2\phi\right)\left(1-\mathrm{e}^{-\eta(T-t)}\right)\right]}$$

$$+\frac{4\frac{\beta^2}{\sigma_s^2}\sigma_x^2}{\eta^2-\left(4\frac{\sigma_x\rho}{\sigma_s}\beta+2\phi\right)^2}\ln\left|\frac{2\eta-\left(\eta-4\frac{\sigma_x\rho}{\sigma_s}\beta-2\phi\right)\left(1-\mathrm{e}^{-\eta(T-t)}\right)}{2\eta}\right|$$

将式（9-15）、式（9-17）和式（9-18）代入式（9-14）得

$$\begin{aligned}\frac{\mathrm{d}W_t^*}{W_t^*}=&\left(\frac{rE_0^P\left[W_T^*\right]\mathrm{e}^{-r(T-t)}+W_0\mathrm{e}^{LT}\mathrm{e}^{-r(T-t)}r}{W_t^*}+\frac{E_0^P\left[W_T^*\right]\mathrm{e}^{-r(T-t)}+W_0\mathrm{e}^{LT}\mathrm{e}^{-r(T-t)}-W_t^*}{W_t^*}\right.\\&\left.\times\left(-r+\frac{1}{G(t,T,x_t)}\frac{\partial G(t,T,x_t)}{\partial t}\right)\right)\mathrm{d}t\\&+\left(\frac{E_0^P\left[W_T^*\right]\mathrm{e}^{-r(T-t)}+W_0\mathrm{e}^{LT}\mathrm{e}^{-r(T-t)}-W_t^*}{W_t^*}\right)\\&\times\left(\frac{\alpha+\beta x_t}{\sigma_s}-\left(B(T-t)+C(T-t)x_t\right)\sigma_x\rho\right)\mathrm{d}B_{s,t}\end{aligned} \tag{9-19}$$

由式（9-19）和式（9-5）获得时变风险容忍度下的最优动态均值–方差资产组合的封闭解 ω_t^*：

$$\omega_t^*=\left(\frac{E_0^P\left[W_T^*\right]\mathrm{e}^{-r(T-t)}+W_0\mathrm{e}^{L\tau}\mathrm{e}^{-r(T-t)}-W_t^*}{W_t^*}\right)\times\left\{\frac{\alpha+\beta x_t}{\sigma_s^2}-\left[B(T-t)+C(T-t)x_t\right]\frac{\sigma_x\rho}{\sigma_s}\right\} \tag{9-20}$$

同时，获得动态均值–方差资产组合的终期财富最大期望效用值为

$$E_0^P\left[W_T^*\right]-\frac{1}{2W_0\mathrm{e}^{LT}}\mathrm{Var}_0^P\left[W_T^*\right]=W_0\mathrm{e}^{rT}+\frac{1}{2}W_0\mathrm{e}^{LT}\left(G(0,T,x_0)-1\right) \tag{9-21}$$

由式（9-21）获得资产组合终期财富确定性等价效用 CE_T^* 为

$$\mathrm{CE}_T^*=W_0\mathrm{e}^{rT}+\frac{1}{2}W_0\mathrm{e}^{LT}\left(G(0,T,x_0)-1\right) \tag{9-22}$$

由式（9-22）获得资产组合终期财富确定性等价收益率 cerr^* 为

$$\mathrm{cerr}^*=\frac{1}{T}\ln\left[\mathrm{e}^{rT}+\frac{1}{2}\mathrm{e}^{LT}\left(G(0,T,x_0)-1\right)\right] \tag{9-23}$$

基于式（9-11），结合式（9-9）中的约束方程获得

$$E_0^P\left[W_T^*\right]=W_0\mathrm{e}^{rT}+W_0\mathrm{e}^{LT}\left(G(0,T,x_0)-1\right) \tag{9-24}$$

$$\mathrm{Var}_0^P\left[W_T^*\right]=\left(W_0\mathrm{e}^{LT}\right)^2\left(G(0,T,x_0)-1\right) \tag{9-25}$$

由式（9-24）和式（9-25）获得资产组合的 SR 为

$$\mathrm{SR}=\frac{E_0^P\left[W_T^*\right]-\mathrm{e}^{rT}W_0}{\mathrm{Std}_0^P\left[W_T^*\right]}=\sqrt{G(0,T,x_0)-1} \tag{9-26}$$

接下来我们基于式（9-22）、式（9-23）、式（9-26）定性分析资产组合终

期财富确定性等价效用CE_T^*、资产组合终期财富确定性等价收益率cerr^*、资产组合的 SR、资产组合投资期与投资者期望收益率的关系。

基于式（9-22）获得

$$\frac{\partial \mathrm{CE}_T^*}{\partial L}=\frac{T}{2}W_0\mathrm{e}^{LT}\left(G\left(0,T,x_0\right)-1\right)>0$$

$$\frac{\partial \mathrm{CE}_T^*}{\partial T}=rW_0\mathrm{e}^{rT}+\frac{L}{2}W_0\mathrm{e}^{LT}\left(G\left(0,T,x_0\right)-1\right)+\frac{1}{2}W_0\mathrm{e}^{LT}\left(\frac{\partial G\left(0,T,x_0\right)}{\partial T}\right)>0$$

因为风险贴现因子$G\left(0,T,x_0\right)$是 T 的增函数，且恒大于 1，故$\partial \mathrm{CE}_T^*/\partial L>0$，$\partial \mathrm{CE}_T^*/\partial T>0$。这表明投资者的资产组合期望收益率越高，其资产组合终期财富确定性等价效用就越大；投资者所购建资产组合的投资期越长，其资产组合终期财富确定性等价效用也越大。

基于式（9-23）获得

$$\frac{\partial \mathrm{cerr}^*}{\partial L}=\frac{1}{T}\frac{\left[\frac{T}{2}\mathrm{e}^{LT}\left(G\left(0,T,x_0\right)-1\right)\right]}{\ln\left[\mathrm{e}^{rT}+\frac{1}{2}\mathrm{e}^{LT}\left(G\left(0,T,x_0\right)-1\right)\right]}>0$$

$$\frac{\partial \mathrm{cerr}_T^*}{\partial T}=\frac{1}{T^2}\left[\frac{rT\mathrm{e}^{rT}+\frac{LT}{2}\mathrm{e}^{LT}\left(G\left(0,T,x_0\right)-1\right)+\frac{L}{2}\mathrm{e}^{LT}\frac{\partial G\left(0,T,x_0\right)}{\partial T}}{\mathrm{e}^{rT}+\frac{1}{2}\mathrm{e}^{LT}\left(G\left(0,T,x_0\right)-1\right)}\right]-\frac{\ln\left[\mathrm{e}^{rT}+\frac{1}{2}\mathrm{e}^{LT}\left(G\left(0,T,x_0\right)-1\right)\right]}{T^2}$$

这里同样表明，随着投资者对资产组合期望收益率的增加，其资产组合终期财富确定性等价收益率也相应增加。但$\partial \mathrm{cerr}^*/\partial T$是否大于零与构建资产组合时的风险贴现因子$G\left(0,T,x_0\right)$的大小有关，因而难以给出定性结论，这将在实证中予以分析。

基于式（9-26）获得

$$\frac{\partial \mathrm{SR}}{\partial L}=0$$

$$\frac{\partial \mathrm{SR}}{\partial T}=\frac{1}{2\sqrt{G\left(0,T,x_0\right)-1}}\frac{\partial G\left(0,T,x_0\right)}{\partial T}>0$$

这表明，资产组合的 SR 不受投资者对资产组合期望收益率的影响，但随投资期增加而增大。

第二节　动态均值–方差资产组合有效性验证

基于均值–方差模型的动态资产组合对投资者偏好的描述不属于动态情境下的HARA或CRRA等主流效用函数族，故对其有效性需进一步验证。因二次效用函数属于HARA函数族，其研究结果可直接与基于CRRA族的研究结果对比。因此，本节基于二次效用偏好下的动态资产组合相关特征，结合第一节的研究结果验证动态均值–方差资产组合的有效性。

一、二次效用偏好下的动态资产组合

基本假设及资产组合财富动态过程等与动态均值–方差资产组合情境下相同。此时，投资者偏好为二次效用函数：$U\left(\overleftrightarrow{W_T}\right)=\overleftrightarrow{W_T}-\frac{\gamma}{2}\overleftrightarrow{W_T^2}$（符号↔区别于动态均值–方差资产组合，无实际意义），则二次效用偏好下的动态资产组合优化问题可表达为

$$\begin{cases} \max\limits_{\overleftrightarrow{W_T}}. \quad E_0^P\left[\overleftrightarrow{W_T}-\frac{\gamma}{2}\overleftrightarrow{W_T^2}\right] \\ \text{s.t.} \quad E_0^P\left[K_T\overleftrightarrow{W_T}\right]=W_0 \end{cases} \tag{9-27}$$

将式（9-8）代入式（9-27）获得时变风险容忍度下的资产组合优化问题：

$$\begin{cases} \max\limits_{\overleftrightarrow{W_T}}. \quad E_0^P\left[\overleftrightarrow{W_T}-\frac{1}{2W_0\mathrm{e}^{LT}}\overleftrightarrow{W_T^2}\right] \\ \text{s.t.} \quad E_0^P\left[K_T\overleftrightarrow{W_T}\right]=W_0 \end{cases} \tag{9-28}$$

式（9-28）对应的拉格朗日函数为

$$E_0^P\left[\overleftrightarrow{W_T}-\frac{1}{2W_0\mathrm{e}^{LT}}\overleftrightarrow{W_T^2}\right]-\overleftrightarrow{\lambda}E_0^P\left[K_T\overleftrightarrow{W_T}\right]-\overleftrightarrow{\lambda}W_0 \tag{9-29}$$

基于式（9-29），由一阶条件获得最优终期财富$\overleftrightarrow{W_T^*}$：

$$\overleftrightarrow{W_T^*}=W_0\mathrm{e}^{LT}\left(1-\overleftrightarrow{\lambda}K_T\right) \tag{9-30}$$

因t时刻最优财富为$\overleftrightarrow{W_t^*}$，$\overleftrightarrow{W_t^*}=E_t^P\left[K_T\overleftrightarrow{W_T^*}\right]\Big/K_t$，结合式（9-30）获得

$$\overleftrightarrow{W_t^*}=W_0\mathrm{e}^{LT}E_t^P\left[\frac{K_T}{K_t}\left(1-\frac{E_0^P\left[K_T\right]-\frac{1}{\mathrm{e}^{LT}}}{E_0^P\left[K_T^2\right]}K_T\right)\right] \tag{9-31}$$

基于式（9-31），结合式（9-3）、式（9-6）和式（9-13）由伊藤定理得

$$
\begin{aligned}
\frac{\mathrm{d}\overleftrightarrow{W_t^*}}{\overleftrightarrow{W_t^*}}=&\left[\frac{rW_0\mathrm{e}^{LT}\mathrm{e}^{-r(T-t)}}{\overleftrightarrow{W_t^*}}+\frac{W_0\mathrm{e}^{LT}\mathrm{e}^{-r(T-t)}-\overleftrightarrow{W_t^*}}{\overleftrightarrow{W_t^*}}\times\left(-r+\frac{1}{G(t,T,x_t)}\frac{\partial G(t,T,x_t)}{\partial t}\right)\right]\mathrm{d}t\\
&+\left(\frac{W_0\mathrm{e}^{LT}\mathrm{e}^{-r(T-t)}-\overleftrightarrow{W_t^*}}{\overleftrightarrow{W_t^*}}\right)\left(\varphi_{S,t}-\frac{1}{G(t,T,x_t)}\frac{\partial G(t,T,x_t)}{\partial x_t}\sigma_x\rho\right)\mathrm{d}B_{s,t}\\
&+\left(\frac{W_0\mathrm{e}^{LT}\mathrm{e}^{-r(T-t)}-\overleftrightarrow{W_t^*}}{\overleftrightarrow{W_t^*}}\right)\left(\varphi_{x,t}-\frac{1}{G(t,T,x_t)}\frac{\partial G(t,T,x_t)}{\partial x_t}\sigma_x\sqrt{1-\rho^2}\right)\mathrm{d}B_{x,t}
\end{aligned}
\tag{9-32}
$$

将式（9-15）、式（9-17）和式（9-18）代入式（9-32）得

$$
\begin{aligned}
\frac{\mathrm{d}\overleftrightarrow{W_t^*}}{\overleftrightarrow{W_t^*}}=&\left[\frac{rW_0\mathrm{e}^{LT}\mathrm{e}^{-r(T-t)}}{\overleftrightarrow{W_t^*}}+\frac{W_0\mathrm{e}^{LT}\mathrm{e}^{-r(T-t)}-\overleftrightarrow{W_t^*}}{\overleftrightarrow{W_t^*}}\times\left(-r+\frac{1}{G(t,T,x_t)}\frac{\partial G(t,T,x_t)}{\partial t}\right)\right]\mathrm{d}t\\
&+\left(\frac{W_0\mathrm{e}^{LT}\mathrm{e}^{-r(T-t)}-\overleftrightarrow{W_t^*}}{\overleftrightarrow{W_t^*}}\right)\left(\frac{\alpha+\beta x_t}{\sigma_s}-\left(B(T-t)+C(T-t)x_t\right)\sigma_x\rho\right)\mathrm{d}B_{s,t}
\end{aligned}
\tag{9-33}
$$

由式（9-33）和式（9-5）获得二次效用偏好下的动态资产组合最优封闭解 $\overleftrightarrow{\omega_t^*}$：

$$
\overleftrightarrow{\omega_t^*}=\left(\frac{W_0\mathrm{e}^{LT}\mathrm{e}^{-r(T-t)}-\overleftrightarrow{W_t^*}}{\overleftrightarrow{W_t^*}}\right)\left(\frac{\alpha+\beta x_t}{\sigma_s^2}-\left(B(T-t)+C(T-t)x_t\right)\frac{\sigma_x\rho}{\sigma_s}\right)
\tag{9-34}
$$

同时，二次效用偏好下的资产组合终期财富最大期望效用值为

$$
E_0^P\left[\overleftrightarrow{W_T^*}-\frac{1}{2W_0\mathrm{e}^{LT}}\left(\overleftrightarrow{W_T^*}\right)^2\right]=\frac{1}{2}W_0\mathrm{e}^{LT}\left[1-\frac{\left(1-\dfrac{1}{W_0\mathrm{e}^{LT}}W_0\mathrm{e}^{rt}\right)^2}{G(t,T,x_t)}\right]\equiv\Omega
\tag{9-35}
$$

由式（9-35）获得资产组合终期财富确定性等价效用 CE_T^* 为

$$
\overleftrightarrow{\mathrm{CE}_T^*}=W_0\mathrm{e}^{LT}-W_0\mathrm{e}^{LT}\sqrt{1-2\frac{1}{W_0\mathrm{e}^{LT}}\Omega}
\tag{9-36}
$$

由式（9-36）获得资产组合终期财富确定性等价收益率 $\overleftrightarrow{\mathrm{cerr}^*}$ 为

$$
\overleftrightarrow{\mathrm{cerr}^*}=\frac{1}{T}\ln\left[\mathrm{e}^{LT}-\mathrm{e}^{LT}\sqrt{1-2\frac{1}{W_0\mathrm{e}^{LT}}\Omega}\right]
\tag{9-37}
$$

结合式（9-28）与式（9-30）中的约束方程，可得

$$
E_0^P\left[\overleftrightarrow{W_T^*}\right]=W_0\mathrm{e}^{LT}\left(1-\frac{W_0\mathrm{e}^{LT}-\mathrm{e}^{rT}W_0}{W_0\mathrm{e}^{LT}G(0,T,x_0)}\right)
\tag{9-38}
$$

$$\mathrm{Var}_0^P\left[\overleftrightarrow{W_T^*}\right]=E_0^P\left[\left(\overleftrightarrow{W_T^*}\right)^2\right]-E_t^P\left[\overleftrightarrow{W_T^*}\right]^2$$

$$=\left(W_0\mathrm{e}^{LT}\right)^2\left(G\left(0,T,x_0\right)-1\right)\left(\frac{W_0\mathrm{e}^{LT}-\mathrm{e}^{rT}W_0}{W_0\mathrm{e}^{LT}G\left(0,T,x_0\right)}\right)^2 \tag{9-39}$$

由式（9-38）和式（9-39）获得资产组合的$\overleftrightarrow{\mathrm{SR}}$为

$$\overleftrightarrow{\mathrm{SR}}=\frac{E_0^P\left[\overleftrightarrow{W_T^*}\right]-\mathrm{e}^{rT}W_0}{\mathrm{Std}_0^P\left[\overleftrightarrow{W_T^*}\right]}=\sqrt{G\left(0,T,x_0\right)-1} \tag{9-40}$$

二、动态均值-方差资产组合的有效性

基于上述两类资产组合特征首先验证动态均值-方差资产组合的策略和业绩，将在实证研究中进一步验证其策略特征、确定性等价收益率、有效前沿，并获得相关发现。假设基于均值-方差模型和二次效用偏好下的动态资产组合中的风险资产权重之比为 A_t，由式（9-20）和式（9-34）得

$$A_t=\frac{\omega_t}{\overleftrightarrow{\omega_t}}=\frac{E_0^P\left[W_T^*\right]\mathrm{e}^{-r(T-t)}+W_0\mathrm{e}^{LT}\mathrm{e}^{-r(T-t)}-W_t^*}{W_0\mathrm{e}^{LT}\mathrm{e}^{-r(T-t)}-\overleftrightarrow{W_t^*}}\times\frac{\overleftrightarrow{W_t^*}}{W_t^*}$$

$$=\frac{E_0^P\left[W_T^*\right]\mathrm{e}^{-r(T-t)}+W_0\mathrm{e}^{LT}\mathrm{e}^{-r(T-t)}-E_t^P\left[\frac{K_T}{K_t}\left(E_0^P\left[W_T^*\right]+W_0\mathrm{e}^{LT}\left(1-\frac{1}{E_0^P\left[K_T\right]}K_T\right)\right)\right]}{W_0\mathrm{e}^{LT}\mathrm{e}^{-r(T-t)}-W_0\mathrm{e}^{LT}E_t^P\left[\frac{K_T}{K_t}\left(1-\frac{E_0^P\left[K_T\right]-\frac{1}{\mathrm{e}^{LT}}}{E_0^P\left[K_T^2\right]}K_T\right)\right]}$$

$$\times\frac{W_0\mathrm{e}^{LT}E_t^P\left[\frac{K_T}{K_t}\left(1-\frac{E_0^P\left[K_T\right]-\frac{1}{\mathrm{e}^{LT}}}{E_0^P\left[K_T^2\right]}K_T\right)\right]}{E_t^P\left[\frac{K_T}{K_t}\left(E_0^P\left[W_T^*\right]+W_0\mathrm{e}^{LT}\left(1-\frac{1}{E_0^P\left[K_T\right]}K_T\right)\right)\right]}=\frac{1}{\left[\frac{1-\mathrm{e}^{-LT+rT}}{G\left(0,T,x_0\right)}\right]}$$

$$\times\frac{W_0\mathrm{e}^{LT}-W_0\mathrm{e}^{LT}K_t\mathrm{e}^{-r(T-t)}G\left(t,T,x_t\right)\mathrm{e}^{rT}\left[\frac{1-\mathrm{e}^{-LT+rT}}{G\left(0,T,x_0\right)}\right]}{E_0^P\left[W_T^*\right]+W_0\mathrm{e}^{LT}-W_0\mathrm{e}^{LT}K_t\mathrm{e}^{-r(T-t)}G\left(t,T,x_t\right)\mathrm{e}^{rT}}$$

$$
=\frac{W_0\mathrm{e}^{LT}-W_0\mathrm{e}^{LT}K_t\mathrm{e}^{-r(T-t)}G(t,T,x_t)\mathrm{e}^{rT}\left[\dfrac{1-\mathrm{e}^{-LT+rT}}{G(0,T,x_0)}\right]}{W_0\mathrm{e}^{rT}+W_0\mathrm{e}^{LT}G(0,T,x_0)-W_0\mathrm{e}^{LT}+W_0\mathrm{e}^{LT}-W_0\mathrm{e}^{LT}K_t\mathrm{e}^{-r(T-t)}G(t,T,x_t)\mathrm{e}^{rT}}
$$

$$
\times\frac{1}{\left[\dfrac{1-\mathrm{e}^{-LT+rT}}{G(0,T,x_0)}\right]}=\frac{\mathrm{e}^{LT}}{\mathrm{e}^{LT}-\mathrm{e}^{rT}}
$$

$$
\times\frac{\mathrm{e}^{LT}-\mathrm{e}^{LT}K_t\mathrm{e}^{-r(T-t)}G(t,T,x_t)\mathrm{e}^{rT}\left[\dfrac{1-\mathrm{e}^{-LT+rT}}{G(0,T,x_0)}\right]}{\dfrac{\mathrm{e}^{rT}}{G(0,T,x_0)}+\mathrm{e}^{LT}-\dfrac{\mathrm{e}^{LT}K_t\mathrm{e}^{-r(T-t)}G(t,T,x_t)\mathrm{e}^{rT}}{G(0,T,x_0)}}
$$

由贴现因子形式，并结合式（9-24）和式（9-25）可知，$G(0,T,x_0)>1$，则：

$$
A_t>\frac{\mathrm{e}^{LT}}{\mathrm{e}^{LT}-\mathrm{e}^{rT}}\times\frac{\mathrm{e}^{LT}-\mathrm{e}^{LT}K_t\mathrm{e}^{-r(T-t)}G(t,T,x_t)\mathrm{e}^{rT}\left[\dfrac{1-\mathrm{e}^{-LT+rT}}{G(0,T,x_0)}\right]}{\mathrm{e}^{rT}+\mathrm{e}^{LT}-\dfrac{\mathrm{e}^{LT}K_t\mathrm{e}^{-r(T-t)}G(t,T,x_t)\mathrm{e}^{rT}}{G(0,T,x_0)}}
$$

$$
=\frac{\mathrm{e}^{L^2T^2}-\mathrm{e}^{LT}K_t\mathrm{e}^{-r(T-t)}G(t,T,x_t)\mathrm{e}^{rT}\left[\dfrac{\mathrm{e}^{LT}-\mathrm{e}^{rT}}{G(0,T,x_0)}\right]}{\mathrm{e}^{L^2T^2}-\mathrm{e}^{r^2T^2}-\mathrm{e}^{LT}K_t\mathrm{e}^{-r(T-t)}G(t,T,x_t)\mathrm{e}^{rT}\left[\dfrac{\mathrm{e}^{LT}-\mathrm{e}^{rT}}{G(0,T,x_0)}\right]}>1
$$

因此，与二次效用偏好下的动态资产组合相比，时变风险容忍度投资者在构建动态均值-方差资产组合时总是将较高比例的财富投资风险资产。进一步，若以 SR 衡量资产组合业绩，则由式（9-26）和式（9-40）可知，$\mathrm{SR}=\overleftrightarrow{\mathrm{SR}}$，即两类资产组合的业绩相同。

综上，尽管动态均值-方差资产组合对投资者偏好的描述不属于动态情境下的 HARA 或 CRRA 等主流效用函数族，以及其策略表现出较高的杠杆性，但并不影响其业绩。因此，从时变风险容忍度视角，均值-方差分析框架可应用于动态情境下的资产组合管理和优化，动态均值-方差资产组合管理和优化策略有效。

第三节　实 证 研 究

以上证综合指数为研究对象，在上述定性分析的基础上，从体现投资者风险容忍度时变的投资者期望收益率和资产组合投资期变化的视角，量化动态均值-方差资产组合与二次效用偏好下的动态资产组合在风险资产权重、确定性等价收益率和有效前沿等方面的关系，进一步验证动态均值-方差资产组合的有效性、并指出均值-方差分析框架在动态情境下的适用性。

一、研究样本选择

无风险资产选取 2017 年电子式第四期储蓄国债，期限为 5 年，票面年利率为 4.22%，其月收益率为 r，$r=\left(\ln\left(1+4.22\%\right)\right)/12=0.003\,444$。风险资产以上证综合指数为代表，其收盘指数为其价格。因 1997 年之前我国股票市场处于初始阶段，法律法规不健全，故选取 1997 年 1 月至 2017 年 8 月共 248 个连续复合月收益率序列为研究样本。原始数据来源于东方财富网。

二、预测模型参数估计

将式（9-2）和式（9-3）转化为离散时间形式，分别获得预测值 x_t 的标准 AR（auto regressive）一阶自回归方程和市场收益率 R_t 的预测回归方程：

$$x_{t+\Delta t}=a_x+A_x x_t+\varepsilon_{x,t+\Delta t} \tag{9-41}$$

$$R_{s,t+\Delta t}=a_s+A_s x_t+\varepsilon_{s,t+\Delta t} \tag{9-42}$$

将 $x_t \mathrm{e}^{\phi t}$ 代入式（9-3），由伊藤定理得

$$\mathrm{d}\left(x_t \mathrm{e}^{\phi t}\right)=\phi\bar{x}\mathrm{e}^{\phi t}\mathrm{d}t+\sigma_x \mathrm{e}^{\phi t}\left[\rho\mathrm{d}B_{s,t}+\sqrt{1-\rho^2}\,\mathrm{d}B_{x,t}\right] \tag{9-43}$$

进一步，

$$x_{t+\Delta t}\mathrm{e}^{\phi(t+\Delta t)}-x_t\mathrm{e}^{\phi t}=\bar{x}\left[\mathrm{e}^{\phi(t+\Delta t)}-\mathrm{e}^{\phi t}\right]+\sigma_x\int_t^{t+\Delta t}\mathrm{e}^{\phi s}\left[\rho\mathrm{d}B_{s,s}+\sqrt{1-\rho^2}\,\mathrm{d}B_{x,s}\right] \tag{9-44}$$

化简得

$$x_{t+\Delta t}=\bar{x}\left[1-\mathrm{e}^{-\phi\Delta t}\right]+\mathrm{e}^{-\phi\Delta t}x_t+\left(\sigma_x\sqrt{\mathrm{e}^{-2\phi(t+\Delta t)}\int_t^{t+\Delta t}\mathrm{e}^{2\phi s}\mathrm{d}s}\right)\varepsilon_{x,t+\Delta t} \tag{9-45}$$

联立式（9-41）、式（9-45）得

$$\bar{x}=\frac{a_x}{1-A_x} \tag{9-46}$$

$$\phi=-\frac{\ln A_x}{\Delta t} \tag{9-47}$$

$$\sigma_x^2=\frac{1}{\Delta t}\frac{-2\ln A_x}{1-A_x^2}\sigma_{\varepsilon x}^2 \tag{9-48}$$

基于式（9-1）和式（9-2）由伊藤定理得

$$\mathrm{d}\ln S_t = \left[r+\alpha+\beta x_t - \frac{1}{2}\sigma_s^2\right]\mathrm{d}t + \sigma_s \mathrm{d}B_{s,t} \tag{9-49}$$

故市场收益率 $R_{s,t+\Delta t}$ 为

$$R_{s,t+\Delta t} = \left(r+\alpha-\frac{1}{2}\sigma_M^2\right)\Delta t + \beta\int_t^{t+\Delta t} x_s \mathrm{d}s + \sigma_s\int_t^{t+\Delta t}\mathrm{d}B_{s,s} \tag{9-50}$$

化简得

$$\begin{aligned} R_{s,t+\Delta t} =& \left(r+\alpha-\frac{1}{2}\sigma_M^2\right)\Delta t + \beta\left(\Delta t - \frac{1}{\phi}\left[1-\mathrm{e}^{-\phi\Delta t}\right]\right)\bar{x} - \frac{\beta}{\phi}\left(\mathrm{e}^{-\phi\Delta t}-1\right)x_t \\ & + \int_t^{t+\Delta t}\left[\sigma_s + \left(1-\mathrm{e}^{-\phi(t+\Delta t)}\mathrm{e}^{\phi s}\right)\beta\frac{1}{\phi}\sigma_x\rho\right]\mathrm{d}B_{s,s} \\ & + \beta\frac{1}{\phi}\sigma_x\sqrt{1-\rho^2}\int_t^{t+\Delta t}\left(1-\mathrm{e}^{-\phi(t+\Delta t)}\mathrm{e}^{\phi s}\right)\mathrm{d}B_{x,s} \end{aligned} \tag{9-51}$$

联立式（9-42）和式（9-51）得

$$\alpha = \frac{a_s}{\Delta t} - r + \frac{1}{2}\sigma_M^2 - \beta\bar{x} + \beta\bar{x}\frac{1}{\phi\Delta t}\left[1-\mathrm{e}^{-\phi\Delta t}\right] \tag{9-52}$$

$$\beta = \frac{\phi A_s}{1-\mathrm{e}^{-\phi\Delta t}} \tag{9-53}$$

$$\begin{aligned} \sigma_s^2 =& \frac{\sigma_{\varepsilon s}^2}{\Delta t} - \frac{1}{\Delta t}\left(\frac{\beta}{\phi}\sigma_x\right)^2\left(1-2\frac{1}{\phi}\left(1-\mathrm{e}^{-\phi\Delta t}\right)+\frac{1}{2\phi}\left(1-\mathrm{e}^{-2\phi\Delta t}\right)\right) \\ & -2\frac{\beta}{\phi}\left[\phi\frac{\sigma_{\varepsilon s,x}}{1-\mathrm{e}^{-\phi\Delta t}} - \sigma_x^2\left(1-\frac{1}{2}\left(\frac{1-\mathrm{e}^{-2\phi\Delta t}}{1-\mathrm{e}^{-\phi\Delta t}}\right)\right)\right] \\ & +2\frac{1}{\Delta t}\frac{\beta}{\phi}\left[\sigma_{\varepsilon s,x} - \sigma_x^2\left(\frac{1}{\phi}\left(1-\mathrm{e}^{-\phi\Delta t}\right)-\frac{1}{2\phi}\left(1-\mathrm{e}^{-2\phi\Delta t}\right)\right)\right] \end{aligned} \tag{9-54}$$

$$\sigma_s\sigma_x\rho = \frac{\sigma_{\varepsilon s,x}}{\frac{1}{\phi}\left(1-\mathrm{e}^{-\phi\Delta t}\right)} - \frac{\beta}{\phi}\sigma_x^2\frac{\frac{1}{2}-\mathrm{e}^{-\phi\Delta t}+\frac{1}{2}\mathrm{e}^{-2\phi\Delta t}}{1-\mathrm{e}^{-\phi\Delta t}} \tag{9-55}$$

基于式（9-34）~式（9-48）、式（9-52）~式（9-55），结合样本数据，在 Matlab 7.0 平台下获得预测模型参数估计结果，见表 9-1。

表 9-1　预测模型参数估计结果

ϕ	$\bar{x}$	σ_x	α	β	σ_s	ρ
2.182 5	0.001 6	0.167 2	0.004 1	0.277 3	0.089 2	−0.089 2

三、实证结果

投资期设定为 30 个月，故 $T=30$，$\Delta t=1$；因投资者希望其资产组合的期望收益率 L 大于无风险资产收益率 r，故设定 $L\in[0.05,1]$。为便于观察，进一步给出 $T=1,18,30$ 和 $L=0.05,0.5,1$ 下的实证结果。

（一）资产组合策略

基于式（9-20）和式（9-34），结合表 9-1 中的相关数据在 Matlab 7.0 平台下获得时变风险容忍度下的动态均值-方差资产组合与二次效用偏好下的动态资产组合（简称两类资产组合）中的风险资产权重之比，如图 9-1（a）所示。为便于观察和分析，将三维图像分解为二维图像图 9-1（b）和图 9-1（d），从中分别抽取三条代表性的曲线绘制成图像图 9-1（c）和图 9-1（e），并列出其中部分代表性数值结果如表 9-2 所示。

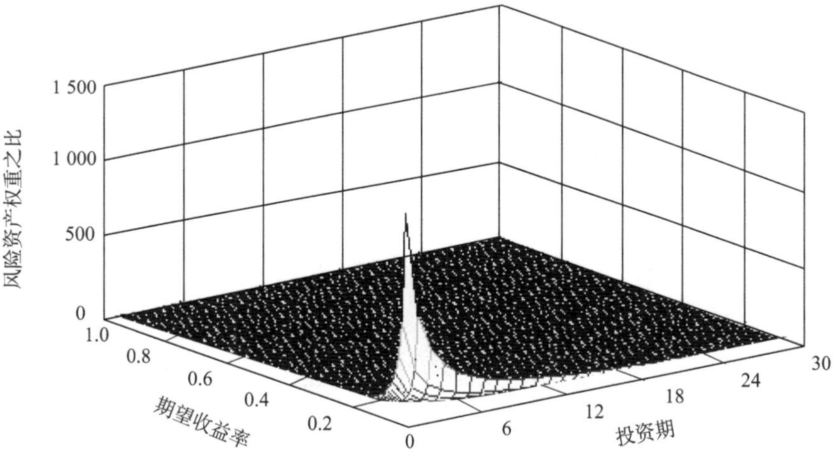

（a）

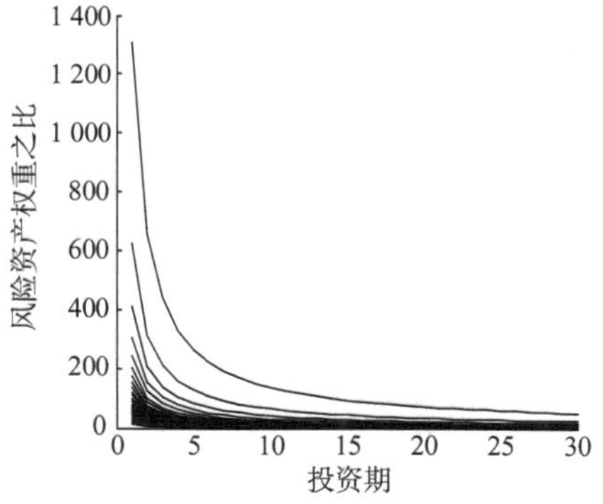

（b）

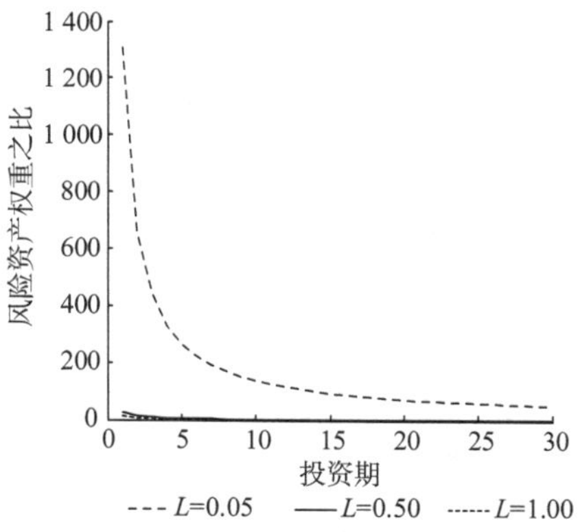

（c）

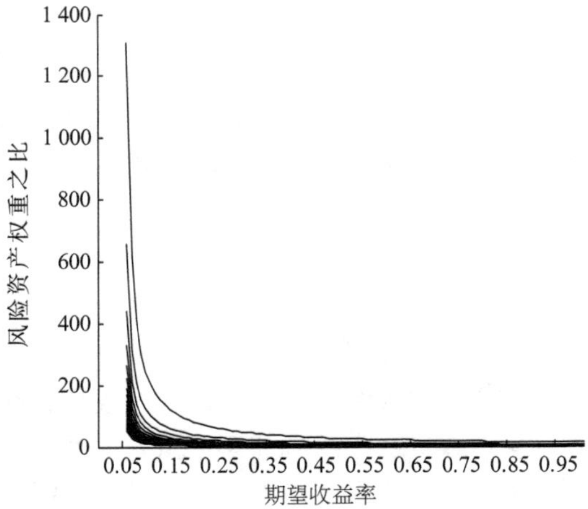

（d）

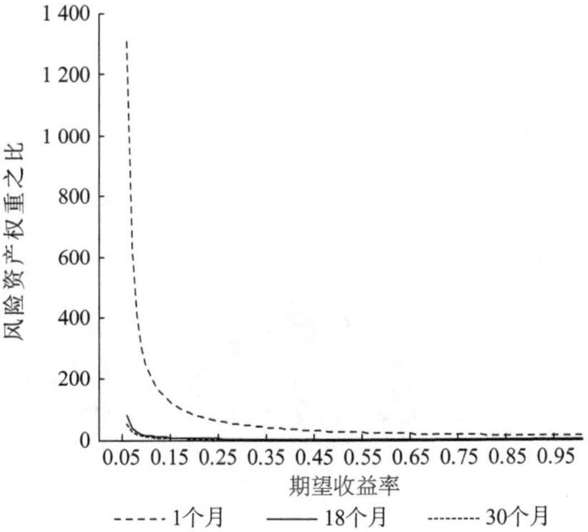

（e）

图 9-1　两类资产组合中的风险资产权重之比

表 9-2　两类资产组合中风险资产权重之比的代表性结果

投资期	L=0.05	L=0.50	L=1.00
T=1	1 306.500 0	26.669 0	13.033 0
T=18	79.345 0	2.184 4	1.425 6
T=30	51.030 0	1.699 5	1.276 3

图 9-1 和表 9-2 显示：在相同情境下，与二次效用偏好投资者相比，时变风险容忍度投资者在构建动态均值–方差资产组合时，将较高比例的财富投资于风险资产，表现出高杠杆性。资产组合的投资期越长或（和）投资者期望收益率越高，该杠杆性越低，即与二次效用偏好投资者相比，时变风险容忍度投资者随其

风险容忍度的提高，投资于风险资产的财富比例不断下降，呈现出收敛于二次效用偏好下动态资产组合策略的趋势。这主要是投资者风险规避程度的变化、决策过程中投资者自身状态和所处环境变化导致其对资产组合投资需求的变化，体现了时变风险容忍度下动态均值–方差资产组合的灵活性和风险对冲价值。同时，动态均值–方差资产组合的投资期效应强于投资者期望收益率，但在较短投资期和较低期望收益率下，动态均值–方差资产组合表现出极高或极端的杠杆性，具有高波动性。在较低风险容忍度下，均值–方差分析框架不适用于动态资产组合管理和优化，极易导致金融市场非理性繁荣，影响金融市场的稳定性。

（二）确定性等价收益率

基于式（9-23）和式（9-37），结合表 9-1 中的相关数据在 Matlab 7.0 平台下获得两类资产组合的确定性等价收益率之比，如图 9-2（a）所示。为便于观察和分析，将三维图像分解为二维图像图 9-2（b）和图 9-2（d），从中分别抽取三条代表性的曲线绘制成图像图 9-2（c）和图 9-2（e），并列出其中部分代表性数值结果如表 9-3 所示。

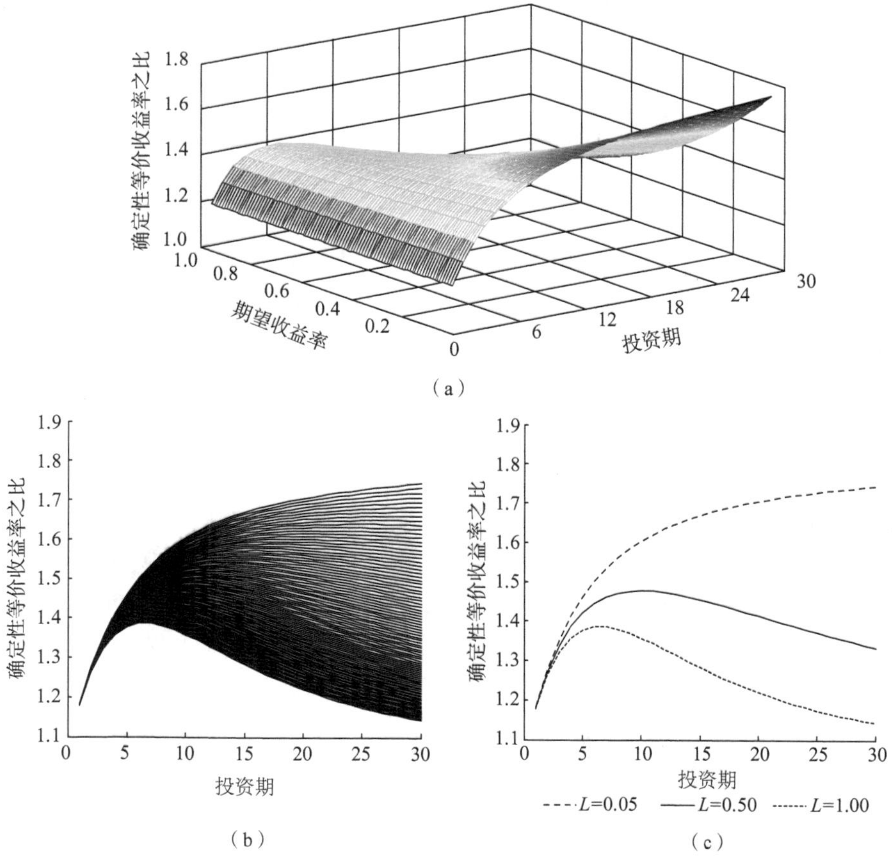

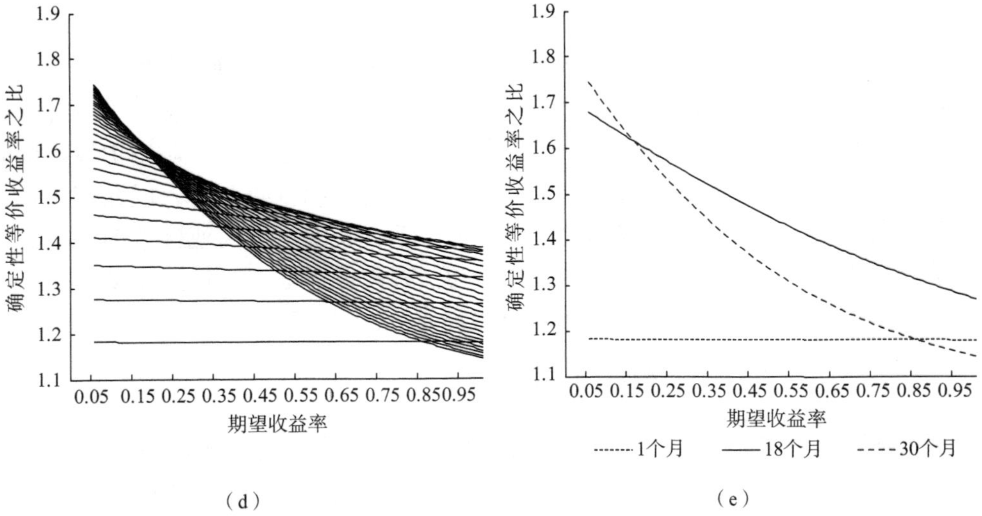

图 9-2　两类资产组合的确定性等价收益率之比

表 9-3　两类资产组合确定性等价收益率之比的代表性结果

投资期	L =0.05	L =0.50	L =1.00
T =1	1.182 0	1.180 8	1.179 3
T =18	1.692 9	1.431 2	1.244 0
T =30	1.744 4	1.333 6	1.143 1

图 9-2 和表 9-3 显示：在相同情境下，与二次效用偏好下的资产组合相比，时变风险容忍度下的动态均值-方差资产组合始终都表现出较高的确定性等价收益率，投资业绩优于二次效用偏好下的动态资产组合。对于较低期望收益率，投资期越长，确定性等价收益率的差距越大，但增速呈下降趋势；对于较高期望收益率，该差距存在先上升后下降的趋势，确定性等价收益率差距随投资期的增加总体呈现出倒“U”形趋势。投资者期望收益率越高，确定性等价收益率的差距越小，但对于较短的投资期，该差距较小且随期望收益率变化而变化的趋势不明显。同样，动态均值-方差资产组合的投资期效应强于期望收益率。另外，结合上述两类资产组合中的风险资产权重之比的实证结果，对于较低期望收益率，虽然动态均值-方差资产组合表现出较高的业绩，但其杠杆性极高，不但存在高风险源而且极易导致金融市场非理性繁荣。因此，在较短投资期或较低期望收益率下，时变风险容忍度下的动态均值-方差资产组合策略不具有良好的效果。

（三）有效前沿

上述实证结果表明，当投资期较短或投资者期望收益率较低时，时变风险容忍度下的动态均值-方差资产组合策略不宜用于实际，效果欠佳。同时，投资期效应明显，强于期望收益率。因此，这里以投资期为例，为进一步说明问题，图 9-3 给出投资期分别为 1 个月、6 个月、12 个月、18 个月、24 个月和 30 个月的两类资产组合有效前沿。

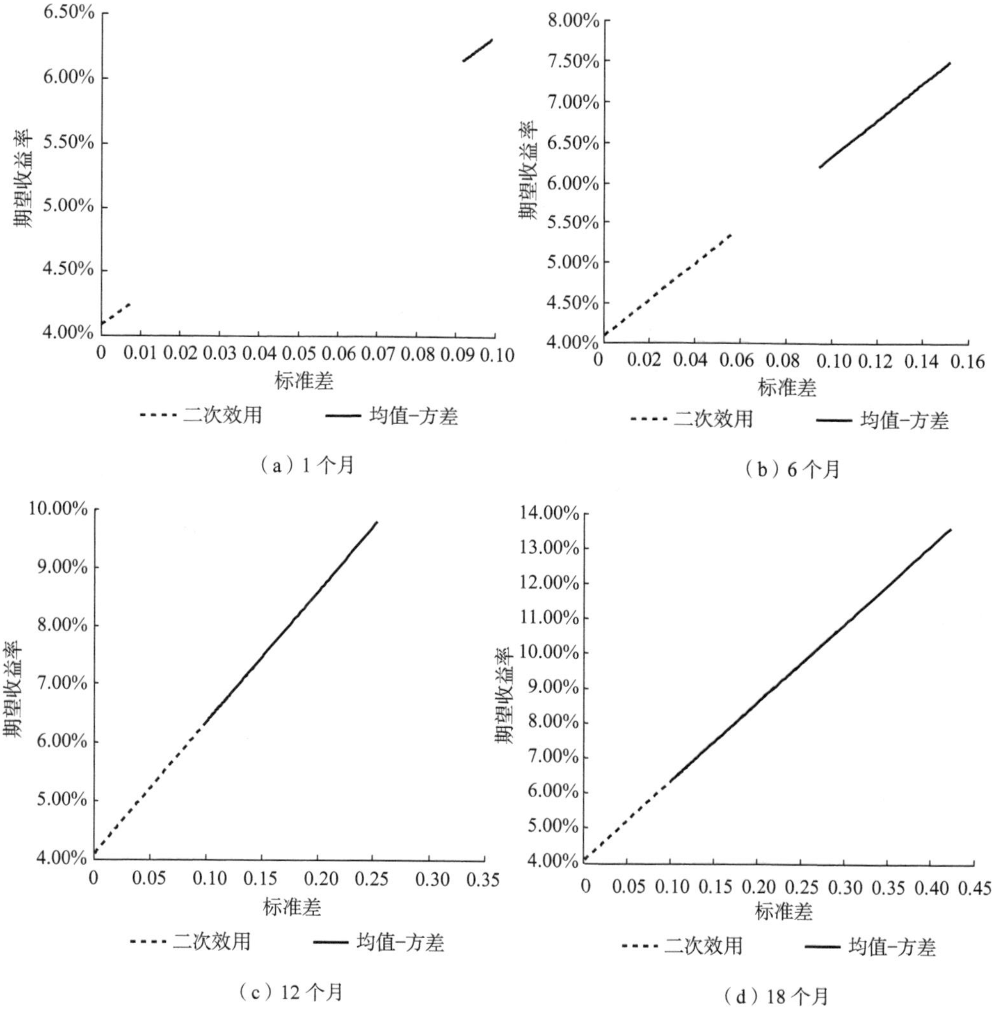

（a）1 个月　（b）6 个月　（c）12 个月　（d）18 个月

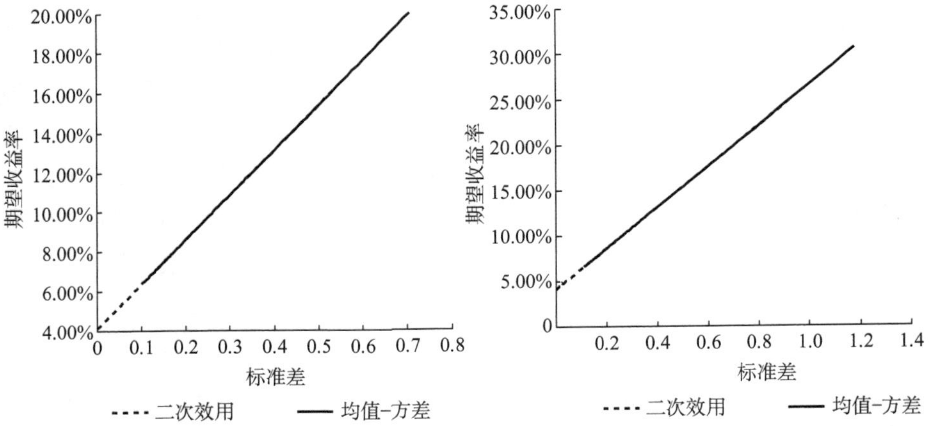

（e）24 个月　　　（f）30 个月

图 9-3　不同投资期下的两类资产组合有效前沿

图 9-3 显示，不同投资期下，两类资产组合有效前沿的斜率相同，但在投资期为 1 个月和 6 个月时，虽然它们的有效前沿都在一个很小的范围内，但差异很大。与二次效用偏好下的资产组合相比，时变风险容忍度下的均值–方差资产组合具有更大的期望收益率和波动性。当投资期为 1 个月时，均值–方差资产组合开始于（0.091 7，6.14%）终于（0.099 3，6.32%），而二次效用资产组合始于（0，4.08%）终于（0.007 6，4.25%）；当投资期为 6 个月时，均值–方差资产组合开始于（0.094 5，6.21%）终于（0.152 0，7.50%），而二次效用资产组合始于（0，4.08%）终于（0.056 7，5.36%）；当投资期为 12 个月以上时，它们的有效前沿相交。因此，即使两类资产组合的投资者期望收益率相同，但隐含的风险容忍程度完全不同；随投资期变长，虽然它们有效前沿范围越来越大，重叠部分越来越多，但始终不变的在右端，故均值–方差资产组合表现出高波动性。

综合理论和实证分析，本书认为：从时变风险容忍度视角，均值–方差分析框架可以应用于动态情境下的资产组合管理和优化，动态均值–方差资产组合策略具有有效性，但不适用于短投资期（投资期小于 12 个月）和（或）低期望收益率下的资产组合管理和优化。

本 章 小 结

鉴于投资者风险容忍度设定为偏离实际的常数及投资者偏好描述不属于动态情境下的主流效用函数族，动态均值–方差资产组合管理和优化问题受到的质疑，本章假设投资者风险容忍度是资产组合投资期及投资者期望收益率的函数，研究了时变风险容忍度下的动态均值-方差资产组合优化问题，并与二次效用偏好下的动态资产组合对比，验证其有效性。研究表明，与二次效用偏好下的动态资产组合相比，时变风险容忍度下的动态均值-方差资产组合不但具有同等业绩，而且体现了其灵活性和风险对冲价值。尽管动态均值-方差资产组合表现出高杠杆性，但其确定性等价收益率较高，且随投资期的增加呈现倒“U”形趋势。动态均值-方差资产组合的投资期效应明显，强于投资者期望收益率。研究指出，时变风险容忍度下的动态均值-方差资产组合管理和优化问题有效，但在短投资期（低于 12 个月）和（或）低期望收益率下并不适用。研究拓展了均值-方差分析框架在动态情境下的应用。

参 考 文 献

陈宝群，周雯. 2004. 连续时间下的最佳投资组合和弹性[J]. 数学的实践与认识，34（6）：60-63.

陈鹏程，周孝华. 2016. 机构投资者私人信息、散户投资者情绪与 IPO 首日回报率[J]. 中国管理科学，24（4）：37-44.

陈其安，雷小燕. 2017. 货币政策、投资者情绪与中国股票市场波动性：理论与实证[J]. 中国管理科学，25（11）：1-11.

初云浩，叶俊. 2003. 跳跃股价模型下投资组合的生成函数[J]. 清华大学学报（自然科学版），43（12）：1699-1702.

崔晓蕾，何婧，徐龙炳. 2014. 投资者情绪对企业资源配置效率的影响——基于过度投资的视角[J]. 上海财经大学学报，16（3）：86-94.

高金窑. 2013. 奈特不确定性与非流动资产定价：理论与实证[J]. 经济研究，48（10）：82-97.

龚朴，高原. 2010. 非理性预期对信用衍生产品定价的影响——美国次贷危机的启示[J]. 管理科学学报，13（9）：55-67.

郭文旌. 2004. 固定消费模式下的最优投资组合[J]. 系统工程学报，19（6）：566-571.

郭文旌. 2005. 跳跃扩散股价的最优投资组合选择[J]. 控制理论与应用，22（2）：171-176.

郭文旌，顾荣宝. 2005. 含期权的最优投资消费决策[J]. 中国管理科学，13（5）：23-28.

韩立岩，泮敏. 2012. 基于奈特不确定性随机波动率期权定价[J]. 系统工程理论与实践，32（6）：1175-1183.

何朝林. 2007. 连续时间下的动态资产组合选择问题研究[D]. 重庆大学博士学位论文.

何朝林. 2015. 均值-方差模型具有一般不确定性下的最优资产组合选择[J]. 中国管理科学，23（12）：63-70.

何朝林，程希骏. 2001. 绝对风险规避者的证券投资理论和方法[J]. 运筹与管理，10（2）：125-129.

何朝林，刘梦. 2016. 奈特不确定性下的资产及其组合的惰性区间[J]. 中国管理科学，24（12）：39-46.

何朝林，孟卫东. 2006. 构建证券组合保险的策略分析[J]. 重庆大学学报（自然科学版），

29（1）：142-145.
何朝林，孟卫东. 2009a. 不确定性规避下的动态资产组合选择[J]. 系统工程学报，24（2）：150-155.
何朝林，孟卫东. 2009b. 基于矩分析的资产组合选择[J]. 数理统计与管理，28（1）：82-88.
何朝林，孟卫东. 2009c. 资产组合选择的理论、模型与方法的一个综述[J]. 生产力研究，24（1）：174-176.
何朝林，孟卫东. 2011a. 基于不确定性均值-方差模型的稳健静态资产组合选择[J]. 统计与决策，24（13）：50-53.
何朝林，孟卫东. 2011b. 基于具有不确定性随机扩散模型的动态资产组合选择[J]. 预测，6（2）：62-65.
何朝林，涂蓓，王鹏. 2021. 动态均值-方差资产组合的有效性：时变风险容忍度视角[J]. 中国管理科学，29（1）：1-11.
何朝林，王鹏，刘梦. 2017. 奈特不确定性下的资产交易价格惰性区间[J]. 系统工程，12（4）：40-45.
何朝林，王鹏，刘梦. 2020. 奈特不确定性下的欧式期权定价区间[J]. 管理科学学报，23（3）：117-127.
李仲飞，汪寿阳. 2004. 摩擦市场的最优消费-投资组合选择[J]. 系统科学与数学，24（3）：406-416.
刘海龙，吴冲锋. 2001. 基于最差情况的最优消费和投资策略[J]. 管理科学学报，4（6）：48-54.
刘金全，邵欣炜. 2004. 流动性约束与消费行为关系的实证研究[J]. 管理科学学报，7（4）：90-94.
刘金山，李楚霖，胡适耕. 2003. 随机波动率模型下的最优证券组合选择[J]. 数学的实践与认识，33（5）：30-33.
刘庆富，周程远. 2012. 中国股票市场的非对称效应研究[J]. 系统工程学报，27（5）：648-655.
刘宣会，胡奇英. 2003. 股价服从跳-扩过程证券组合的随机微分对策[J]. 工程数学学报，20（2）：65-71.
陆静，曹国华，唐小我. 2011. 基于异质信念和卖空限制的分割市场股票定价[J]. 管理科学学报，14（1）：13-27.
陆静，周媛. 2015. 投资者情绪对股价的影响——基于 AH 股交叉上市股票的实证分析[J]. 中国管理科学，23（11）：21-28.
孟卫东，何朝林. 2007a. 基于学习行为的动态资产组合选择[J]. 系统工程理论与实践，12（9）：38-46.
孟卫东，何朝林. 2007b. 基于信息更新的动态资产组合选择[J]. 中国管理科学，15（4）：21-27.

沈根祥. 2003. 股票收益随机波动模型研究[J]. 中国管理科学，11（2）：16-20.
宋顺林，王彦超. 2016. 投资者情绪如何影响股票定价?——基于 IPO 公司的实证研究[J]. 管理科学学报，19（5）：41-55.
万树平. 2006. 符合跳跃过程下的最优投资组合[J]. 江西财经大学学报，45（3）：18-20.
王春峰，余思婧，房振明，等. 2015. 中国证券市场 Knight 不确定性度量及资产定价研究[J]. 系统工程理论与实践，35（5）：1116-1122.
王佳，金秀，苑莹，等. 2016. 基于损失厌恶和模糊厌恶的分布鲁棒投资组合模型[J]. 系统工程理论与实践，36（2）：288-296.
王美今，孙建军. 2004. 中国股市收益、收益波动与投资者情绪[J]. 经济研究，（10）：75-83.
王培辉. 2010. 货币冲击与资产价格波动：基于中国股市的实证分析[J]. 金融研究，（7）：59-70.
文凤华，肖金利，黄创霞，等. 2014. 投资者情绪特征对股票价格行为的影响研究[J]. 管理科学学报，17（3）：60-69.
肖建勇，陈超. 2001. 最优投资消费策略[J]. 数学理论与应用，21（1）：70-72.
徐元栋. 2015. 投资者的奈特不确定性情绪与股市巨幅波动[J]. 系统工程学报，30（6）：736-745.
徐元栋. 2017. BSV、DHS 等模型中资产定价与模糊不确定性下资产定价在逻辑结构上的一致性[J]. 中国管理科学，25（6）：22-31.
杨瑞成，刘坤会. 2005. 随机跳跃幅度的最优消费和证券选择策略问题[J]. 管理科学学报，8（6）：83-87.
杨云红，邹恒甫. 2001. 社会地位、非期望效用函数、资产定价和经济增长[J]. 经济研究，（10）：46-51.
尹海员，路璐. 2017. 流动性成本、市场情绪与资产配置行为：不确定性条件下的分析模型[J]. 中央财经大学学报，37（5）：48-57.
俞红海，李心丹，耿子扬. 2015. 投资者情绪、意见分歧与中国股市 IPO 之谜[J]. 管理科学学报，18（3）：78-89.
俞红海，陆蓉，徐龙炳. 2014. 投资者名义价格幻觉与管理者迎合——基于基金拆分现象的研究[J]. 经济研究，49（5）：133-146.
张兵，李晓明. 2003. 中国股票市场的渐进有效性研究[J]. 经济研究，（1）：54-61，87.
张慧，聂秀山. 2007. Knight 不确定环境下欧式股票期权的最小定价模型[J]. 山东大学学报（理学版），42（11）：121-126.
张淑英，张世英，崔援民. 1998. 考虑交易成本的连续实践证券组合管理[J]. 数量经济技术经济研究，15（7）：24-28.
张维，沈德华，熊熊，等. 2015. 媒体偏见与资产价格[J]. 系统工程理论与实践，35（11）：2749-2754.

张宗新，王海亮. 2013. 投资者情绪、主观信念调整与市场波动[J]. 金融研究，（4）：142-155.

朱宏泉，余江，陈林. 2016. 异质信念、卖空限制与股票收益——基于中国证券市场的分析[J]. 管理科学学报，19（7）：115-126.

朱微亮，刘海龙. 2007. 稳健的动态资产组合模型研究[J]. 中国管理科学，15（3）：19-24.

Abel A B. 1990. Asset prices under habit formation and catching up with the Jones[J]. The American Economic Review，80（2）：38-42.

Acerbi C，Tasche D. 2002. On the coherence of expected shortfall[J]. Journal of Banking and Finance，26（7）：1487-1503.

Agliardi E，Agliardi R，Spanjers W. 2016. Corporate financing decisions under ambiguity：pecking order and liquidity policy implications[J]. Journal of Business Research，69（12）：6012-6020.

Alexander G J，Baptista A M. 2002. Economic implication of using a mean-VaR model for portfolio selection：a comparison with mean-variance analysis[J]. Journal of Economic Dynamics and Control，26（7/8）：1159-1193.

Amihud Y，Medelson H. 1986. Asset pricing and the bid-ask spread[J]. Journal of Financial Economics，17（2）：223-249.

Anderson E，Hansen L，Sargent T. 2002. A quartet of semigroups for model specification，robustness，price of risk and model detection[J]. Journal of the European Economic Assciation，（1）：68-123.

Anusakumar S V，Ali R，Hooy C W. 2017. The effect of investor sentiment on stock returns：insight from emerging Asian markets[J]. Asian Academy of Management Journal of Accounting & Finance，13（1）：159-178.

Artzner P，Delbaen F，Eber J M，et al. 1999. Coherence measures of risk[J]. Mathematical Finance，19：203-228.

Atkinson C，Papakokkinon M. 2005. Theory of optimal consumption and portfolio selection under a capital-at-risk and a value-at-risk constrain[J]. IMA Journal of Management Mathematics，16（1）：37-70.

Bajeux B I，Jordan J V，Portait R. 2003. Dynamic asset allocation for stocks，bonds，and cash[J]. The Journal of Business，76（2）：263-288.

Balduzzi P，Lynch A W. 1999. Transaction costs and predictability：some utility cost calculations[J]. Journal of Financial Economics，52（1）：47-78.

Barberis N. 2000. Investing for the long run when returns are predictable[J]. The Journal of Finance，55（1）：225-264.

Barberis N，Shleifer A，Vishny R. 1998. A model of investor sentiment[J]. Journal of Financial Economics，49（3）：307-343.

Barberis N，Thaler R H. 2003. A survey of behavioral finance[J]. Handbook of the Economics of Finance，1（18）：1053-1128.

Basistha A，Kurov A. 2008. Macroeconomic cycles and the stock market's reaction to monetary policy[J]. Journal of Banking & Finance，32（12）：2606-2616.

Bates D S. 1996. Jumps and stochastic volatility：exchange rate processes implicit in deutsche mark options[J]. The Review of Financial Studies，9（1）：69-107.

Bauwens L，Michel L，Jean-Francois R. 1999. Bayesian Inference in Dynamic Econometric Models[M]. Oxford：Oxford University Press.

Bawa V，Brown S，Klein R. 1979. Estimation Risk and Optimal Portfolio Choice [M]. Amsterdam：North Holland.

Bielecki T R，Jin H Q，Pliska S R，et al. 2005. Continuous-time mean-variance portfolio selection with bankruptcy prohibition[J]. Mathematical Finance，15（2）：213-244.

Bielecki T R，Pliska S R，Sherris M. 2000. Risk sensitive asset allocation[J]. Journal of Economic Dynamics and Control，24（8）：1145-1177.

Black F，Jones R. 1987. Simplifying portfolio insurance[J]. The Journal of Portfolio Management，8：48-51.

Black F，Scholes M. 1973. The pricing of options and corporate liabilities[J]. The Journal of Political Economy，81（3）：637-654.

Blanchard O J. 1993. Movements in the equity premium[J]. Brooking Papers on Economic Activity，2（1）：75-118.

Bodie Z，Merton R C，Samuelson W F. 1991. Labor supply flexibility and portfolio choice in a life cycle model[J]. Journal of Economic Dynamic and Control，16：427-429.

Boudoukh J，Whitelaw R F. 1993. Liquidity as a choice variable：a lesson from the Japanese government bond market[J]. The Review of Financial Studies，6（2）：265-292.

Boudry W，Gray P. 2003. Assessing the economic significance of return predictability：a research note[J]. Journal of Business Finance and Accounting，30（9/10）：1305-1326.

Boyle P，Garlappi L，Uppal R，et al. 2012. Keynes meets Markowitz：the trade-off between familiarity and diversification[J]. Management Science，58（2）：253-272.

Brandt M W. 1999. Estimating portfolio and consumption choice：a conditional Euler equations approach[J]. The Journal of Finance，54（5）：1609-1645.

Brandt M W，Goyal A，Santa-Clara P，et al. 2005. A simulation approach to dynamic portfolio choice with an application to learning about return predictability[J]. The Review of Financial Studies，18（3）：831-873.

Brandt M W，Santa-Clara P. 2006. Dynamic portfolio selection by augmenting asset space[J]. The Journal of Finance，61（5）：2187-2217.

Branger N，Larsen L S，Munk C. 2013. Robust portfolio choice with ambiguity and learning about return predictability[J]. Journal of Banking & Finance，37（5）：1397-1411.

Breeden D T. 1979. An intertemporal capital pricing model with stochastic consumption and investment opportunities[J]. Journal of Financial Economics，7（3）：265-296.

Breeden D T，Gibbons M R，Litzenberger R H. 1989. Empircial test of the consumption-oriented CAPM[J]. The Journal of Finance，44（1）：231-262.

Brennan M J. 1998. The role of learning in dynamic portfolio decisions[J]. European Finance Review，1：295-306.

Brennan M J，Schwartz E，Lagnado R. 1997. Strategic asset allocation[J]. Journal of Economic Dynamics and Control，21：1377-1403.

Brennan M J，Xia Y H. 2001. Stochastic interest rates and the bond-stock mix[J]. European Finance Review，4（2）：197-210.

Brennan M J，Xia Y H. 2010. Persistence，predictability，and portfolio planning[C]//Lee C F，Lee A C，Lee J. Handbook of Quantitative Finance and Risk Management. New York：Springer：289-318.

Brown G W，Cliff M T. 2004. Investor sentiment and crosssection of stock returns[J]. The Journal of Finance，11（1）：1-27.

Butler J V，Guiso L，Jappelli T. 2014. The role of intuition and reasoning in driving aversion to risk and ambiguity[J]. Theory and Decision，77（4）：455-484.

Cai X Q，Teo K L，Yang X Q，et al. 2000. Portfolio optimization under a minimax rule[J]. Management Science，46（7）：957-972.

Campbell J Y，Chacko G，Rodriguez J，et al. 2004. Strategic asset allocation in a continuous-time VAR model[J]. Journal of Economic Dynamics and Control，28（11）：2195-2214.

Campbell J Y，Cochrane J H. 1999. By force of habit：a consumption-based explanation of aggregate stock market behavior[J]. The Journal of Political Economy，107（2）：205-251.

Campbell J Y，Shiller R J. 1988. Stock prices，earnings，and expected dividends[J]. The Journal of Finance，43（3）：661-676.

Campbell J Y，Viceira L M. 1999. Consumption and portfolio decisions when expected returns are time varying[J]. Quartly Journal of Economics，114（2）：433-495.

Campbell J Y，Viceira L M. 2001. Who should buy long-term bonds[J]. The American Economic Review，91（1）：99-127.

Canestrelli E，Pontini S. 2000. Inquiries on the application of multidemsional stochastic processes to financial investments[J]. Journal of Economics & Complexity，2（4）：44-62.

Canner N，Mankiw N，Weil D N. 1997. An asset allocation puzzle[J]. The American Economic Review，87（1）：181-191.

Carlsson C，Fullér R. 2001. On possibilistic mean value and variance of fuzzy numbers[J]. Fuzzy Sets and Systems，122：315-326.

Caskey J A. 2009. Information in equity markets with ambiguity-averse investors[J]. The Review of Financial Studies，22（9）：3595-3627.

Chacko G，Das S. 2002. Pricing intrest rate derivatives：a general approach[J]. The Review of Financial Studies，15（1）：195-241.

Chacko G，Viceira L M. 2003. Spectral GMM estimation of continuous-time processes[J]. Journal of Econometrics，116：259-292.

Chacko G，Viceira L M. 2005. Dynamic consumption and portfolio choice with stochastic volatility in incomplete markets[J]. The Review of Financial Studies，18（4）：1369-1402.

Chan Y L，Viceira L M，Campbell J Y. 2003. A multivariate model of strategic asset allocation[J]. Journal of Financial Economics，67：41-80.

Chateauneuf A. 1991. On the use of capacities in modeling uncertainty aversion and risk aversion[J]. Journal of Mathematical Economics，20（4）：343-369.

Chen A H Y，Jen F C，Zionts S. 1971. The optimal portfolio revision policy[J]. Journal of Bussiness，44（1）：51-61.

Chen H，Ju N，Miao J. 2014. Dynamic asset allocation with ambiguous return predictability[J]. Review of Economic Dynamics，17（4）：799-823.

Chen Z，Epstein L. 2002. Ambiguity，risk，and asset returns in continuous time[J]. Econometrica，70（4）：1403-1443.

Choquet G. 1954. Theory of capacities[J]. Annales de L'institut Fourier，5：131-295.

Chow G C，Zheng L H. 2002. Equity premium and consumption sensitivity when the consumer-investor allows for unfavorable circumstances[J]. Journal of Economic Dynamic and Control，26（9/10）：1417-1429.

Cocco J F. 2005. Portfolio choice in presence of housing[J]. The Review of Financial Studies，18（2）：535-567.

Cocco J F，Gomes F J，Maenhont P J. 2005. Consumotion and portfolio choice over life cycle[J]. The Review of Financial Studies，18（2）：491-533.

Cochrane J H. 2014. A mean variance benchmark for intertemporal portfolio theory[J]. The Journal of Finance，69（1）：1-49 .

Condie S，Ganguli J. 2017. The pricing dffdcts of ambiguous privzte information[J]. Journal of Economic Theory，172：512-557.

Constantinides G M. 1986. Capital market equilibrium with transaction costs[J]. The Journal of Political Economy，94（4）：842-862.

Constantinides G M. 1990. Habit formation：a resolution of the equity premium puzzle[J]. The

Journal of Political Economy，98（3）：519-543.

Cont R，Tankov P. 2004. Financial Modeling with Jump Processes[M]. London：Chapman & Hall/CRC.

Cox J C. 1996. The constant elasticity of variance option pricing model[J]. The Journal of Portfolio Management，23（5）：15-17.

Cox J C，Huang C F. 1989. Optimal consumption and portfolio policies when asset prices follow a diffusion process[J]. Journal of Economic Theory，49（1）：33-83.

Cox J C，Ingersoll J E，Jr，Ross S A. 1985. A theory of the term structure of interest rates[J]. Econometrica，53（2）：385-407.

Cox J C，Ross S A. 1976. The valuation of options for alternative stochastic processes[J]. Journal of Financial Economics，3（1/2）：145-166.

Dammon R，Spatt C，Zhang H. 2001. Optimal consumption and investment with capital tax gains[J]. The Review of Financial Studies，14（3）：583-616.

Daniel K D，Hirshleifer D，Subrahmanyam A. 2001. Overconfidence，arbitrage，and equilibrium asset pricing[J]. The Journal of Finance，56（3）：921-965.

de Long J B，Shleifer A，Summers L H，et al. 1990. Positive feedback investment strategies and destabilizing rational speculation[J]. The Journal of Finance，45（2）：379-395.

Dembo R S，King A G. 1992. Tracking models and the optimal regret distribution in asset allocation[J]. Applied Stochastic Models and Data Analysis，8：151-157.

Demiguel V，Uppal R. 2005. Portfolio investment with the exact tax basis via nonlinear programming[J]. Management Science，51（2）：277-290.

Detemple J B. 1986. Asset pricing in an economy with incomplete information[J]. The Journal of Finance，41（2）：383-391.

Detemple J B，Garcia R，Rindisbacher M. 2003. A monte carlo method for optimal portfolios[J]. The Journal of Finance，58（1）：401-446.

Detemple J B，Murthy S. 1997. Equilibrium asset prices and no-arbitrage with portfolio constraints[J]. The Review of Financial Studies，10（4）：1133-1174.

Dothan M U，Feldman D. 1986. Equilibrium interest rates and multiperiod bonds in a partially observable economy[J]. The Journal of Finance，41（2）：369-382.

Dow J，Werlang S R D C. 1992. Uncertainty aversion，risk aversion，and the optimal choice of portfolio[J]. Econometrica，60（1）：197-204.

Drechsller I. 2013. Uncertainty，time-varying fear，and asset prices[J]. The Journal of Finance，68（5）：1843-1889.

Dubois D，Prade H. 1987. The mean value of fuzzy number[J]. Fuzzy Sets and Systems，24（3）：279-300.

Duffie D J. 1992. Dynamic Asset Pricing Theory[M]. Princeton：Princeton University Press.

Duffie D J，Pan J，Singleton K J. 2000. Transform analysis and asset pricing for affine jump-diffusions[J]. Econometrica，68（6）：1343-1376.

Dumas M. 1989. Two-person dynamic equilibrium in the capital market[J]. The Review of Financial Studies，2（2）：157-188.

Dumas B，Luciano E. 1991. An exact solution to a dynamic portfolio choice problem under transaction costs[J]. The Journal of Finance，46（2）：557-595.

Easley D，O'Hara M. 2004. Information and cost of capital[J]. The Journal of Finance，59（4）：1553-1583.

Easley D，O'Hara M. 2009. Ambiguity and nonparticipation：the role of regulation[J]. The Review of Financial Studies，22（5）：1817-1843.

Easley D，O'Hara M. 2010. Liquidity and valuation in an uncertain word[J]. Journal of Financial Economics，97（1）：1-11.

Eberlein E，Keller U. 1995. Hyperbolic distribution in finance[J]. Bernouli，1（3）：281-299.

Eisfeldt A L，Rampint A A. 2006. Capital reallocation and liquidity[J]. Journal of Monetary Economics，53（3）：369-399.

Ellsberg D. 1961. Risk，ambiguity，and the savage axioms[J]. The Quarterly Journal of Economics，75（4）：643-669.

Epstein L G，Miao J. 2003. A two-person dynamic equilibrium under ambiguity[J]. Journal of Economic Dynamic and Control，27（7）：1253-1288.

Epstein L G，Schneider M. 2008. Ambiguity，information quality and asset pricing[J]. The Journal of Finance，63（1）：197-228.

Epstein L G，Wang T. 1994.Intertemporal asset pricing under Knightian uncertainty[J]. Econometrica，62（2）：283-322.

Epstein L G，Wang T. 1995. Uncertainty，risk-neutral measures and security price booms and crashes[J]. Journal of Economic Theory，67（1）：40-82.

Epstein L G，Zin S E. 1989. Substitution，risk aversion，and the temporal behavior of consumption and asset returns：a theoretical framework[J]. Econometrica，57（4）：937-969.

Epstein L G，Zin S E. 1991. Substitution，risk aversion，and the temporal behavior of consumption and asset returns：an empirical analysis[J]. The Journal of Political Economy，99（2）：263-286.

Eraker B. 2003. The impact of jump in returns and volatility[J]. The Journal of Finance，58（3）：1269-1300.

Eraker B. 2004. Do stock prices and volatility jump? Reconciling evidence from spot and option prices[J]. The Journal of Finance，59（3）：1367-1404.

Escobar M, Ferrando S, Rubtsov A. 2018. Dynamic derivative strategies with stochastic interest rates and model uncertainty[J]. Journal of Economic Dynamics & Control, 86: 49-71.

Estep T, Kritzman M. 1988. Tipp: insurance without complexity[J]. The Journal of Portfolio Management, 14（4）: 38-42.

Etner J, Jeleva M, Tallon J M. 2012. Decision theory under ambiguity[J]. Journal of Economic Surveys, 26（2）: 234-270.

Faig M, Shum P. 2002. Portfolio choice in presence of personal illiquid projects[J]. The Journal of Finance, 57（1）: 303-328.

Fama E F. 1965. The behavior of stock market prices[J]. The Journal of Business, 38（1）: 34-105.

Fama E F. 1970. Multiperiod consumption-investment decisions[J]. The American Economic Review, 60（1）: 163-174.

Fama E F. 1990. Stock returns, expected returns, and real activity[J]. The Journal of Finance, 45（4）: 1089-1108.

Fama E F. 1991. Efficient capital markets[J]. The Journal of Finance, 46（5）: 1575-1617.

Fama E F. 1998. Market efficiency, long-term returns, and behavioral finance[J]. Journal of Financial Economics, 49（3）: 283-306.

Fama E F. 2014. Two pillars of asset pricing[J]. American Economic Review, 104（6）: 1467-1485.

Fama E F, French K R. 1989. Business conditions and expected returns on stocks and binds[J]. Journal of Financial Economics, 25（1）: 23-49.

Fama E F, French K R. 1992. The cross-section of expected stock returns[J]. The Journal of Finance, 47（2）: 427-465.

Fama E F, French K R. 2004. The capital asset pricing model: theory and evidence[J]. Journal of Economic Perspectives, 18（3）: 25-46.

Fishburn P C. 1977. Mean-risk analysis with risk associated with below-target returns[J]. The American Economic Review, 67（2）: 116-126.

Fleming W H, Hernández-Hernández D. 2003. An optimal consumption model with stochastic volatility[J]. Finance and Stochastics, 7（2）: 245-262.

Frost P A, Savarino J E. 1986. An empirical Bayes approach to efficient portfolio selection[J]. Journal of Financial and Quantitative Analysis, 21（1）: 293-305.

Fullér R, Majlender P. 2003. On weighted possibilistic mean and variance of fuzzy numbers[J]. Fuzzy Sets and Systems, 136（3）: 363-374.

Gallmeyer M F, Kaniel R, Tompaidis S. 2006. Tax management strategies with multiple risky assets[J]. Journal of Financial Economics, 80（2）: 243-291.

Garlappi L, Uppal R, Wang T. 2007. Portfolio selection with parameter and model uncertainty: a multi-prior approach[J]. The Review of Financial Studies，20（1）：41-81.

Gennotte G. 1986. Optimal portfolio choice under incomplete information[J]. The Journal of Finance，41（3）：733-746.

Gilboa I，Schmeidler D. 1989. Maxmin expected utility theory with non-unique prior[J]. Journal of Mathematical Economics，18：141-153.

Gilboa I，Schmeidler D. 2001. A Theory of Case-based Decisions[M]. Cambridge：Cambridge University Press.

Gill J. 2002. Bayesian Method：A Social and Behavioral Science Approach[M]. New York：Chapman and Hall/CRC.

Giovannini A，Weil P. 1989. Risk aversion and intertemporal substitution in capital asset pricing model[R]. NBER Working Paper.

Glosten L R，Jaganathan R，Runkle D E. 1993. On the relation between the expected value and the volatility of nominal excess returns of stocks[J]. The Journal of Finance，48（5）：1779-1801.

Gomes F J. 2005. Portfolio choice and trading volume with loss-averse investors[J]. The Journal of Business，78（2）：675-706.

Gotoh J Y，Konno H. 2000. Third degree stochastic dominance and mean-risk analysis[J]. Management Science，46（2）：289-301.

Grossman S，Laroque G. 1990. Asset pricing and optimal portfolio choice in the presence of illiquid durable consumption goods[J]. Econometrica，58：25-52.

Guidolin M，Rinaldi F. 2010. A simple model of trading and pricing risky assets under ambiguity：any lessons for policy-makers?[J]. Applied Financial Economics，20（1/2）：105-135.

Hadar J，Russell W R. 1969. Rules for ordering uncertain prospects[J]. The American Economic Review，59：25-34.

Hakansson N H. 1971. On optimal myopic portfolio policies with and without serial correlation of yields[J]. The Journal of Business，44（3）：324-334.

Hall A D，Satchell S E，Spence P J. 2015. Evaluating the impact of inequality constraints and parameter uncertainty on optimal portfolio choice[J]. Applied Economics，47（43/45）：4801-4813.

Han O，Werner J. 2011. Liquidity and asset prices in rational expectations equilibrium with ambiguous information[J]. Economic Theory，48（2/3）：469-491.

Han Y F. 2006. Asset allocation with a hidh dimensional latent factor stochastic volatility model[J]. The Review of Financial Studies，19（1）：237-291.

Hanoch G，Levy H. 1969. The efficiency analysis of choice involving risk[J]. Review of Economic Studies，36（3）：335-346.

Hansen L P，Sargent T J，Tumuhambetova G A，et al. 2006. Robust control and model misspecification[J]. Journal of Economic Theory，128：45-90.

Harrison J M，Kreps D M. 1978. Speculative investor behavior in a stock market with heterogeneous expectations[J]. The Quarterly Journal of Economics，92（2）：323-336.

Harrison J M，Kreps D M. 1979. Martingales and arbitrage in multi-period security markets[J]. Journal of Economic Theory，20（3）：381-408.

Harrison J M，Pliska S R. 1981. Martingale and stochastic integrals in the theory of continuous trading[J]. Stochastic Process and Application，11（3）：215-260.

Haugen R A. 2001. The Inefficient Stock Market：What Pays off or and Why? [M]. New York：Prentice-Hall.

Haugh M B，Lo A W. 2001. Aseet allocation and derivatives[J]. Quantitative Finance，1（1）：45-72.

He C L，Meng W D. 2009. Dynamic portfolio choice under uncertainty about asset return model[J]. Journal of Donghua University（English Edition），26（6）：645-650.

He C L，Meng W D. 2012. Dynamic portfolio choice under time-varying，jumps，and Knight uncertainty of asset return process[J]. Journal of Systems Science & Complexity，25（5）：896-908.

He C L，Xu Q. 2015. Portfolio choice under the mean-variance model with parameter uncertainty[J]. Journal of Donghua University（English Edition），32（3）：498-503.

Heaton J C，Lucas D J. 2000. Portfolio choice and asset prices：the importance of entrepreneurial risk[J]. The Journal of Finance，55（3）：1163-1198.

Heston S L. 1993. A closed from solution for options with stochastic volatility with applications to bond and currency options[J]. The Review of Financial Studies，6（2）：327-343.

Hodrick R J. 1992. Dividend yields and expected stock returns：alternative procedures for inference and measurement[J]. The Review of Financial Studies，5（3）：357-386.

Hong H，Stein J C. 1999. A unified theory of underreaction，momentum trading，and overreaction in asset markets[J]. The Journal of Finance，54（6）：2143-2184.

Hu J，Stepanyan G. 2017. Optimization with reference-based robust preference constraints[J]. SIAM Journal on Optimization，27（4）：2230-2257.

Huang C，Litzenberger R H. 1988. Foundation for Financial Economics[M]. New York：Elsevier Science Publishing Company.

Hull J C. 2003. Options，Futures and Other Derivative Securities[M]. New York：Prentice-Hall.

Ibbotson R G，Kaplan P D. 2000. Does asset allocation policy explain 40，90，or 100 percent of performance?[J]. Financial Analysts Journal，56（1）：26-73.

Illeditsch P K. 2011. Ambiguous information，portfolio inertia，and excess volatility[J]. The Journal of Finance，66（6）：2213-2247.

Inuiguchi M，Ramik J. 2000. Possibilistic linear programming：a brief review of fuzzy mathematical programming and a comparison with stochastic programming in portfolio selection problem[J]. Fuzzy Sets and Systems，111（1）：3-28.

Jaganmatham B，Ma T. 2002. Risk reduction in large portfolio：a role for portfolio weight constraints[R]. Working Paper.

Jiang G，Knight J. 2002. Estimation of continuous time processes via empirical characteristic function[J]. Journal of Business and Economic Statistics，20（1）：198-212.

Jiang Y，Mo B，Nie H. 2018. Does investor sentiment dynamically impact stock returns from different investor horizons? Evidence from the US stock market using a multi-scale method[J]. Applied Economics Letters，25（7/9）：472-476.

Ju N，Miao J. 2012. Ambiguity，learning，and asset returns[J]. Econometrica，80（2）：559-591.

Kahl M，Liu J，Longstaff F A. 2003. Paper millionaires：how valuable is stock to a stockholder who is restricted from selling it?[J]. Journal of Financial Economics，67（3）：385-410.

Kandel S，Stambaugh R. 1996. On the predictability of stock returns：an asset allocation perspective[J]. The Journal of Finance，51（2）：385-424.

Karatzas I. 1989. Optimization problems in the theory of continuous trading[J]. SIAM Journal of Control Optimization，27（6）：1221-1259.

Karatzas I，Lehocky J P，Shreve S E. 1987. Optimal portfolio and consumption decisions for a "small investor" on a finite horizon[J]. SIAM Journal of Control Optimization，25（6）：1557-1586.

Keim D B，Stambaugh R F. 1986. Predicting returns in the stock and bond markets[J]. Journal of Financial Economics，17（2）：357-390.

Keynes J M. 1921. A Treatise on Probability[M]. London：Macmillan.

Kim T S，Omberg E. 1996. Dynamic nonmyopic portfolio behavior[J]. The Review of Financial Studies，9（1）：141-161.

Klibanoff P，Marinacci M，Mukerji S. 2005. A smooth model of decision making under ambiguity[J]. Econometrica，73（6）：1849-1892.

Knight F H. 1921. Risk，Uncertainty and Profit[M]. Boston：Houghton Mifflin.

Kogan L，Uppal R. 2002. Asset prices in a heterogeneous-agent economy with portfolio constraints[R]. Working Paper.

Konno H，Suzuki K. 1995. A mean-variance-skewness optimization model[J]. Journal of the Operation Research Society of Japan，38：173-187.

Konno H，Waki H，Yuuki A. 2002. Portfolio optimization under lower partial risk measures[J]. Asia-Pacific Financial Markets，9（2）：127-140.

Konno H，Yamazaki H. 1991. Mean-absolute deviation portfolio optimization model and its application to Tokyo stock market[J]. Management Science, 37（5）: 519-531.

Korn R, Kraft H. 2001. A stochastic control approach to portfolio problems with stochastic interest rates[J]. SIAM Journal of Control and Optimization, 40（4）: 1250-1269.

Kou S G. 2002. A jump-diffusion model for option pricing[J]. Management Science, 48（8）: 1086-1101.

Kourtis A, Dotisis G, Markellos R N. 2012. Parameter uncertainty in portfolio selection: shrinking the inverse covariance matrix[J]. Journal of Banking and Finance, 36（9）: 2522-2531.

Kroll Y, Levy H, Markoeitz H. 1984. Mean-variance versus direct utility maximization[J]. The Journal of Finance, 39（1）: 47-61.

Kurov A. 2010. Investor sentiment and the stock market's reaction to monetary policy[J]. Journal of Banking & Finance, 34（1）: 139-149.

Kuttner K N. 2001. Monetary policy surprises and interest rates: evidence from the fed funds futures market[J]. Journal of Monetary Economics, 47（3）: 523-544.

Lai K K, Wang S Y, Xu J P, et al. 2002. A class of interval linear programming problems and its application to portfolio selection[J]. IEEE Transactions on Fuzzy Systems, 10（6）: 698-704.

Leland H E, Rubinstein M. 1981. Replicating options with positions in stock and cash[J]. Financial Analysis Journal, 37（4）: 63-72.

Levy H. 1992. Stochastic dominance and expected utility: survey and analysis[J]. Management Science, 38（4）: 555-593.

Li D, Chan T F, Ng W L. 1998. Safety-first dynamic portfolio selection[J]. Dynamic of Continuous, Discrete and Impulsive Systems, 4: 585-600.

Li D, Ng W L. 2000. Optimal dynamic portfolio selection: multi-period mean-variance formulation[J]. Mathematical Finance, 10（3）: 387-406.

Li J. 2015. The asymmetric effects of investor sentiment and monetary policy on stock prices[J]. Applied Economics, 47（24）: 2514-2522.

Li X, Zhou X Y, Lim A E B. 2002. Dynamic mean-variance portfolio selection with no-shorting constraints[J]. SIAM Journal on Control and Optimization, 40（5）: 1540-1555.

Lim A E B, Shanthikumar J G, Vahn G Y. 2012. Robust portfolio choice with learning in the framework of regret: single-period case[J]. Management Science, 58（9）: 1732-1746.

Lim A E B, Zhou X Y. 2002. Mean-variance portfolio selection with random parameters[J]. Mathematics of Operation Research, 27: 101-120.

Lintner J. 1965. The valuation of risk assets and the selection of risky investments in stock portfolios and capital budgets[J]. The Review of Economics and Statistics, 47: 587-616.

Lioui A, Poncet P. 2016. Understanding dynamic mean variance asset allocation[J]. European Journal of Operational Research, 254（1）: 320-337.

Lipster R S，Shirayayev A N. 1978. Statistics of Random Process[M]. New York：Spinger-Verlag.

Liu J. 2007. Portfolio selection in stochastic environment[J]. The Review of Financial Studies，20（1）：1-39.

Liu J，Longstaff F A，Pan J. 2003. Dynamic asset allocation with event risk[J]. The Journal of Finance，58（1）：231-259.

Liu J，Pan J. 2003. Dynamic derivative strategies[J]. Journal of Financial Economics，69：401-430.

Longstaff F A. 2001. Optimal portfolio choice and the valuation of illiquid securities[J]. The Review of Financial Studies，14（2）：407-431.

Lynch A W. 2001. Portfolio choice and equity characteristics：characterizing the hedging demands induced by return predictability[J]. Journal of Financial Economics，62（1）：67-130.

Maccheroni F，Marinacci M，Ruffino D. 2013. Alpha as ambiguity：robust aean-variance aortfolio analysis[J]. Econometrica，81（3）：1075-1113.

Maenhout P J. 2004. Robust portfolio and asset pricing[J]. The Review of Financial Stydies，17（4）：951-983.

Mao J C. 1970. Models of capital budgeting，E-V versus E-S[J]. Journal of Financial and Quantitative Analysis，4（5）：657-675.

Markowitz H M. 1952. Portfolio selection[J]. The Journal of Finance，7（1）：77-91.

Markowitz H M. 1959. Portfolio Selection：Efficient Diversification of Investments[M]. New York：John Wiley & Sons.

Markowitz H M. 2014. Mean-variance approximations to expected utility[J]. European Journal of Operational Research，234（2）：346-355.

Massa M，Simonov A. 2006. Hedging，familiarity，and portfolio choice[J]. The Review of Financial Studies，19（2）：633-685.

Merton R C. 1969. Lifetime portfolio selection under uncertainty：the continuous-time case[J]. The Review of Economics and Statistics，51：247-257.

Merton R C. 1971. Optimum consumption and portfolio rules in a continuous-time model[J]. Journal of Economic Theory，3（4）：373-413.

Merton R C. 1973. An intertemporal capital asset pricing model[J]. Econometrica，41（5）：867-887.

Merton R C. 1976. Option pricing when underlying stock return are discontinuous[J]. Journal of Financial Economics，3（1/2）：125-144.

Merton R C. 1980. On estimating the expected return on the market：an exploratory investigation[J]. Journal of Financial Economics，8（4）：323-361.

Merton R C. 1990. Continuous-Time Finance[M]. Oxford：Basil Blackwell.

Miao J，Rivera A. 2016. Robust contracts in continuous time[J]. Econometrica，84（4）：

1405-1440.

Milgrom P，Stokey N. 1982. Information，trade and common knowledge[J]. Journal of Economic Theory，26（1）：17-27.

Modigliani F，Miller M H. 1958. The cost of capital，corporation finance，and the theory of investment[J]. The American Economic Review，48（4）：443-453.

Mossin J. 1966. Equilibrium in a capital asset market[J]. Econometrica，34：768-783.

Mossin J. 1968. Optimal multiperiod portfolio policies[J]. The Journal of Business，41（2）：215-229.

Mukerjia S，Tallonc J M. 2003. Ellsberg's two-color experiment，portfolio inertia and ambiguity[J]. Journal of Mathematical Economics，39（3）：299-315.

Munk C，Soerensen C，Vinther T N. 2003. Dynamic asset allocation under mean reverting returns，stochastic interest rates and inflation uncertainty[C]. The 30th Annual Meeting European Finance Association，Glasgow.

Nakazono Y，Ikeda S. 2016. Stock market responses under quantitative easing：state dependence and transparency in monetary policy[J]. Pacific Economic Review，21（5）：560-580.

Ogryczak W，Ruszczynski A. 1999. From stochastic dominance to mean-risk models：semideviations as risk measures[J]. European Journal of Operational Research，116（1）：33-55.

Ogryczak W，Ruszczynski A. 2002. Dual stochastic dominance and related mean risk models[J]. SIAM Journal on Optimization，13：60-78.

Olsen R A. 1998. Behavioral finance and its implications for stock-price volatility[J]. Financial Analysts Journal，54（2）：10-18.

Pástor L，Stambaugh R F. 2000. Comparing asset-pricing models：an investment perspective[J]. Journal of Financial and Quantitative Analysis，56：335-381.

Pellerey F，Semeraro P. 2005. A note on the portfolio selection problem[J]. Theory and Decision，59：295-306.

Pesaran M H，Timmermann A. 1995. Predictability of stock returns：robustness and economic significance[J]. The Journal of Finance，50（4）：1201-1228.

Peter E. 2003. Simple and complex market inefficiencies：integrating efficient market，behavioral finance，and complexity[J]. Journal of Behavioral Finance，4（4）：225-233.

Pflug G. 2000. Some Remarks on the Value-at-risk and the Conditional Value-at-risk，Probabilistic Constrained Optimization：Methodology and Application[M]. London：Kluwer Academic Publishers.

Philippatos G C，Wilson C J. 1972. Entropy，market risk，and the selection of efficient portfolios[J]. Applied Economics，4（3）：209-220.

Piccoli P，Mo C. 2018. Overreaction to extreme market events and investor sentiment[J]. Applied Economics Letters，25（1/3）：1-4.

Polson N G，Tew B V. 2000. Bayesian portfolio selection：an empirical analysis of S & P 500 index，1970-1996[J]. Journal of Business and Economic Statistic，18（2）：164-173.

Rockafellar R T，Uryasev S. 2000. Optimization of conditional value-at-risk[J]. The Journal of Risk，2（3）：1071-1074.

Rockafellar R T，Uryasev S. 2002. Conditional value-at-risk for general loss distributions[J]. Journal of Banking and Finance，26（7）：1443-1471.

Ross S A. 1976. The arbitrage theory of capital asset pricing[J]. Journal of Economic Theory，13：341-360.

Ross S A. 1999. Adding risks：Samuelson's fallacy of large numbers revisited[J]. The Journal of Financial and Quantitative Analysis，34（3）：323-339.

Rothschild M，Stiglitz J E. 1970. Increasing risk：Ⅰ. a definition[J]. Journal of Economic Theory，2：225-243.

Routledge B R，Zin S E. 2009. Model uncertainty and liquidity[J]. Review of Economic Dynamics，12（4）：543-566.

Roy A D. 1952. Safety-first and the holding of assets[J]. Econometrics，20：431-449.

Rydberg T H. 1999. Generalized hyperbolic distribution processes with applications in finance[J]. Mathematical Finance，9（2）：183-201.

Samuelson P A. 1958. The fundamental approximation of theorem of portfolio analysis in terms of means，variances，and higher moments[J]. Review of Economic Studies，25：65-86.

Samuelson P A. 1969. Lifetime portfolio selection by dynamic stochastic programming[J]. The Review of Economics and Statistics，51（3）：239-246.

Sangvinatsos A，Wachter J. 2005. Does the failure of the expectations hypothesis matter for long-term investors?[J]. The Journal of Finance，60（1）：179-230.

Schroder M，Skiadas C. 2005. Life-time consumption-portfolio choice under trading constraints，recursive preferences and non-tradeable income[J]. Stochastic Processes and Their Applications，115：1-30.

Sebenius J K，Geanakoplos J. 1983. Don't bet on it：contingent agreements with asymmetric information[J]. Journal of the American Statistical Association，78（382）：424-426.

Sharpe W F. 1963. A simplified model for portfolio selection analysis[J]. Management Science，9（2）：277-293.

Sharpe W F. 1964. Capital asset prices：a theory of market equilibrium under conditions of risk[J]. The Journal of Finance，39（3）：425-442.

Shen P. 2003. Market timing strategies that worked[J]. Journal of Portfolio Management，29（2）：

57-68.

Smales L A. 2017. The importance of fear：investor sentiment and stock market returns[J]. Applied Economics，49（34/36）：3395-3421.

Stephen S. 2016. Systemic risk，crises and macroprudential regulation[J]. Economic Record，92（297）：313-314.

Sundaresan S M. 1989. Intertemporally dependent preferences and the volatility of consumption and wealth[J]. The Review of Financial Studies，2（1）：73-88.

Tanaka H，Guo P，Turksen I B. 2000. Portfolio selection based on fuzzy probability and possibility distribution[J]. Fuzzy Sets and Systems，111：387-397.

Testuri C E，Uryasev S P. 2000. On relation between expected regret and conditional value-at risk[J]. Ssm Electronic Journal，（11）：361-372.

Titman S. 2013. Financial market and investment externalities[J]. The Journal of Finance，68（4）：1307-1329.

Tobin J. 1958. Liquidity preference as behavior towards risk[J]. The Review of Economic Studies，25（2）：68-86.

Topaloglou N，Vladimirou H，Zenios S A. 2002. CVaR models with selective hedging for international asset allocation[J]. Journal of Banking and Finance，26（7）：1535-1561.

Trojani F，Vanini P. 2002. A note on robustness in Merton's model of intertemporal consumption and portfolio choice[J]. Journal of Economic Dynamics & Control，26（3）：423-435.

Trojani F，Vanini P. 2004. Robustness and ambiguity aversion in general equilibrium[J]. Review of Finance，8（2）：279-324.

Tversky A，Kahneman D. 2015. Extensional versus intuitive reasoning：the conjunction fallacy in probability judgement[J]. Readings in Cognitive Science，6（4）：440-451.

Uppal R，Wang T. 2003. Model misspecification and under-diversification[J]. The Journal of Finance，58（6）：2465-2486.

Vichson R G. 1975. Stochastic dominance for decreasing absolute risk aversion[J]. Journal of Financial and Quantitative Analysis，10（5）：799-811.

Vissing-Jorgensen A. 2002. Limited asset market participation and the elasticity of intertemporal substitution[J]. The Journal of Political Economy，110（4）：825-853.

von Neumann J，Morgenstein O. 1944. Theory of Games and Economic Behavior[M]. Princeton：Princeton University Press.

Wachter J A. 2002. Portfolio and consumption decisions under mean-reverting returns：an exact solution for complete markets[J]. Journal of Financial & Quantitative Analysis，37（1）：63-91.

Wachter J A. 2003. Risk aversion and allocation to long-term bonds[J]. Journal of Economic Theory，

112（2）：325-333.

Waggle D，Moon G. 2005. Expected returns，correlations，and optimal portfolio allocations[J]. Financial Services Review，14（3）：253-267.

Wakai K. 2014. Observational equivalence and nonequivalence of subjective and robust mean-variance preferences[J]. Economics Letters，124（2）：219-221.

Wang J. 1996. The term structure of interest rates in a pure exchange economy with heterogeneous investor[J]. Journal of Financial Economics，41（1）：75-110.

Wang S Y，Zhu S S. 2002. On fuzzy portfolio selection problems[J]. Fuzzy Optimization and Decision Making，1（4）：361-377.

Wang Z Y. 2005. Shrinkage is applied to test the effect of uncertainty about model on portfolio choice[J]. The Review of Financial Studies，18（3）：689-733.

Weil P. 1989. The equity premium puzzle and risk-free rate puzzle[J]. Journal of Monetary Economics，24（3）：401-421.

White A D，Hull J. 1987. The pricing of options on assets with stochastic volatilities[J]. The Journal of Finance，42（2）：281-300.

Whitmore G A. 1970. Third-degree stochastic dominance[J]. The American Economic Review，60：457-459.

Whitmore G A. 1989. Multi-degree expansion of stochastic dominance rules[J]. The American Economic Review，38（4）：555-593.

Williams J T. 1977. Capital asset prices with heterogeneous beliefs[J]. Journal of Financial Economics，5（2）：219-239.

Wu L R. 2003. Jumps and dynamic asset allocation[J]. Review of Quantitative Finance and Accounting，20（3）：207-243.

Xia Y H. 2001. Learning about predictability：the effects of parameter uncertainty on dynamic aeest allocation[J]. The Journal of Finance，56（1）：205-246.

Yao R，Zhang H H. 2005. Optimal consumption and portfolio choice with risky housing and borrowing constraints[J]. The Review of Financial Studies，18（1）：197-239.

Young M R. 1998. A minimax portfolio selection rule with linear programming solution[J]. Management Science，44（3）：673-683.

Zariphopoulou T. 1994. Consumption-investment models with constraints[J]. SIAM Journal on Control and Optimization，32（1）：1311-1316.

Zhang W G，Nie Z K. 2003. On possibilistic variance of fuzzy numbers[C]//Proceedings. of the 9th International Conference on Rough Sets，Data Mining，and Granular Computing，Lecture Notes in Computer Science：26-29.

Zhou X Y，Li D. 2000. Continuous time mean-variance portfolio selection：a stochastic LQ framework[J]. Applied Mathematics and Optimization，42（1）：19-33.

Zhou X Y，Yin G. 2003. Markowitz's mean-variance portfolio selection with regime switching：a continuous-time model[J]. SIAM Journal on Control and Optimization，42（4）：1466-1482.

Zhu S S，Li D，Wang S Y. 2004. Risk control over bankruptcy in dynamic portfolio selection：a generalized mean-variance formulation[J]. IEEE Transactions on Automic Control，49（3）：447-457.